福建教育学院资助出版

"福建省'十三五'中小学名师名校长培养工程丛书"编委会

（福建教育学院培养基地）

丛书主编：郭春芳

副 主 编：赵崇铁　朱　敏

编 委 会：（按姓氏笔画排序）

于文安　杨文新　范光基　林　藩　曾广林

名校长卷

主　　编：于文安

副 主 编：简占东

编　　委：陈　曦　林文瑞　林　宇

名师卷

主　　编：林　藩

副 主 编：范光基

编　　委：陈秀鸿　唐　熙　丛　敏　柳碧莲

福建省"十三五"名师丛书

关联数学

邓秀荫　◎著

厦门大学出版社

国家一级出版社
全国百佳图书出版单位

图书在版编目(CIP)数据

关联数学/邓秀荫著.—厦门:厦门大学出版社,2021.6
(福建省"十三五"名师丛书/郭春芳主编)
ISBN 978 7-5615-8258-9

Ⅰ.①关…　Ⅱ.①邓…　Ⅲ.①中学数学课—教学研究　Ⅳ.①G633.602

中国版本图书馆 CIP 数据核字(2021)第 101700 号

出 版 人	郑文礼
责任编辑	郑　丹

出版发行	厦门大学出版社
社　　址	厦门市软件园二期望海路 39 号
邮政编码	361008
总　　机	0592-2181111　0592-2181406(传真)
营销中心	0592-2184458　0592-2181365
网　　址	http://www.xmupress.com
邮　　箱	xmup@xmupress.com
印　　刷	厦门集大印刷有限公司

开 本	720 mm×1 000 mm　1/16
印 张	18.75
插 页	2
字 数	328 千字
版 次	2021 年 6 月第 1 版
印 次	2021 年 6 月第 1 次印刷
定 价	58.00 元

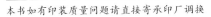

厦门大学出版社
微信二维码

厦门大学出版社
微博二维码

◎ 总 序

　　"百年大计,教育为本;教育大计,教师为本。"教师队伍建设是教育质量提升的关键。2018 年,中共中央、国务院印发《关于全面深化新时代教师队伍建设改革的意见》,吹响了新时代教师队伍建设改革的集结号,提出教师队伍建设改革的目标是"到 2035 年,教师综合素质、专业化水平和创新能力大幅提升,培养造就数以百万计的骨干教师、数以十万计的卓越教师、数以万计的教育家型教师"。福建省委、省政府牢记习近平总书记"福建没有理由不把教育办好"的殷切嘱托,以高度责任感、使命感,坚持教育优先发展,始终将建设一支师德高尚、业务精湛、结构合理、充满活力的高素质专业化教师队伍作为基础工作,出台了一系列政策措施,激发广大教师投身教育综合改革的积极性、主动性、创造性。福建省教育厅为打造基础教育高层次领军人才队伍,实施"强师工程"核心项目——中小学名师名校长培养工程,旨在培养一批在省内外享有盛誉的名师名校长,促进我省教育高质量发展。

　　"十三五"期间,福建教育事业紧紧围绕"新时代新福建"发展战略,坚定不移走以提升质量为核心的内涵发展之路,着力推动规模、质量和效益的协调发展,努力让教育改革发展成果更多地惠及民生,让人民群众有更多的获得感。2017 年,省教育厅会同财政厅启动实施了"十三五"中小学名师名校长培养工程,在全省遴选培养 100 名名校(园)长、培训 1000 名名校(园)长后备人选、100 名教学名师和 1000 名学科教学带头人。通过全方位、多元化的综合培养,造就一批师德境界高远、政治立场坚定、理论素养深厚、教学能力突出(治校能力突出)、教学风格鲜明(办学业绩卓越)、教育视野宽阔、富有开拓创新精神、在省内外有较大影响力的名师名校长,为培育闽派教育家型校长和闽派名师奠定基础,带动和引领全省中小学教师队伍建设,为推进我省基础教育优质均衡发展、办好人民满意教育,为"再上新台阶、建设新福建"提供有力的人才保障。

为扎实推进福建省"十三五"中小学名师名校长培养工程,保障实现预期培养目标,福建教育学院作为本次名师名校长培养工程的主要承担单位,自接到任务起,就精心研制培养方案,系统建构培训课程,择优组建导师团队,不断创新培养方式,努力做好服务管理,积极探索符合名师名校长成长规律的培养路径,确保名师名校长培养培训任务高质量完成,助力全省名师名校长健康成长,努力将培养工程打造成全省乃至全国基础教育高端人才培养示范性项目。

在培养过程中,我们从国家战略需求、学校发展需求和教师岗位需求出发,积极探索实践以"五个突出"为培养导向,以"四双""五化"为培养模式的基础教育高端人才培养路径。其中"五个突出":一是突出培养总目标。准确把握目标定位,所有培养工作紧紧围绕打造教育家型名师名校长而努力。二是突出培养主题任务。2017年重点搞好"基础性研修",2018年重点突出"实践性研修",2019年重点突出"个性化研修",2020年重点抓好"辐射性研修"。三是突出凝练教学主张(办学思想)。引导培养对象对自身教学实践经验(办学治校实践)进行总结、提炼、升华,用先进科学理论加以审视、反思、解析,逐步凝练形成富含思想和实践价值、具有鲜明个性的教学主张(办学思想)。四是突出培养人选的影响力与显示度。组织参加高端学术活动,参与送培送教、定点帮扶服务活动,扩大名师名校长影响。五是突出研究成果生成。坚持研训一体,力促培养人选出好成果,出高水平的成果。

"四双":一是双基地培养。以福建教育学院为主基地,联合省外高校、知名教师研修机构开展联合培养、高端研修、观摩学习。二是双导师指导。按照理论联系实际原则,为每位培养人选配备学术和实践双导师。三是双渠道交流。参加省内外及境外高端学术交流活动,积极承办高水平的教学研讨活动,了解教育前沿情况,追踪改革发展趋势。四是双岗位示范。培养人选立足本校教学岗位,同时到培训实践基地见学实践、参加送培(教)活动。

"五化"：一是体系化培养。形成"需求分析—目标确定—方案设计—组织实施—效果评估"的培养链路，提高培养专业化、精细化、科学化水平。二是高端化培养。重视搭建高端研修平台，采取组织培养人选到全国名校跟岗学习、参加国内高层次学术会议和高峰论坛、承担省级师训干训教学任务等形式，引领推动名师名校长快速成长。三是主题化培养。每次集中研修，都做到主题鲜明、内容聚焦，坚持问题导向和结果导向，努力提升培养的针对性和实效性。四是课题化培养。组织培养对象人人开展高级别课题研究，以提升理性思维、学术素养和科研水平，实现从知识传授型向研究型、从经验型向专家型的转变。五是个性化培养。坚持把凝练教学主张（办学思想）作为个性化培养的核心抓手，引导培养人选提炼形成系统的、深刻的、清晰的教育教学"个人理论"。

　　通过三年来的艰苦努力，名师名校长培养工作取得了显著成效，积累了丰硕成果，达到了预期目标。名校长培养人选队伍立志有为、立德高远的教育胸襟进一步树立，办学理念、政策水平和管理能力进一步提升，立功存范、立论树典的实践引领能力进一步提高，努力实现名在信念坚定、名在思想引领、名在实践创新、名在社会担当。名师培养人选坚持德育为先、育人第一的教育思想进一步树立，教书育人责任感、使命感和团队精神进一步强化，教育理论素养进一步提升，先进教育理念进一步彰显，教育教学实践和创新能力进一步增强，独特教学风格和教学主张逐步形成，教育科研和教学实践均取得了丰硕成果。一是专项研究深。围绕教学主张或教学模式出版了38部专著。二是成果级别高。84位名校长人选主持课题130项，其中国家级6项；发表CN论文239篇，其中核心16篇；53位名师培养人选主持省厅级及以上课题108项，其中国家级7项；发表CN论文261篇，其中核心81篇。三是奖项层次高。3位获2018年教育部基础教育国家级教学成果奖二等奖；15人获得2017年、2018年福建省基础教育教学成果奖，其中特等奖3位、一等奖7位、二等奖5位；1位评上国家级"万人计划"教学名师；34位培养人选评上正高级职称教师；13位获"特级教师"称号；2位获"福建省优秀教师"称号。四是辐射引领广。开设市级及以上公开课、示范课203节；开设市级及以上专题讲座696场；参加长汀帮扶等"送培下乡"活动239场次；指导培养青年骨干教师442人。

　　教育是心灵的沟通，灵魂的交融，思想的碰撞，人格的对话，名师名校长应该成为教育的思想者。在我省名师名校长培养对象即将完成培养期时，福建教育学院培养基地组织他们把自己的教学（办学）思想以著作的形式呈现给大家，并资助出版了"福建省'十三五'名校长丛书""福建省'十三五'名师丛书"，目的就是要引领我省中小学教师进一步探究教育教学本质，引领我省中小学校长进一步探究办学治校的规律，使名师名校长培养对象成为新时代引领我省教师奋进的航标，成为办人民满意教育的先行者。结束，是下一阶段旅程的开始，希望我省名师名校长培养对象不忘立德树人初心，牢记为党育人、为国育才使命，积极投身新时代新福建建设，为福建教育高质量发展再建新功。是为序。

福建教育学院党委书记、教授、博士

郭春芳

2020 年 8 月

◎ 序

罗养贤 *

　　数学是研究空间形式与数量关系的一门科学.关联是数学的本质属性,数学处处隐含着关联,无论是数学知识,还是数学思维、数学方法,都是紧密关联的.因此,认识数学关联、揭示数学关联、应用数学关联,是数学教学的内在要求.

　　然而,在数学教学中,孤立讲授知识、分析例题、总结方法的现象仍然较为普遍,这既有教师的观念认识存在偏差的问题,也有教师知识方法不足的问题.这样的教学对引导学生学习数学知识、发展数学素养是不利的.以关联的思想指导数学教学和数学学习,应用关联的思想优化数学教学和数学学习,这是值得进行探索研究的重要课题.

　　《关联数学》应运而生,这是秀荫老师多年开展实践探索研究后完成的一部富有价值的新作,是在深化基础教育课程教学改革、努力培养发展学生核心素养的今天,为我们奉上的一部佳作,对中学数学教师而言,是极好的指导、参考用书.

　　关联数学教学是秀荫老师总结提炼的教学主张,她为此进行了认真的实践探索和深入的分析研究,并在此基础上完成了《关联数学》.本书内容贴近中学数学教师和中学数学教学实际,凝聚了作者教学实践、教学研究的经验、做法.作者主要从教师教学的视角,结合数学学习的实际,首先阐述了对"关联数学"的认识,解读了何谓"关联数学",归纳了"关联数学"的四个特点和实施"关联数学"教学的六大意义,能够较好地帮助读者比较全面、清晰地理解"关联数学"及"关联数学"教学.接着,本书重点阐释了实施"关联数学"教学的四个策略(即"整体关联""情境关联""本质关联""问题关

---

　　* 罗养贤:福建省中学数学特级教师,龙岩市教育学会会长、龙岩市教育科学研究院原院长.

联")和三条途径(即系统观指导下开展数学教学、认知观指导下开展数学教学、教育观指导下开展数学教学),这些策略和途径既是实践探索的总结提升,又有先进的理论作指导,既符合课程教学改革的方向要求,又体现了数学教学的学科特点,具有理论的先进性和实践的合理性.

如何评价关联数学教学,这也是作者需要回答的一个重要问题.本书提出了"尊重学生个体差异,关注多元关联"的评价思想,对如何开展多元评价提供了基本的策略和方法;在如何开展"基于问题情境的教学评价""突出数学本质的教学评价""体现数学思想的教学评价""体现数学应用的教学评价""展示数学文化的教学评价"五个方面分别进行了概述,并就评价的主要内容、要求举例予以说明.

更为可贵的是,作者结合自己的教学实践,为本书配备了丰富的教学案例,分别针对"章起始课""新授课""复习课""活动课""讲评课"五种不同课型的特点,提供了各种课型实施"关联数学"教学的教学实践案例,对实施"关联数学"教学在实践层面进行了具体的分析、设计,提供了富有借鉴作用的教学框架和设计思路,使本书内容更为充实,对教学实践的关联更加紧密,也对读者认识关联数学教学、开展关联数学教学提供了很好的参考和指导.

2021 年 1 月 25 日

◎ 前　言

　　我国中学数学教学长期存在较严重的"碎片化"现象,造成这种现象的原因是多方面的,与教材"碎片化"地编、教师"碎片化"地教、学生"碎片化"地学等因素都有关系.

　　教材的编者为了适应学生认知水平,往往将许多完整知识体系的学习分层推进、分阶段实施,无形中将知识体系断裂开、碎片化;虽然教材设有章节小结也仅仅是一些知识名词的罗列,难以让学生洞察到知识内涵之间的关联,从而造成学生认知结构的散乱、缺乏条理,知识应用的道路不够畅通.

　　许多教师在教学中常把知识与方法以定论的形式直接呈现在学生面前,让学生看到的是思维结果(即教学结论),而看不到思维活动的过程.概念教学常常采用"一个定义,三项注意,几个例题,大量练习"的方式,不讲概念产生的背景,也没有概念的抽象、概括过程,忽视"概念所反映的数学思想方法",缺少概念要素之间关系的分析,导致学生难以达成对概念的实质性理解;没有"过程"的概念教学,因为缺乏数学思想方法为纽带,概念之间的关系无法认识,概念的联系也难以建立,导致学生的数学认知结构缺乏整体性.也有教师用例题教学替代概念的抽象、概括过程,认为"应用概念的过程就是理解概念的过程".没有理解的应用是盲目的应用,其结果只能是"事倍功半".解题教学中同样存在"讲解法而不讲想法"的弊端,解题教学退化为"题型教学",试图穷尽"题型",幻想通过"题型"的机械重复、强化训练,让学生掌握对应的"特技"和"动作要领"而提高考试分数.结果是在稍有变化的情境中,因为没有数学思想方法的支撑,"特技"失灵,"动作"变形,灵活运用数学知识解决问题的能力成为"泡影".

　　生活节奏加快,各种诱惑增加,获取信息的便捷,使得人们的心态变得更加浮躁,注意力难以集中,无法潜心研究.繁重的课业负担,让学生穷于应付书面作业,而失去了独立思考与归纳的时间.久而久之就养成了只去记忆与模仿,而不再自己去梳理建构,使得学习变得枯燥而又呆板.

其实,数学知识不是孤立、离散的单点,数学方法不是各自无关的招式,它们融为一体,构成知识链或方法链.解题的敏捷性、发散性就在于链中的某一环受刺激而激活整条链.数学各部分之间是相互联系的、可以相互转化的,解题的过程就是把所要解决的问题转化为已经解决的问题,通过条件的转化、结论的转化,化难为易、化繁为简.学习之道在于"悟","悟,觉也".数学学习应像数学家那样"数学地思维",即不满足于某些具体结果或结论的获得,追问在这些看上去并无联系的事实背后是否隐藏着某种普遍的理论:这些事实能否被纳入某一统一的结构?是否存在更为简单的证明?能否对相应的表达方式做出适当的改进?

基于教学"碎片化"现象的分析与思考,我认为数学教学要落实"立德树人"的教育根本任务,尊重数学的系统性和联系性,从关联的角度开展数学教学,让学生体会数学知识之间、数学与其他学科之间、数学与生活之间的联系,运用数学的思维方式进行思考,增强发现和提出问题的能力、分析和解决问题的能力,培养学生的数学素养.

本书共有六章,围绕"关联数学"的教学主张,在阐述"关联数学"的内涵、特点、依据及其意义的基础上,着重从实践层面,围绕"四个理解"的核心思想,以大量的案例分析为载体,对实施"关联数学"教学的策略、途径、评价展开研究,在实践基础上进行理论概括,在实践探索中提出五类课型教学模式的构建,并用案例说明教学如何设计.

本书也诠释着我二十多年的教育实践与探索,对思想方法的总结,对探究应用的追求,对数学文化的感悟;从"关联"的视角,阐释着对数学、数学教育、数学学习、教学评价的思考,用自己微薄的力量给学生以心灵方向的引领,成熟他们的心智.我想通过教学主张的实践与坚持,力求寻找数学与科学、数学与艺术、数学与人文的广泛联系,在广阔的文化背景中,构造数学文化场景:既有真知,又有顿悟;既有方法,又有思想;既有历史,又有情境;既有趣味,又有哲思.同时完善我本人的日常教学,让教学过程更加合理,让教学风格更加突出,让教学理念更加先进,让教学效果更加凸显.

邓秀荫

2020 年 9 月

目　录
CONTENTS

第一章

"关联数学"概述

《义务教育数学课程标准(2011年版)》(以下简称《数学课程标准》)明确指出:"通过义务教育阶段的数学学习,学生能体会数学知识之间、数学与其他学科之间、数学与生活之间的联系,运用数学的思维方式进行思考,增强发现和提出问题的能力、分析和解决问题的能力。""在课程设计和教学活动组织中,应同时兼顾知识技能、数学思考、问题解决、情感态度四个方面的目标。这四个方面的目标不是相互独立和割裂的,而是一个密切联系、相互交融的有机整体;这些目标的整体实现,是学生受到良好数学教育的标志,它对学生的全面、持续、和谐发展有着重要的意义。""数学教材编写所选择的学习素材应尽量与学生的生活现实、数学现实、其他学科现实相联系,应有利于加深学生对所要学习内容的数学理解。""教材编写应当体现整体性,注重突出核心内容,注重内容之间的相互联系,注重体现学生学习的整体性。""数学知识的教学,应注重学生对所学知识的理解,体会数学知识之间的关联。"[1]由此可见,《数学课程标准》对数学教材编写和教学实施都提出了"关注联系""让学生体会关联"的要求。那么,数学教学中如何关注联系?怎样让学生在学习数学中体会关联?

第一节 "关联"与"关联数学"

一、何为"关联"

《现代汉语词典》对"关联"的基本解释是：事物相互之间发生牵连和影响.

世界上的每一个事物或现象都同其他事物或现象相互联系着，没有绝对孤立的东西.任何事物的存在和运动都在于它内部结构要素之间的某种特定的联系及其运动，都在于它同周围其他事物的一定联系、相互作用及其变化.离开了联系便没有事物的存在和运动，正像割下来的手已不再是原来意义上的手一样.个别事物可能不具有某些特定的联系方式，却不能没有任何联系.例如，一个人可以不与任何人有书信来往，但不能排除他与环境的联系、与他人的其他联系，如人种的、生活的、经济的、文化的以至政治的联系等.

事物的联系是复杂的，主要表现为联系的条件性、不平衡性和可变性等.在事物的实际发展中，多种多样的联系错综地交织在一起，互相影响，互相制约，各种联系之间互为条件.事物的某一方面或某一种形式的联系如何发生，如何实现，都以与之相关的其他联系为条件.多种联系在事物及其发展中的地位和作用又是彼此不同而具有不平衡性，其中本质的、必然的、稳定的联系即规律，是对事物的根本面貌和发展趋势起决定性作用的联系.在物质世界的永恒发展中，各种具体的联系无不处于运动变化之中，任何联系本身在实际上都是一个动态的过程.由于事物的内部矛盾和外部条件的转变，不仅具体联系会随时发生量的变化，而且在性质、方向和方式上也会发生质的变化，各种不同的联系之间能够互相转化.

数学也不例外.数学知识之间总是存在千丝万缕的联系，知识本身的逻辑性造就了知识之间固有的内在联系.数学是研究数量关系和空间形式的科学.数学是基础科学，为其他学科提供认识基础；其他学科丰富数学认识内容，推动数学向前发展.数学是最有科学哲理的学科，一切问题都要回归数学,用数学的方法严密论证和推理,然后实践检验.不管是自然科学如物理化学,还是社科类如经济学,都与数学有着紧密不可分割的关系.数学与人类发展和社会进步息息相关,随着现代技术的飞速发展,数学更加广泛应用于社会生产和日常活动的各个方面.数学作为对于客观现象抽象概括而逐渐形成的科学语言与工具,不仅是自然科学和技术科学的基础,而且在人文科学与社会科学中发挥着越来越大的作用.

《现代汉语词典》是从世间事物存在的客观本性的角度对"关联"进行解释,笔者认为我们还可以从认识世界事物的角度对"关联"进行解释,那就是:关注联系.正如《数学课程标准》对数学教材编写和教学实施提出的要求:既要关注数学知识之间、数学与其他学科之间、数学与生活之间相互联系,又要认识到课程目标的四个方面也是互相联系的;数学、学生、教学、评价四者之间也是互相关联的;通过数学学习,要让学生体会这些关联,培养数学思维,培养发现和提出问题的能力、分析和解决问题的能力.

二、何为"关联数学"

数学教学中如何关注联系?怎样让学生在学习数学中体会关联?

有关数学关联性的研究在国内外都被高度重视,不少专家学者已做了深入研究,并从不同角度对数学关联性做了不同的阐述,也为一线教师在教学实践中开展数学关联性研究提供了理论依据.

旅美独立学者马立平博士对"数学知识的深刻理解(PUFM)"做出精辟的论述:"能够从深度、广度和完整度方面深刻理解",并进一步指出深刻理解的教与学常常有四种特性,即"关联度、多角度、基本思想、纵向融会贯通".[2]法国数学家艾蒂安·吉斯(Etienne Ghys),指出:"我们面临着来自复杂世界的挑战,未来的数学教育要重视培养学生建立数学与现实的联系、解决变化万千的现实世界问题的能力,不能就数学论数学."[3]美国国家数学委员会(National Mathematics Advisory Panel)的成员伍鸿熙教授指出:"数学是连贯的;它是一张编织紧密的挂毯,其中所有概念和技巧逻辑严密地编织在一起,形成一个统一的整体."[4]

陈省身先生说过:"数学可以分为好的数学与不好的数学.好的数学指的是能发展的、能越来越深入、能被广泛应用、互相联系的数学;不好的数学是一些比较孤立的内容."张奠宙、方均斌在《关于数学思想方法的教学》中指出:"中国数学教学,其基本呈现方式是'模块'.首先是主要知识基桩经过配套连接,成为一条'知识链',然后通过'变式'练习形成知识网络,再经过数学思想方法的提炼,形成立体的知识模块."[5]章建跃教授在《发挥数学的内在力量,为学生谋取长期利益》中指出:"课堂教学中,要以数学地认识问题和解决问题为核心任务,以数学知识的发生发展过程和理解数学知识的心理过程为基本线索,为学生构建前后一致、逻辑连贯的学习过程,使他们在掌握数学知识的过程中学会思考."[6]

根据《数学课程标准》要求,通过对国内外专家学者关于数学关联性的研究成果的学习与理解,结合《初中数学单元整体教学研究》《基于逻辑推理素养的关键教学点实践研究》《基于数学核心素养的课堂教学研究与实践》等课题研究与实践成果,笔者提出"关联数学"的教学主张:数学教学要坚持以学生发展为本的教育理念,明确数学育人的根本目标,以"四个理解——理解数学、理解学生、理解教学、理解评价"为核心思想,引领学生体会知识关联、思想关联、方法关联、应用关联,培养学生理性思维,增强学生问题意识,发展学生数学素养.实施"关联数学"教学立足整体、多元关联、培养思维、发展素养,使学生从系统性、综合性体会数学知识之间的联系,从相关性、工具性体会数学与其他学科之间的联系,从发展性、应用性体会数学与生活之间的联系;关注数学知识的形成过程、思维方法的提炼过程、数学思想的感悟过程,逐步培养学生发现问题、提出问题、分析问题和解决问题的能力.

三、"关联数学"的主要教学观点

(一)"关联数学"追求数学育人的教学目标

时代要发展,教育的改革当然要满足时代发展的需求,牛顿曾说他看得远,只是因为他站在了巨人的肩膀上;而时代发展、教育改革这些事情本来就需要高瞻远瞩、立意深远,如何做到这些呢?瞻前顾后,效仿前人的成功之典范,取其精华而吸收、利用,这是一条必经的道路.新课程标准的核心思想是什么?"还教育之本源".做教育不仅是要使学生学会独立地思考,更重要的是让学生学会做人,数学教学也需要哲理思想的指导,站在哲理的高度去思考问题的教师,所教学生的思想境界高了,所能取得的成就也自然会高.

《数学课程标准》强调:"数学是人类文化的重要组成部分,数学素养是现代社会每一个公民应该具备的基本素养.作为促进学生全面发展教育的重要组成部分,数学教育既要使学生掌握现代生活和学习中所需要的数学知识与技能,更要发挥数学在培养人的思维能力和创新能力方面的不可替代的作用."实施"关联数学"教学就是认识到数学是一门承载教育使命的课程,致力于促进学生的发展.

1.实施"关联数学"教学,无论是教学活动设计还是学习素材的选取,都要能为学生后续学习和未来生活做准备

【案例 1-1-1】

"平面直角坐标系"教学

从"为学生准备的数学"的角度出发,首先让学生体会到建立直角坐标系的必要性,即知识产生的原因;其次是知识形成的过程——表达平面上的一个定点需要几个条件,为什么一个平面直角坐标系需要三个要素,怎样在确定的平面直角坐标系中表示一个点.教学设计如下:

问题1:如果你手持一张电影票进入影院,那么在电影院内如何找到电影票上所指的位置?

追问1:在电影票上,"6排3号"与"3排6号"中的"6"的含义有什么不同?

追问2:如果将"8排3号"简记作(8,3),那么"3排8号"如何表示?

追问3:(5,6)表示什么含义?

问题2:一般地,在电影院内,确定一个座位一般需要几个数据? 为什么?

问题3:以自己所在位置为基准,北偏东40°的方向上有哪些目标?

追问1:距离10米处有哪些目标?

追问2:在这种情境中,要确定一个物体的具体位置,需要几个数据?

问题4:在生活中,确定物体的位置还有其他方法吗?

在上面的教学活动中,具体的学习素材来源于学生的生活经验,活动的过程反映了人们认识、建立直角坐标系的思维历程.而且不同的问题情境分别对应着不同的确定位置的方法,与后续将要学习的不同坐标系挂钩,也间接反映了相关知识的应用价值.这样的处理很好地体现了"作为教育任务的数学"的根本特征.

2.实施"关联数学"教学,无论是教学活动设计还是学习素材的选取,都应当反映当今或未来社会生活的特点

《数学课程标准》指出:"义务教育的数学课程能为学生未来生活、工作

和学习奠定重要的基础."也就是说,义务教育阶段的数学课程根本目的是培养合格的公民.而合格的公民主要是指能够在未来生活中有较好的生存、发展的能力.而由于这样的能力只能在"自主活动"过程中逐渐形成,所以实施"关联数学"教学注重以当代社会发展状况中的实际情境为背景,让学生在"解决现实问题"的过程中展开数学学习.

【案例 1-1-2】

"统计与概率"领域的问题情境

"统计与概率"课程领域中的许多知识与方法是当今社会生活乃至未来社会生活中都必须掌握的,因此在教学过程中,应尽可能选取与学生生活实际密切相关的问题情境.

问题情境一:在现实生活中,我们常常发现城市的某个交通路口在一定时段内(如上、下班高峰时间)南北向车辆堵塞的情况很严重,而同一时段内的东西向车辆行驶则比较顺畅.此时,我们自然就会想到在该路口重新设置红绿灯变换频率和时长,为了使得重新设置的方案能够有效地解决南北向车辆堵塞情况,又不给东西向车辆行驶造成较明显障碍,设计者应当首先做什么?

问题情境二:当我们看到一些商品广告时,怎样看待其中给出的统计数据? 比如,某药品广告称:"据统计,该药品对 A 疾病的有效率是 90%,治愈率是 72%."对这种说法你是毫无异议地先赞同,还是需要了解更多的数据——统计样本是什么? 样本容量有多大? 样本具有代表性吗?

3.实施"关联数学"教学,根本使命是有效促进每一个学生的发展

由于不同的学生在智力与非智力方面的特征各异,他们在数学学习方面的需求也往往不尽相同,所以,实现"有效促进每一个学生发展"的目标之基本含义是满足学生个性化发展的需求,即《数学课程标准》所提倡的:不同的人在数学上得到不同的发展.所以实施"关联数学"教学时,应适当开展分层教学、分层布置作业、开展多元教学评价.

【案例 1-1-3】

从年历中想到的

观察几个年份的年历和月历,思考下面几个问题:

(1)在同一年的月历中,哪些月份的"月历表"的排列是基本一致的?

(2)有一种计算机病毒叫"黑色的星期五",当计算机的日期是 13 日又是星期五时,这种病毒就发作.已知 2009 年 2 月 13 日是"黑色的星期五",请找出接下来的 4 个"黑色的星期五".

(3)对于学有余力的学生,可以探索下面的问题:

许多人都认为,"办喜事"最好是"6 月 6 日星期六",可是有人说"这样的日子是千载难逢",你同意这种说法吗?你能找出几个"6 月 6 日星期六"的具体年份吗?

这是一个通过对日常生活观察、发现某些规律的开放性问题,可以根据学生的学习情况,提出不同层次的问题.每一个问题的设计,都是为了让学生学会观察、思考和质疑,提高学生学习数学的兴趣,体会模型思想.让学生认识到现实生活中蕴含着大量与数量和图形有关的问题,这些问题可以抽象成数学问题,用数学的方法予以解决.

问题(1)是让学生学会观察、学会提问题.这个问题的入手点低,每个学生都能参与,都能有所发现,并且可以培养学生"分类讨论"的意识,分平年和闰年:平年时,1 月、10 月,2 月、3 月、11 月,4 月、7 月,9 月、12 月的月历表基本一致;闰年时,1 月、4 月、7 月,2 月、8 月,3 月、11 月,9 月、12 月的月历表基本一致.引导学生在貌似杂乱无章中发现规律,利用规律感悟周期现象.

问题(2)中接下来的 4 个"黑色的星期五"是:2009 年 3 月 13 日、2009 年 11 月 13 日、2010 年 8 月 13 日、2011 年 5 月 13 日.解决问题的方式较多,可以利用对问题(1)发现的规律来思考.也可以充分利用信息工具,如从网上找一个"万年历"的小软件用于观察发现.

问题(3)中最近的几个"6 月 6 日星期六"的日子有 1992 年、1998 年、2009 年、2015 年、2020 年,因此"千载难逢"的说法不对.更加理性的思考是:闰年的周期大体上是"4",星期的周期是"7",所以年历的变化周期"大体上"不会超过 $4 \times 7 = 28$.一旦找到了一个"6 月 6 日星期六"的日子,如 1992 年,"大体上"可以猜测 $1992 + 28 = 2020$(年)的 6 月 6 日也是星期六.也可以让学生思考:为什么是"大体上"?例外发生的条件是什么?

(二)"关联数学"是超越知识的数学教学

《数学课程标准》对数学课程内容的学习要求不仅包含知识、技能方面,还包含数学思想、数学活动经验方面.因此,无论是教学活动设计还是学习素材的选取,实施"关联数学"教学都围绕相应主题,介绍有关的产生背景、发展过程、思想方法、应用情境等,以求全面反映其数学价值.

【案例 1-1-4】

"多边形的外角和"的教学

相对于多边形的内角和$(n-2) \cdot 180°$,多边形的外角和(始终都是$360°$)更能够反映图形的"角度之和"的几何本质.因此,应避免通过直接呈现"内角和+外角和=$n \cdot 180°$"的基本关系进而"推导出"结果,那样做只是将这个结论作为一个代数结果.事实上,应当借助该结论的学习过程帮助学生理解这一结论的几何本质,并更充分挖掘其中的数学内涵和教育价值.为此,可以设计下面的教学过程:

教学环节一:创设情境,复习导入

(1)n边形的内角和是多少?

(2)什么叫三角形的外角?

(3)一个三角形有多少个外角?

(4)什么叫三角形的外角和?

教学环节二:提出问题,初步探究

(1)如图 1-1-1,你能求出△ABC 的外角和吗?

(鼓励学生用不同的方法,及时引导学生归纳结论.)

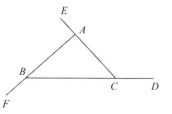

图 1-1-1

(2)我们已经知道三角形的外角和定义,你能定义四边形的外角和、多边形的外角和吗?

(3)同学们有当数学家的天赋,我们的数学家也是这样定义的.现在我们要探究多边形的外角和,先看简单的,求一个四边形的外角和,如图 1-1-2 所示,应如何进行?

(学生会根据刚才求三角形的外角和的思路

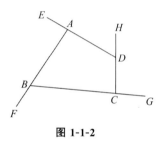

图 1-1-2

来求四边形的外角和.及时引导学生归纳结论.)

(4)现在请同学们思考:如图1-1-3,六边形的
外角和等于多少?

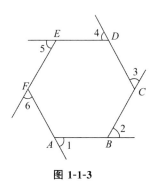

图 1-1-3

师追问:解题思路和前面的相同吗? 根据前
面的结论,你有何猜想? 请思考如何证明你的
猜想?

(鼓励学生用多种方法证明.)

教学环节三:提出问题,深入探究

(1)如果用 S_3,S_4 和 S_6 分别表示三角形、四边
形和六边形的外角和,设 n 边形的外角和为 S_n,
那么试求 S_n.

(2)关于 S_n 我们知道哪些结论? 你能发现其中的数学规律吗?(若需
要,可以明确问: n 和 S_n 有什么关系?)

(3)请你思考 S_4 与 S_3 的关系,S_6 与 S_3 的关系,猜测并验证 S_7 与 S_3 的
关系,S_n 与 S_3 的关系.

(引导学生从中发现获得相应数学规律的途径,师生共同探索证明结
论的方法.)

(4)请你比较内角和与外角和公式,发现其中的差异.

(内角和结论与多边形的边数 n 有关——很自然;而外角和与多边形
的边数 n 无关——很奇怪,值得思考.)

(5)请你回忆多边形内角和的证明过程.

(最终回到三角形内角和的证明,而证明过程中是把三个内角放到一
起,形成一个平角.)

(6)证明外角和是否可以采用类似证明内角和的方法?

(师生共同寻求证明外角和的新方法——三角形简单,多边形比较
复杂.)

(7)外角和是怎么形成的?

(回到问题的本质.)

假设我现在站在图中的点 C,面向正东,那么,经
过图1-1-4中的∠3对我来说意味着什么?

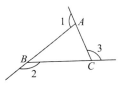

图 1-1-4

(逆时针旋转与∠3大小相等的角度,变成面向 CA.)

继续思考∠1和∠2,看有什么发现?

（同样考虑∠1和∠2，继续下去就等于最后转了一圈，所以S_3应当是360°了.）

（8）对于四边形、五边形继续上面的思考，会有什么发现？

（9）一般情况下，S_n意味着什么？

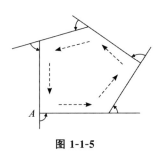

图 1-1-5

（如图1-1-5，从多边形的一个顶点A出发，沿多边形各边走过各顶点，再回到A点，然后转向出发时的方向，在行程中所转的各个角的和就是多边形的外角和，由于走了一周，所得的各个角的和等于一个周角，所以多边形的外角和等于360°.）

本教学设计是把数学教学定位于学生的发展.如果单纯考虑获得并证明结论，那么问题就变得很简单、很乏味了——更重要的是使学生丧失了一个极好的发展机会，或者说数学教师的最基本价值未能得到发挥.

（1）本教学设计运用类比、推广的方法，采用从特殊到一般、将复杂问题转化为简单问题、化未知为已知、数形结合等思想方法，通过对多边形的外角和的分析，引导学生从多种角度验证、理解与体会多边形的外角和恒为360°的道理，层层推进，梯次展开，把学生带进思维的王国，较好地落实"探索并掌握多边形外角和公式"教学要求，培养学生的探索能力.

（2）在处理教材时注意前后知识联系，引导学生通过"三角形的外角和的定义及推导思路"类比推广到"四边形、六边形、多边形的外角和的定义及推导思路"；联想"三角形内角和定理的证明思路"，用推理的方法证明四边形、多边形的外角和公式；学生经历类比、推广、提炼、总结、猜想、验证、理解、应用的过程，能逐步领会学习数学的思想方法，有利于培养学生的推理能力、应用意识和创新意识.

（3）教学环节三中：问题1～3实际上给学生提供了一个"归纳"的机会——让学生通过对结论的代数形式、图形的基本关系的考察，归纳出一般结论.若教学停留在这一环节，则学生对问题实质的理解就流于浅薄，也记不住，因为这里只提供了一个代数形式上的归纳，丝毫没有涉及外角和的本质.问题4则提出了一个较为深刻的问题，意在引起学生的思考，并从中发现问题，这是培养学生提出问题能力的一个机会.问题5和问题6给学生提供了回顾相关知识、寻求理解多边形外角和实质的一个机会.问题7则介绍了外角和的实质.问题8和问题9仍然给学生提供了一个"归纳"的活动.

这样的教学活动过程很好地展示了外角和的数学本质:包括其本质含义,结论的形成、完善和发展.

(三)"关联数学"是突出培养学生理性思维的数学教学

数学是人类文化的重要组成部分,数学素养是现代社会每一个公民应该具备的基本素养.我们的生活离不开数学,当然也就离不开数学思考.数学思考从哪里来,从数学教育中来.良好的数学教育不仅传承和发展人类优秀的文化,还要发展学生的思维能力和创造想象能力,提升学生的理性思维、审美智慧和创新精神;还要让学生经历数学发现的过程,学会"数学地思考"问题.

实施"关联数学"教学注重培养学生进行数学思考,数学思考包括以下内容:①建立数感、符号意识和空间观念,初步形成几何直观和运算能力,发展形象思维和抽象思维;②体会统计方法的意义,发展数据分析观念,感受随机现象;③在参与观察、实验、猜想、证明、综合实践等数学活动中,发展合情推理和演绎推理能力,清晰地表达自己的想法;④学会独立思考,体会数学的基本思想和思维方式.

我们可以发现,《数学课程标准》提出的十大核心概念基本上是融合在数学思考内容里的.从这里可以看出,培养学生的数学思考多么重要.知识技能、数学思考、问题解决、情感态度四个方面目标不是相互独立和割裂的,而是一个密切联系、相互交融的有机整体.数学思考、问题解决、情感态度的发展离不开知识技能的学习,知识技能的学习必须有利于其他三个目标的实现.这些目标的整体实现,才能使学生受到良好的数学教育.

学生学会数学思考,就是在面临各种现实的问题情境,特别是非数学问题时,能够从数学的角度去思考,自觉应用数学的知识、方法、思想和观念去发现其中所存在的数学现象和数学规律,并运用数学的知识和思想方法去解决问题.如在现实中碰到以下类似的案例,能进行数学思考并寻找问题的答案.

【案例 1-1-5】

聪明的服务员

一个旅馆的三套房间里分别住着兄弟俩、姐妹俩和夫妻俩.服务台的登记簿上写着如表 1-1-1 所示内容.

表 1-1-1　入住登记簿

房号	姓名	性别	姓名	性别
101	李　刚	男	李　强	男
102	杨　芳	女	杨　兰	女
103	李为民	男	杨瑞娟	女

由于值班服务员的粗心,把三把钥匙弄乱了,致使这三对顾客都住错了房间.于是需要对登记簿上的房间号进行更正.怎样做才能既改正了房间号又尽量少地打扰顾客呢? 服务员们议论开了:有人说,必须到三个房间查看一遍(基本的一般的做法);有人说,只需查看两个房间就行了(简单、优化一点);一旁一言不发的小周说话了:"我看只需给某个房间打个电话,问一问接电话的那个房间两个人姓什么,就可以把登记簿上的三个房间号全部改正过来了."大家将信将疑,要小周讲清楚.如果你是小周,你会怎样讲?

(四)"关联数学"是注重增强学生应用意识的数学教学

《数学课程标准》要求:通过义务教育阶段的数学学习,学生初步学会在具体的情境中从数学的角度发现问题和提出问题,并综合运用数学知识和方法等解决简单的实际问题,增强应用意识,提高实践能力.

实施"关联数学"教学注重增强学生应用意识,主要包含两方面:一方面,有意识地利用数学的概念、原理和方法解释现实世界中的现象,解决现实世界中的问题;另一方面,认识到现实生活中蕴含着大量与数量和图形有关的问题,这些问题可以抽象成数学问题,用数学的方法予以解决.在整个数学教育的过程中都应该培养学生的应用意识.

【案例 1-1-6】

直觉的误导

有一张 8 厘米×8 厘米的正方形的纸片,面积是 64 平方厘米.把这张纸片按图 1-1-6 所示剪开,把剪出的 4 个小块按图 1-1-7 所示重新拼合,这样就得到一个长为 13 厘米,宽为 5 厘米的长方形,面积是 65 平方厘米.这是可能的吗?

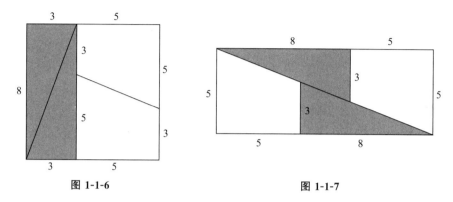

图 1-1-6   图 1-1-7

这是一个直觉与逻辑不符的例子,希望学生通过学习体会到:对于数学的结论,完全凭借直觉判断是不行的,还需要通过演绎推理来验证;能利用数学的概念、原理和方法解释现实世界中的现象.

学生知道 $64 \neq 65$,但又无法说明为什么观察图 1-1-7 的结果是错误的.此时教师引导学生积极思考,如果观察是错误的,那么错误可能出在哪里呢?学生通过逻辑思考,可以推断只有一个可能:图 1-1-7 中纸片所示图形不是长方形,因此不能用长方形的面积计算公式来计算面积.然后,可以引导学生实际测量图形左上角或者右下角,发现确实不像是直角.可以告诉学生,这个想法是正确的,但最好能够给出证明,引导学生经历一个由合情推理到演绎推理的过程.

在实际教学中可以引导学生先看图,再让学生分组将图剪开,动手操作发现矛盾(64=65?).然后,尝试找出理由并尝试证明,最后表达收获.

教学中鼓励学生运用不同的方法对此问题进行解释.

方法一:利用勾股定理解释.

如图 1-1-8,利用勾股定理求 AE,CE,AC 的长,可以得到 $AE+CE \neq AC$.

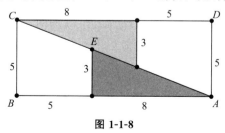

图 1-1-8

方法二:利用三角函数解释.

如图 1-1-9,利用三角函数求 $\tan\angle 1=\dfrac{8}{3}$,$\tan\angle 2=\dfrac{5}{5-3}=\dfrac{5}{2}$,可得 $\angle 1$ $\neq\angle 2$,又因为 $\angle 2+\angle 3=180°$,所以 $\angle 1+\angle 3\neq 180°$.

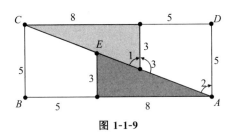

图 1-1-9

方法三:用函数方法解释.

如图 1-1-10,以点 A 为原点,AB 所在直线为 x 轴建立平面直角坐标系,则 $A(0,0)$,$C(-13,5)$,$E(-8,3)$,可求 AC 确定的解析式为 $y=-\dfrac{5}{13}x$,

AE 确定的解析式为 $y=-\dfrac{3}{8}x$,

从而可以说明 AC,AE 不在同一直线上(或验证点 E 不在 AC 上).

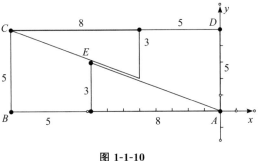

图 1-1-10

方法四:采用反证法证明,在证明过程中加深对相似图形的理解.

如图 1-1-11,过 D 作 AC 的垂线交 AC 于点 F.假定图 1-1-7 中的图形是长方形,那么图形的右下角就应当是直角,则在图 1-1-11 中有 $\angle 1+\angle 3=90°$.因为 $\angle 2+\angle 3=90°$,所以 $\angle 1=\angle 2$.由相似三角形的判定定理,可知两个直角三角形 $\triangle ABC$ 与 $\triangle DEF$ 相似.由相似三角形对应边成比例,应当有:

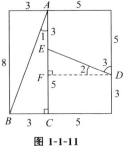

图 1-1-11

$\dfrac{EF}{BC}=\dfrac{DF}{AC}$,即 $\dfrac{2}{3}=\dfrac{5}{8}$,这是不可能的,因此图 1-1-7 中的图形不可能是长方形.由于 $\dfrac{2}{3}-\dfrac{5}{8}=\dfrac{1}{24}$,这个差很小,因此会造成我们视觉的误差,把图 1-1-7 中的图形判断为长方形.

第二节 "关联数学"的特点

"关联数学"坚持以学生发展为本的教育理念,追求义务教育阶段的培养目标,面向全体学生,适应学生个性发展的需要,使得人人都能获得良好的数学教育,不同的人在数学上得到不同的发展.教学中以学生的认知发展水平和已有的经验为基础,面向全体学生,注重启发式和因材施教.教师要发挥主导作用,处理好讲授与学生自主学习的关系,引导学生独立思考、主动探索、合作交流,使学生理解和掌握基本的数学知识与技能,体会和运用数学思想与方法,获得基本的数学活动经验.因此,实施"关联数学"教学具有整体性、过程性、思想性、现实性等特点.

一、整体性

(一)目标的整体性

为使每个学生都受到良好的数学教育,数学教学不仅要使学生获得数学的知识技能,而且要把知识技能、数学思考、问题解决、情感态度四个方面目标有机结合,整体实现课程目标.

课程目标的整体实现需要日积月累.在日常的教学活动中,教师应努力挖掘教学内容中可能蕴含的与上述四个方面目标有关的教育价值,通过长期的教学过程,逐渐实现课程的整体目标.因此,无论是设计、实施课堂教学方案,还是组织各类教学活动,实施"关联数学"教学不仅重视学生获得知识技能,而且要激发学生的学习兴趣,通过独立思考或者合作交流感悟数学的基本思想,引导学生在参与数学活动的过程中积累基本经验,帮助学生形成认真勤奋、独立思考、合作交流、反思质疑等良好的学习习惯.

(二)教学的整体性

有效的数学教学活动是教师教与学生学的统一整体,应体现"以人为本"的理念,促进学生的全面发展.实施"关联数学"教学实行启发式教学,有助于落实学生的主体地位和发挥教师的主导作用.教学中始终强调知识之间的内在联系,通过思想、方法、规律等主线,在联系中,在层层递进中,整体构建数学知识结构和数学认知结构.

【案例 1-2-1】

"零指数"的教学

问题 1:请你计算 $2^3 \div 2^3$,并说明运算依据.

生(解法一):$2^3 \div 2^3 = 2^{3-3} = 2^0$.运算依据:同底数幂的运算性质.

追问:2^0 有什么意义呢? 等于多少呢?

生(解法二):$2^3 \div 2^3 = 8 \div 8 = 1$.运算依据:有理数的除法法则.

问题 2:由以上两种解法你猜想到什么结论?

生:$2^0 = 1$.

问题 3:如何理解 2^0 的实际意义?

如何解释,数学面临了挑战.教师采用各种途径引导学生感受规定"$2^0 = 1$"的合理性.

途径一:用细胞分裂作为情境,提出问题:一个细胞分裂 1 次变 2 个,分裂 2 次变 4 个,分裂 3 次变 8 个,……那么,一个细胞没有分裂时呢?

途径二:如图 1-2-1,观察数轴上表示 2 的正整数次幂 16,8,4,2 等点的位置变化,可以发现什么规律?

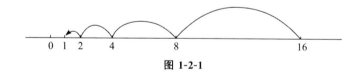

图 1-2-1

途径三:观察下列式子中指数、幂的变化,可以发现下面的规律:

$$2^4 = 16$$
$$2^3 = 8$$
$$2^2 = 4$$
$$2^1 = 2$$
$$2^0 = 1$$

这样,在学生感受"$2^0 = 1$"的合理性的基础上,做出零指数幂意义的"规定",即 $a^0 = 1(a \neq 0)$.

在规定的基础上,再次验证这个规定与原有"幂的运算性质"是无矛盾的,原有的幂的运算性质可以扩展到零指数.

例如,计算 $a^5 \div a^0$:

运用幂的运算性质 $a^5 \div a^0 = a^{5-0} = a^5$;

根据零指数幂意义的规定 $a^5 \div a^0 = a^5 \div 1 = a^5$.

以上教学设计让学生在学习"零指数"时经历如下过程:面对挑战进行思考—提出"规定"的猜想—通过各种途径说明"规定"的合理性—做出"规定"—验证这种"规定"与原有知识体系无矛盾—指数概念和性质得到扩展.

这样的教学设计体现课程目标在课堂教学中的整体落实——通过本节课的学习,学生不仅理解和掌握了有关的知识技能(了解零指数幂的"规定"、会进行简单计算),而且初步了解了指数概念是如何扩充的,感受零指数"规定"的合理性,有助于发展学生的理性思维.这样的过程较充分地体现了数学自身发展的轨迹,有助于学生感悟指数概念是如何扩展的,他们借助学习"零指数"所获得的经验,可以进一步尝试对负整数指数幂的意义做出合理的"规定".

二、过程性

实施"关联数学"教学通过创设情境、问题导向,注重让学生经历观察、实验、猜测、推理、交流、反思等过程,感悟知识的形成和应用,对他们理解数学知识与方法,形成良好的数学思维习惯,增强应用意识,提高解决问题的能力有着重要的作用.

(一)感受数学知识的形成过程

在新知识的学习活动中,实施"关联数学"教学注重让学生经历"知识背景—知识形成—揭示联系"的过程,有利于激发学习兴趣,理解数学实质,发展思考能力,了解知识之间的关联,感受数学知识的形成过程.

【案例 1-2-2】

负数的引入

问题 1:你能举例说明小学已学过哪些数吗? 图 1-2-2 中介绍的是什

么内容？

由记数、排序，产 由表示"没有""空 由分物、测量，产
生数1，2，3，… 位"，产生数0 生分数$\frac{1}{2}$，$\frac{1}{3}$，…

图 1-2-2

[设计意图]图 1-2-2 非常概括地表示了数的发展与现实生活的关系，让学生感受数的产生和发展离不开生活和生产的需要.

问题 2：在生活中，仅有整数和分数够用了吗？请同学们阅读本章的引言（内容如下），尝试回答其中的问题.

在生活、生产和科研中，经常遇到数的表示和运算等问题.例如：

(1)北京冬季里某一天的气温为 $-3℃\sim3℃$."-3"的含义是什么？这一天北京的温差是多少？

(2)某年，我国花生产量比上一年增长 1.8%，油菜籽产量比上一年增长-2.7%."增长-2.7%"表示什么意思？

(3)夏新同学通过拣、卖废品，既保护了环境，又积攒了零花钱.表1-2-1 所示为他某个月的部分收支情况.

表 1-2-1　收支情况表

_____年_____月

日 期	收入（＋）或支出（－）	结 余	注 释
2 日	3.5 元	8.5 元	卖废品
8 日	－4.5 元	4.0 元	买圆珠笔、铅笔芯
12 日	－5.2 元	－1.2 元	买科普书，同学代付

这里，"结余－1.2"是什么意思？怎么得到的？

上面的例子涉及"$3-(-3)=$？"等新问题.本章我们将在小学认识负数的基础上，把数的范围扩充到有理数，并在这个范围内研究数的表示、大小比较和运算等.有了这些知识，上述问题就能顺利解决了.

[设计意图]引言中的问题，有的学生凭生活经验可以回答，有的还不

能回答.让学生阅读并尝试回答,既让学生感受在生活、生产中需要用到负数,又让学生知道,要解决这些问题需要学习新的数的知识,从而激发学生的求知欲.

问题 3:前面带有"一"号的数我们应怎样命名它呢?

追问:为什么要引入负数呢? 通常在日常生活中我们用正数和负数分别表示怎样的量呢?

[设计意图]引导学生回顾负数概念,在用正数和负数表示具有相反意义的量的过程中,进一步感受引入负数的必要性.

问题 4:请同学们举出用正数和负数表示的例子.

[设计意图]引导学生举例用正数和负数表示具有相反意义的量的过程中体会有理数的意义.

问题 5:有没有一种既不是正数又不是负数的数呢?

问题 6:引入负数后,数按照"两种相反意义的量"来分,可以分成几类?

[设计意图]"数 0 既不是正数,也不是负数"也应看作是负数定义的一部分.在引入负数后,0 除了表示一个也没有以外,还是正数和负数的分界.了解这一层意义,也有助于对正负数的理解,且对数的顺利扩张和有理数概念的建立都有帮助.

本节课是有理数的第一节课.引入负数是数的范围的一次重要扩充,学生头脑中关于数的结构要做重大调整(其实是一次知识的顺应过程),而负数相对于以前的数,对学生来说显得更抽象,因此,这个概念并不是一下就能建立的.为了接受这个新的数,就必须对原有的数的结构进行整理.这个教学设计突出了数学与实际生活的紧密联系,创设学习情境.让学生经历"负数产生的背景——负数概念的形成——揭示负数和正数之间的联系"的过程,使学生体会到数学的应用价值.负数的产生主要是因为原有的数不够用了(不能正确简洁地表示数量),问题 2 中出现的负数就是让学生去感受和体验这一点.使学生接受生活生产实际中确实存在着两种相反意义的量是本课的教学难点,所以在教学中可以多举几个这方面的例子,并且所举的例子又应该符合学生的年龄和思维特点.当学生接受了这个事实后,引入负数(为了区分这两种相反意义的量)就是顺理成章的事了.

(二)经历再发现再创造的思维过程

数学是人类智慧的结晶,是数学家思想的光辉创造.数学家在他们的创造性活动中是如何思维的,他们运用了哪些最基本的思维方法,这同样是数学教育必须关心的问题.学习数学,核心是学会像数学家那样进行思维.因此,实施"关联数学"教学让学生从过于理想化的纯数学知识的体系中走出来,像数学家所经历过的那样,运用数学思想方法去实践、去创造,让数学思维更贴近于他们自己的实际,真正成为他们自己的思维,成为他们自身需要的一部分;学习像数学家那样思考,学习数学的精神、思想与方法.

【案例 1-2-3】

探索勾股定理

毕达哥拉斯是古希腊著名的数学家.相传在 2500 年以前,他在朋友家做客时,发现朋友家用地砖铺成的地面(如图 1-2-3)反映了直角三角形三边的某种数量关系.

问题 1:现在请你也观察一下地面的图案(如图 1-2-4),你能发现图中正方形 A,B,C 面积之间的关系吗?

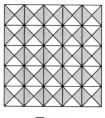
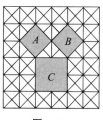
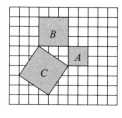

图 1-2-3   图 1-2-4   图 1-2-5

追问:图 1-2-4 中正方形 A,B,C 围成的等腰直角三角形三边之间有什么特殊关系?

[设计意图]从最特殊的直角三角形入手,通过观察正方形面积关系得到直角三角形三边关系.

问题 2:等腰直角三角形是特殊的直角三角形,一般的直角三角形是否也有这样的特点呢?

如图 1-2-5,每个小方格的面积均为 1,以格点为顶点,有一个直角边分别为 2 和 3 的直角三角形,以这个直角三角形的三边为边向外作正方形 A,B,C,则正方形 A,B,C 面积之间的关系是什么?

追问:图 1-2-5 中正方形 A,B,C 围成的直角三角形三边之间有什么特殊关系?

[设计意图]网格中的直角三角形也是直角三角形的一种特殊情况,为计算方便,将直角边长设定为整数,进一步体会面积割补法,为探究无网格背景下直角三角形三边关系打下基础、提供方法.

问题3:通过前面的探究活动,猜一猜,直角三角形三边之间应该有什么关系?

[设计意图]在网格背景下,通过观察和分析等腰直角三角形及一般的直角三角形三边关系,为形成猜想提供了典型特例,于是猜想的形成变得水到渠成.

问题4:以上这些直角三角形的边长都是具体的数值,如果直角三角形的两直角边分别为 a,b,斜边长为 c,再去掉图中的网格线,刚才的猜想仍然正确吗?

[设计意图]从特殊直角三角形到一般的直角三角形,从具体数值到字母表示,从用网格验证到脱离网格验证,渗透从特殊到一般的数学思想,培养学生的类比迁移能力及探索问题的能力.对学生来说,意味着思维的完善和飞跃.为学生提供参与数学活动的时间和空间,重在引导学生利用网格计算以斜边为边的正方形的面积.学生在探索正方形面积关系的过程中,可以初步感受到直角三角形的三边满足"两直角边的平方和等于斜边的平方".

问题5:是不是所有的直角三角形都有这样的特点呢? 这就需要我们对一个一般的直角三角形进行证明.到目前为止,对这个命题的证明方法已有几百种之多.下面,我们就来看一看我国数学家赵爽是怎样证明这个命题的.

(1)如图 1-2-6,以直角三角形 ABC 的两条直角边 a,b 为边作两个正方形.你能通过剪、拼把它拼成弦图的样子吗?

(2)面积分别怎样表示? 它们有什么关系呢?

[设计意图]通过拼图活动,调动学生思维的积极性,为学生提供从事数学活动的机会,发展学生的形象思维,使学生对定理的理解更加深刻,体会数学中数形结合的思想.通过对赵爽弦图的介绍,了解我国古代数学家对勾股定理的发现及证明所做出的贡献,增强民族自豪感.通过了解勾股定理的证明方法,增强学生学习数学的自信心.

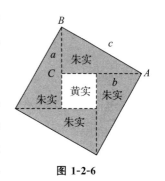

图 1-2-6

本教学设计是勾股定理的探索过程,让学生感受像数学家所经历过的那样,经历"观察—猜想—归纳—验证"的过程.从观察实际生活中常见的地板砖入手,使学生感受到数学就在我们身边;从特殊的等腰直角三角形出发,到网格中的直角三角形,再到一般的直角三角形,体现了从特殊到一般的探索、发现和证明的过程.证明勾股定理的关键是利用割补法求以三角形的斜边长为边长的正方形的面积,教学中注意引导学生通过探索去发现图形的性质,提出一般的猜想,并获得定理的证明.我国古代在数学方面有许多杰出的研究成果,对于勾股定理的研究就是一个突出的例子.教学中可以介绍我国古代在勾股定理的证明和应用方面取得的成就和做出的贡献,以培养学生的民族自豪感.围绕证明勾股定理的过程,培养学生学习数学的热情和信心.

(三)体验数学知识的应用过程

实施"关联数学"教学注重引导学生运用数学知识解决问题,让学生经历"问题情境—建立模型—求解验证"的过程,有利于理解和掌握相关的知识技能,感悟数学思想、积累活动经验,体验数学知识的应用过程;有利于提高发现和提出问题的能力、分析和解决问题的能力,增强应用意识和创新意识.

【案例 1-2-4】

一元一次不等式的应用

教学中要突出知识之间的内在联系.不等式与方程一样,都是反映客观事物变化规律及其关系的模型.本课是在学生已学一元一次不等式及其解法的基础上,进一步探究如何用一元一次不等式解决生活中的一些实际问题,使学生体会到现实生活中存在着大量的不等关系,不等式是现实世界中不等关系的一种数学表示形式,它也是刻画现实世界中量与量之间关系的有效模型.在现实生活中我们天天都面临着各种选择,今天我们来讨论生活中最常见的购物问题.

甲、乙两商场以同样的价格出售同样的商品,同时又各自推出不同的优惠措施.甲商场的优惠措施是:累计购买100元商品后,再买的商品按原价的90%收费;乙商场的优惠措施是:累计购买50元商品后,再买的商品按原价的95%收费.顾客选择哪个商场购物能获得更多的优惠?

问题 1:你是如何理解题意的呢?

[设计意图]引导学生主动思考问题.

问题 2:如果购物款累计达到 x 元,你能用含 x 的式子分别表示顾客在两家商场花费的钱数吗?

[设计意图]由于甲商场优惠措施的起点为购物 100 元,乙商场优惠措施的起点为购物 50 元,起点数额不同,因此必须分别考虑.

追问:你认为应分哪几种情况考虑?

问题 3:你能清楚直观地表示上述问题吗?

[设计意图]引导学生分类讨论,利用表格直观表示.

问题 4:你能从表格中看出在哪家商场购物花费少吗?

学生先独立思考,再组内交流,师生共同分析讨论,发现:

(1)如果累计购物不超过 50 元,则在两家商场购物花费是一样的.

(2)如果累计购物超过 50 元但不超过 100 元,则在乙商场购物花费少.

(3)如果累计购物超过 100 元,又有三种情况:(1)什么情况下,在甲商场购物花费少?(2)什么情况下,在乙商场购物花费少?(3)什么情况下,在两家商场购物花费相同?

[设计意图]学生从实际问题中抽象出数学问题,找出数量关系中的不等关系,用不等式来解决实际问题,让学生体会建立不等式模型的过程.教师及时予以引导、归纳和总结,展现完整的解答过程,培养学生有条理地思考和表达的习惯,提高分析问题和解决问题的能力.

问题 5:你能综合上面分析,给出一个合理化的消费方案吗?

[设计意图]学生能够将数学问题的解转化为实际问题的解.

问题 6:利用不等式解决实际问题的步骤是什么? 最关键是哪一步? 与用方程解决实际问题相比,有哪些异同点?

[设计意图]通过问题归纳总结利用不等式解决实际问题的步骤与方法,会从实际问题中抽象出数学模型,会用一元一次不等式解决实际问题;用不等式解决实际问题与用方程解决实际问题相比,突出知识之间的内在联系.

本节课创设情境让学生体验选商场购物,感受实际生活中存在的不等关系,用不等式来表示这样的关系可为解决问题带来方便.通过观察、实践、讨论等活动,经历从实际中抽象出数学模型的过程,积累利用一元一次不等式解决实际问题的经验,渗透分类讨论思想,感知方程与不等式的内在联系;在积极参与数学学习活动的过程中,初步认识一元一次不等式的应用价值,形成实事求是的态度和独立思考的习惯.由实际问题中的不等关系列出不等式,就是把实际问题转化为数学问题,再通过解不等式可得到实际问题的答案.寻找实际问题中的不等关系,建立数学模型,学会用一元一次不等式解决实际问题.

三、思想性

数学的思想方法是数学的精髓,是学生获取知识、解决问题、建立合理而又迅速的思维结构的有效工具,是把数学知识、技能转化为数学能力的纽带.综观初中数学教材体系,所涉及的数学知识点和数学思想方法,汇成了数学结构系统的两条线——"明线"和"暗线".数学思想方法寓于数学知识之中,是数学的内在形式,是获取知识、发展数学素质的动力.因此,实施"关联数学"教学注重基本数学思想方法的渗透,对于开发学生智力,培养良好的思维品质以及提高学生的综合素质都将是十分有益的.

《数学课程标准》将数学基本思想、基本活动经验列入"四基",成为数学课程的重要目标,一方面说明基本思想、基本活动经验对人的发展具有非常重要的作用;另一方面,也可以看出,这是一次认识上和实践上的飞跃.

数学教材的编排通常包括两条主线,其一,是数学知识,是教材编写的一条明线;其二,是数学思想方法,是教材编写的一条暗线,也是教材编写的指导思想.面对教材时,我们一眼能够明了的往往是数学知识,暗含的数学思想方法却不易看明.然而,教学时,我们只有明晰了数学思想方法这条暗线,并使其凸现出来,才能真正从整体上、本质上理解教材,才能真正体会到编者的意图.

【案例 1-2-5】

平行四边形的教学

对"平行四边形"实施"关联数学"教学时,抓住"转化思想"是本单元数学知识间联系的核心,也是教学中应该贯穿的一条主线,更是教学的核心内容.教学时围绕这一主线展开,确保数学知识之间建立起紧密的联系,使整个单元教学构筑成一个富有紧密联系的知识网络结构体系.只有对"转化思想"的深入体验,才能帮助学生真正体会到各种图形之间的关系,真正理解定义、性质、判定之间的关联性,从而把握数学的本质,而不是简单机械地记忆和套用相应的数学知识.

在教学安排上,立足整体的把握,突出数学知识之间的联系,让"转化思想"贯穿整个单元始终,在各种图形的相互"转化"过程中,理解它们之间的关系,理解各自特有的性质.教学进程安排上,打破原有逐一研究各种图形的顺序,构建整体的、分层次的、多角度的、"整体"研究的平台,随时促成学生数学认知结构的不断丰富和完善.

如图 1-2-7,依据"转化思想",学生从任意四边形到平行四边形、到矩形、到菱形、到正方形,从平行四边形到矩形、到菱形、到正方形,从矩形到正方形,从菱形到正方形,都进行了逐一探究,切实体会到了各种图形间的转化规律.各图形之间相互转化是通过边、角、对角线的变化实现的.例如,从平行四边形到矩形的变化过程,是"边、角、对角线"这三个因素中有两个因素(角和对角线)发生了变化,角由原来的"任意角"变成"直角",对角线由原来的"相互平分"变成"相互平分且相等".从平行四边形到菱形的变化过程,也是三个因素中有两个因素(边和对角线)发生了变化,边由原来的"对边相等"变成"四条边均相等",对角线由原来的"相互平分"变成"相互平分且垂直".从平行四边形到正方形的变化过程,是三个因素都发生了变化,角由原来的"任意角"变为"直角",边由原来的"对边相等"变为"四条边均相等",对角线由原来的"相互平分"变为"相互平分、相等且垂直".有了对

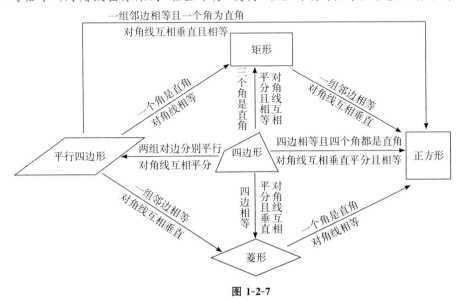

图 1-2-7

图形间相互转化的深刻认识,学生对各种图形定义和性质的认识也就一目了然了,对判定定理的认识变得深刻了,也不再需要刻意记忆了,而是伴随整个学习进程,借助各种图表纳入自我数学认知结构之中,调用起来也更灵活了.

四、现实性

数学来源于现实,存在于现实,并且应用于现实,而且每个学生有各自不同的"数学现实".数学教师的任务之一是帮助学生构造数学现实,并在此基础上发展他们的数学现实.因此,实施"关联数学"教学过程中,教师充分利用学生的认知规律,已有的生活经验和数学的实际,灵活处理教材,根据实际需要对原材料进行优化组合.把例题生活化,让学生易懂易学.通过设计与生活现实密切相关的问题,帮助学生认识到数学与生活有密切联系,从而体会到学好数学对于我们的生活有很大的帮助,无形当中产生了学习数学的动力.

运用"现实的数学"实施"关联数学"教学时,特别关注以下几点:

(一)数学教学内容来自现实世界

数学的概念,数学的运算、法则,以及数学的命题,都是来自自然世界的实际需要而形成的,是现实世界的抽象反映和人类经验的总结.因此,教学中把那些最能反映现代生产,现代社会生活需要的最基本、最核心的数学知识和技能作为数学教育的内容.

【案例 1-2-6】

有理数的加法法则

问题1:我从学校出发沿某条路向东走 3 米,再继续向东走 5 米,那么两次我一共向东走了多少米?

问题2:我从学校出发沿某条路向东走 a 米,再继续向东走 b 米,那么两次我一共向东走了多少米?

问题3:既然 a,b 均是有理数,它们可能是正数,也可能是负数或者零.同学们思考一下:a,b 的符号可能有几种情况?

生:4种情况:同为正数;同为负数;一个正数一个负数;加数中有一个

是 0.

问题 4:请你分别把 a,b 赋予不同情况的有理数,然后进行加法运算,你会有什么样的结论?

追问:你能发现有理数的加法法则吗?

以上设计通过实例(在一条直线的两次运动)探究,探究中"用字母代替数、赋予字母不同情况的有理数",让学生了解有理数的加法法则的兼容性、合理性,感受数学的运算法则来自自然世界的实际需要,是现实世界的抽象反映和人类经验的总结.

(二)数学教育的内容不能仅仅局限于数学内容的内在联系

数学研究的对象,是现实世界同一类事物或现实抽象而成的量化模式,而现实世界事物、现象之间又充满了各种各样的关系和联系.因此,教学中既要考虑代数、几何、三角之间的联系,还应该研究数学与现实世界各种不同领域的外部关系和联系.如与日常生活、工农业生产、货币流通和商品生产经营,以及其他学科等联系.这样才能使学生一方面获得既丰富多彩又错综的"现实的数学"内容,掌握比较完整的数学体系;另一方面,学生也有可能把学到的数学知识应用到现实世界中去.

【案例 1-2-7】

矩形鱼池

小明的叔叔家承包了一个矩形鱼池,已知其面积为 48 平方米,其对角线长为 10 米.为建栅栏,要计算这个矩形鱼池的周长.你能帮助小明算一算吗?

这个问题让学生感受数学与生活的联系,学会利用数学知识(勾股定理、矩形的性质、方程思想等)解决日常生活问题.

(三)数学教育应为不同的人提供不同层次的数学知识

社会需要的人才是多方面的,不同层次、不同专业所需的数学知识不尽相同.而不同的人也有不同需要的"现实的数学".数学教育所提供的内容应该是学生各自的"数学现实",即"学生自己的数学".通过"现实的数学教学",学生就可以通过自己的认知活动,构建数学观,促进数学知识结构的优化.

[案例 1-2-8]

二元一次方程组复习

问题 1:我国古代数学名著《孙子算经》里有一道题:今有鸡兔同笼,上有三十五头,下有九十四足,问鸡兔各几头(只)?

请你用尽可能多的方法解答.

对有困难的同学可做如下提示:如果假设鸡有 x 只,兔有 y 只,请列出关于 x,y 的二元一次方程组,并写出你求解这个方程组的方法.

问题 2:你认为在实际问题的解决过程中,会忽略什么?

请你和小组同学一起回顾问题解决的基本步骤是什么?

问题 3:今有鸡兔同笼,上有三十五头,问鸡兔各几头(只)?

请你和同学们探讨二元一次方程的概念和解的概念.你能求出它的解吗?

问题 4:今有鸡兔同笼,下有九十四足,问鸡兔各几头(只)?

你对二元一次方程组的解的概念又有什么发现?

问题 5:解方程组 $\begin{cases} x+y=35 \text{①}, \\ 2x+4y=94 \text{②}, \end{cases}$ 请你用尽可能多的方法解.

问题 6:请归纳解二元一次方程组的基本方法有_____和_____.它的基本思想_____.

以上问题串覆盖了二元一次方程组的概念、解法和消元思想等知识要点,题目典型,便于学生复习总结.通过"请你用尽可能多的方法解答"既拓展学生思维,又可以满足不同层次学生需求;通过"提示""小组交流"既可以给学习有困难的同学提供帮助,又可以培养小组合作学习能力.在课前准备基础上,每位学生都带着自己的问题进入课堂,这其中不乏概念理解的层次不同及处理数学方法等的局限性.经过小组交流,互相讨论,教师在各小组间巡视或参与学生讨论,了解各小组的情况及进程,及时解答学生的疑问,点拨学生的思维.如有些同学在问题 3 的结论中,加入了 $\begin{cases} x=0 \\ y=35 \end{cases}$ 和 $\begin{cases} x=35 \\ y=0 \end{cases}$ 两组答案,使得本题的解有 36 组,我便提示他们应该从实际意义考虑问题.有些同学在问题 5 中的解法中,可分别用代入消元法和加减消元法解,通过组内交流,发现可以先把②式整理成 $x+2y=47$ 再解答会更简单,学生尝到了成功的喜悦.在教师巡回指导过程中,特别关心基础差的学生,使他们能与全班同学的思维同步.这一过程,学生全面参与,各抒己见,充分发挥了每个学生的作用.以上教学设计与教学过程体现了数学教育应为不同的人提供不同层次的数学知识,不同的人在数学上得到不同的发展.

第三节 "关联数学"的依据

一、马克思主义哲学普遍联系的观点

(一)事物普遍联系的基本原理

1. 普遍性

原理:事物的联系具有普遍性.任何事物内部的各个部分、要素是相互联系的;任何事物都与周围的其他事物相互联系着;整个世界是一个相互联系的统一整体.

方法论:坚持联系的观点,用普遍联系的观点看问题.

2. 客观性

原理:事物的联系具有客观性.联系是事物本身所固有的,不以人的意志为转移.人们既不能否定事物的联系,也不能把主观联系强加给事物.

方法论:认识和把握事物的真实联系,根据事物的固有联系改变事物的状态,建立新的具体的联系.

3. 关联性

原理:事物之间存在着因果联系,因果之间既有先行后续,又有引起和被引起的关系,原因与结果相互区别相互联系.

方法论:承认因果联系的普遍性和客观性,是人们正确认识事物,进行科学研究的前提;正确把握事物的因果联系,才能提高人们实践活动的自觉性和预见性.

(二)用联系的观点看问题

(1)坚持整体与部分的统一.要求我们树立全局观念、立足整体、统筹全局,选择最佳方案,实现整体的最优目标,从而达到整体功能大于部分功能之和的理想效果;同时必须重视部分的作用,搞好局部,用局部的发展推动整体的发展.

(2)掌握统筹优化的方法.要求我们用综合的思维方式来认识事物.普遍联系作为一般哲学范畴,通常是指事物或现象之间以及事物内部要素之间相互联结、相互依赖、相互影响、相互作用、相互转化等相互关系.在无限的宇宙中,联系不是个别事物之间暂时的、特殊的关系,而是一切事物、现象和过程所共有的客观的、普遍的本性;任何事物都不能孤立地存在,都同其他事物发生着联系;世界是万事万物相互联系的统一整体;任何事物都是统一的联系之网上的一个部分、成分或环节,都体现着普遍的联系.

实施"关联数学"教学强调数学教学中要关注联系,让学生在学习数学中体会关联,就是"事物普遍联系的观点、用联系的观点看问题"在数学教学中的实践.

二、现代系统论

系统是现实世界的普遍存在方式,任何一个事物都是一个系统,整个宇宙就是一个总系统.任何事物都通过相互作用而联系在一起,世界是一个普遍联系的整体.所谓系统观点也就是整体的观点、联系的观点.

整体性是系统的首要特征,系统是一种整体性的存在,整体不是组成它的要素和部分的机械组合,而是它们有机结合的整体;整体的功能不是组成整体各个部分功能的简单相加,而是取决于构成系统的各个要素的组织方式,即结构.合理的结构会增强系统整体的功能,使整体的功能大于各部分功能之和;不合理的结构会削弱和破坏整体的功能,使整体功能小于各部分功能之和.所以,系统论认为,系统的整体在研究中始终处于优先的地位,研究必须以系统的整体性为出发点,目的是实现系统整体的结构与功能的优化.

实施"关联数学"教学具有整体性特点,强调整体关联,使数学教学整体化,就是在系统观指导下开展数学教学.

三、建构主义理论

建构主义提倡在教师指导下的、以学习者为中心的学习,也就是说,既强调学习者的认知主体作用,又不忽视教师的指导作用,教师是意义建构的帮助者、促进者,而不是知识的传授者与灌输者.学生是信息加工的主体、是意义的主动建构者,而不是外部刺激的被动接受者和被灌输的对象.

学生要成为意义的主动建构者,就要求学生在学习过程中从以下几个方面发挥主体作用:

(1)要用探索法、发现法去建构知识的意义.

(2)在建构意义过程中要求学生主动去搜集并分析有关的信息和资料,对所学习的问题要提出各种假设并努力加以验证.

(3)要把当前学习内容所反映的事物尽量和自己已经知道的事物相联系,并对这种联系加以认真的思考."联系"与"思考"是意义构建的关键.如果能把联系与思考的过程与协作学习中的协商过程(即交流、讨论的过程)结合起来,则学生建构意义的效率会更高、质量会更好.

教师要成为学生建构意义的帮助者,就要求教师在教学过程中从以下几个方面发挥指导作用:

(1)激发学生的学习兴趣,帮助学生形成学习动机.

(2)通过创设符合教学内容要求的情境和提示新旧知识之间联系的线索,帮助学生建构当前所学知识的意义.

(3)为了使意义建构更有效,教师应在可能的条件下组织协作学习(开展讨论与交流),并对协作学习过程进行引导使之朝有利于意义建构的方向发展.引导的方法包括:提出适当的问题以引起学生的思考和讨论;在讨论中设法把问题一步步引向深入以加深学生对所学内容的理解;要启发诱导学生自己去发现规律、自己去纠正和补充错误的或片面的认识.

实施"关联数学"教学以"理解数学、理解学生、理解教学、理解评价"为核心思想,在建构主义理论指导下积极探索"基于情境、问题导向、深度思维、全面参与"的教学模式.

四、人本主义理论

人本主义体现了学生的主动发展思想和主体发展地位,体现了以人为本的现代教育理念.教师的任务不是教学生学习知识,而是为学生提供各种学习资源,创设有利于学生发现创新的信息平台,让学生真正成为学习的主体,促进学生个体的可持续发展.

实施"关联数学"教学追求数学育人的教学目标,体现了以人为本的教学理念.

五、国家政策和课程新理念

(一)关于深化教育教学改革全面提高义务教育质量的意见

2019 年 6 月 23 日,中共中央国务院发布《关于深化教育教学改革全面提高义务教育质量的意见》.意见中强调:"坚持立德树人,着力培养担当民族复兴大任的时代新人.""着力培养认知能力,促进思维发展,激发创新意识.""充分发挥教师主导作用,引导教师深入理解学科特点、知识结构、思想方法,科学把握学生认知规律,上好每一堂课.突出学生主体地位,注重保护学生好奇心、想象力、求知欲,激发学习兴趣,提高学习能力.""优化教学方式.坚持教学相长,注重启发式、互动式、探究式教学,教师课前要指导学生做好预习,课上要讲清重点难点、知识体系,引导学生主动思考、积极提问、自主探究."

(二)关于加强初中学业水平考试命题工作的意见

2019 年 11 月 20 日,教育部发布《关于加强初中学业水平考试命题工作的意见》(教基〔2019〕15 号).意见中强调:"考试命题对学校教育教学具有重要引导作用,是健全立德树人落实机制、扭转不科学教育评价导向的关键环节,对于全面贯彻党的教育方针和发展素质教育具有重要意义.""坚持正确导向,落实立德树人根本任务,发挥引导教育教学作用.""考试命题要注重引导学校落实德智体美劳全面培养的教育体系,引导教师积极探索基于情境、问题导向、深度思维、高度参与的教育教学模式,引导学生自主、合作、探究学习,充分发挥考试对推动教育教学改革、提高学生综合素质、促进学生全面健康成长的重要导向作用."

(三)《义务教育数学课程标准(2011 版)》

《数学课程标准》明确提出课程总目标:"通过初中数学学习,学生应能获得适应社会生活和进一步发展所必需的数学基础知识、基本技能、基本思想、基本活动经验;能体会数学知识之间、数学与其他学科之间、数学与生活之间的联系,运用数学的思维方式进行思考,增强发现和提出问题的能力、分析和解决问题的能力;了解数学的价值,提高学习数学的兴趣,增强学好数学的信心,养成良好的学习习惯,具有初步的创新意识和科学态度."

　　实施"关联数学"教学按照教育部《关于全面深化课程改革落实立德树人根本任务的意见》和《关于加强初中学业水平考试命题工作的意见》的有关要求,以《义务教育数学课程标准(2011版)》为依据,按照德育为先、能力为重、面向全体、个性发展的总要求,以学生发展为本,使得人人都能获得良好的数学教育,不同的人在数学上得到不同的发展;遵循学生身心发展规律,结合数学学科特点,有机融入社会主义核心价值观教育和中华优秀传统文化教育,有意识地引导学生了解数学与人类发展的相互作用,体会数学的科学价值、文化价值和应用价值,体会数学对于人类文明发展的贡献,培养学生的理性精神和科学精神,充分彰显"数学育人"的价值,引导学生树立正确的世界观、人生观、价值观.实施"关联数学"教学以知识的理解作为逻辑起点,创设有利于学生数学核心素养发展的情境,引导学生把握数学本质,感悟数学思想,将核心素养的培养贯穿于数学教学的全过程.

第二章

实施"关联数学"教学的意义

实施"关联数学"教学中,教师充分考虑学生数学学习的特点,遵循学生的认知规律和心理特征,注重激发学生的学习兴趣,引发学生的数学思考,培养学生理性思维;充分考虑数学本身的特点,体现数学的本质;在呈现作为知识与技能的数学结果的同时,重视学生已有的经验,引导学生建构知识体系,让学生体验从实际背景中抽象出数学问题、构建数学模型、寻求结果、解决问题的过程,增强应用意识,发展数学素养.

第一节　建构知识体系

心理学研究发现:学优生和学困生的知识组织是不一样的.学困生头脑中的知识是零散的和孤立的,呈现水平排列方式、列举方式,而学优生头脑中的知识是有组织和系统的,知识点按层次排列,并且知识点之间有内在联系,呈现出一个层次网络结构.可见如果知识在头脑中无条理地堆积的话,那么知识越多,越不利于问题的解决.就像是进入图书馆借书一样,当书按一定顺序整齐地排列着,那么书会很容易找到;但书如果无顺序、杂乱无章地堆放着,我们就很难找到需要的书.因此,引导学生学会把课内外所学知识进行有目的的加工整理,按其内在联系分门别类,纳入相应的"知识库"中,使之结构化、系统化,形成网络,即帮助学生建构知识体系是教学的关键环节.

数学知识之间总是存在千丝万缕的联系,数学知识的逻辑性造就了知识之间固有的内在联系.数学的思想、方法、规律,使数学知识之间实现了很好的贯通.因此,实施"关联数学"教学突出数学知识之间的内在联系,教师从宏观上整体把握数学内容,引导学生认识数学知识之间的逻辑链条,实现数学内部结构的条理化、网络化和系统化;注重规律和联系,将思想、方法等联系贯穿于整个教学过程中,教学中不断引导学生丰富、完善数学知识结构,知识结构丰富的过程也是学生完善自我认知结构的过程.下面从教学的不同阶段谈"实数"一章教学的知识建构.

一、章起始课教学建构知识结构简图

课本目录是了解整本书的主干线,无论是数学新知学习还是复习课程,引导学生熟悉课本目录,了解不同知识版块之间的先后学习顺序,抓住知识内容学习的整体.利用单元绪论课导学案引导学生通读全章内容,全面了解整章的学习内容,将学习的主要内容画成知识结构简图,构建起一个粗略的知识框架.

如图 2-1-1 是"实数"一章知识结构简图,"实数"一章单元绪论课导学案见本书第五章第一节案例 5-1-1.

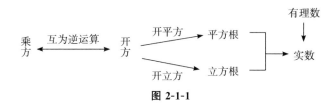

图 2-1-1

二、立方根教学进行纵横关联对比

学完立方根概念与性质后,引导学生纵横关联,对比算术平方根、平方根、立方根的联系与区别(如表 2-1-1).

表 2-1-1　对比算术平方根、平方根、立方根的联系与区别

	算术平方根	平方根	立方根
表示方法			
正数			
0			
负数			
是本身			

三、实数概念教学进行类比分类

学习实数概念时,引导学生类比有理数对实数进行分类.

①按定义分类: ②按符号分类:

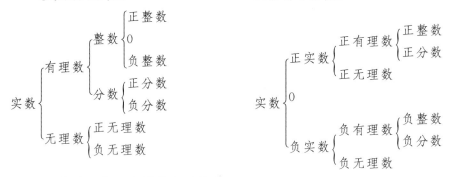

四、章单元复习绘制整章思维导图

复习课既要帮助学生回顾和整理知识,对所学知识能获得一个系统化、网络化、螺旋式的整合和提升,"回顾梳理知识,绘制整章思维导图"可以让学生从整体上了解本章知识点之间的关系,从而加深对各知识点的理解与掌握.好的知识结构图可以帮助学生由表及里、由此及彼地掌握知识,而且也就可以实现书由厚读到薄的目的.

思维导图是一种新的思维模式,不仅作为辅助思考的工具,贯穿大脑信息加工的各个阶段,同时作为处理知识及学习知识的有效的新方法,直接应用到知识学习过程中.实验证明:思维导图为学生提供了思考框架,其知识表征方式及过程对知识的表达与理解,与数学教学有共通之处.在数学教学中引入思维导图,可以帮助学生构建完整有效的知识网络,提升逻辑思维能力.

每学完一章内容后,学生需要检测自己对本章的知识掌握情况如何.我就会布置学生绘制本章的数学思维导图.数学思维导图由颜色、线条、图形、联想和想象五要素组成,具体制作分为三个步骤:

(1)用一张空白 A4 纸,合上书本,根据自己的记忆和理解画出本章思维导图;画完后,通过简单浏览课本目录,就可自测出自己对某一章知识内容的掌握情况,及时进行查漏补缺,调整学习计划和学习方法,以便于开展有针对性的复习;再打开课本的小结内容,与课本的章知识结构图进行对比、认真阅读"回顾与思考",思考相关问题,对本章的核心知识内容及其中包含的数学思想方法等作归纳概括,对所学内容进行"去粗取精,由厚到薄"的提炼,对本章内容的认识有新的提升;看哪些知识和内容已经掌握,有哪些是待加强的,修改或补充思维导图.

(2)进一步梳理整章内容,抓住数学学习的特点,把"学习方法和解题"进行结合,在思维导图中补充归纳本章的数学思想、方法、技巧,典型题型、易错点.

(3)注意类比联想,抓住不同章节之间的内在联系,思考本章的内容及其学习方法与其他哪些章节有关联,加强前后联系,建构更完善的知识体系.

五、中考复习完善初中阶段"实数"知识体系

整合人教版七年级上册第一章和七年级下册第六章的内容,进一步建构更完善的"实数"知识体系,可绘制思维导图(见图2-1-2).

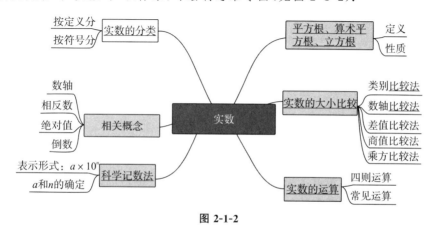

图 2-1-2

第二节 理解数学本质

先和大家分享"三角形的内角和"的故事:

美籍华人陈省身教授是当代举世闻名的数学家,他在北京大学的一次讲学中语惊四座:"人们常说,三角形内角和等于 180°.但是,这是不对的!"

大家愕然.怎么回事?三角形内角和是 180°,这不是数学常识吗?

接着,这位老教授对大家的疑问做了精辟的解答:"说三角形内角和为 180°不对,不是说这个事实不对,而是说这种看问题的方法不对,应当说三角形外角和是 360°."

"把眼光盯住内角,我们只能看到:

三角形内角和是 180°;

四边形内角和是 360°;

五边形内角和是 540°;

……

n 边形内角和是 $(n-2)\times180°$.

这就找到了一个计算内角和的公式.公式里出现了边数 n.如果看外角呢?

三角形的外角和是 360°;

四边形的外角和是 360°;

五边形的外角和是 360°;

……

任意 n 边形外角和都是 360°.

这就把多种情形用一个十分简单的结论概括起来.用一个与 n 无关的常数代替了与 n 有关的公式,找到了更一般的规律."

陈省身教授讲"三角形的内角和"的故事告诉我们:数学教学不是罗列更多的现象,也不是追求更妙的技巧,而是要从更普遍的、更一般的角度寻求规律和答案,探索数学的本质,理解数学的本质.

实施"关联数学"教学不仅教给学生必要的数学知识,更重要的是关注学生过程参与,重视揭示数学本质;关注知识的前后联系,让学生掌握和运用知识本质的联系,掌握内在规律性,提高学生分析和解决问题的能力、可持续发展的能力;让学生学会学习,主动探究,勤于思考,掌握灵活多样的学习方式,掌握知识间内在的联系及探索联系的方法,在学习中享受成功的乐趣.

一、注重过程参与,揭示数学本质

数学教学应当揭示数学本质,数学本质既体现在数学研究的结果上,也体现在师生共同的研究过程中;不仅体现在数学知识本身,还体现在其蕴含的数学思想、数学文化、数学精神里.

[案例 2-2-1]

"分式方程的增根"教学

环节一:发现增根和增根概念的教学

例 1 解方程 $\dfrac{1}{x-2}=\dfrac{3}{x}$.

例 2 解方程 $\dfrac{1}{x-5}=\dfrac{10}{x^2-25}$.

教师出示例题,请同学们解方程.

解完例 1(没有增根的分式方程)后,学生没有意识到检验的问题,教师也没有提醒.解例 2 得到 $x=5$ 后,教师问"你们有没有发现点什么?"引导学生通过"回头看"发现了 $x=5$ 不是该分式方程的解."$x=5$ 为什么不是该分式方程的解?""$x=5$ 是哪一个方程的解呢?"这一问题串的解决让学生明确了增根的实质"是变形后的整式方程的根,但不适合原方程".

环节二:对增根产生原因的教学

"这个增根是怎么产生的呢?"

教师让学生对这一问题进行了充分的思考、交流,发现"根据等式的性质 2,等式两边只能乘以不为零的式子,而现在,方程的两边都乘了一个值为零的代数式,所以产生了增根",教师继续问"分式方程和这个整式方程有什么不一样的地方吗?"学生答"分式方程有分母,而且分母中含有未知数,整式方程即使有分母,分母中也不含未知数""分式方程既然有分母,分母就不能为零,这样分式才有意义""把分式方程转化成整式方程后,未知数 x 的取值范围扩大了,在分式方程中,x 取不等于 2 的实数,而在整式方程中,x 可以取任何实数.所以解出的 $x=2$ 是转化后的整式方程的根而不是原分式方程的根".教师对学生的回答给予充分肯定,并总结"解分式方程,可以通过去分母把它转化为整式方程,可是,这个转化把未知数 x 的取值范围扩大了,造成非恒等变形,使得转化前后的两个方程不同解,这就导致了增根的产生.看来,转化时非恒等变形就是分式方程产生增根最根本的原因."教师继续追问"为什么整式方程比如二元一次方程组也需要转化但不会产生增根呢?"(在分式方程之前只学习了一元一次方程及二元一次方程组)"那什么样的方程有可能产生增根呢?"通过对比、思考与交流,加深了学生对增根产生原因的理解.

环节三：对检验方法的教学

教师借助问题"既然分式方程有可能产生增根，那么该如何验根呢？"让学生寻找检验的方法.

课堂气氛活跃，学生参与度高，先是找到了两种方法，一种是将解出的根代入最简公分母看最简公分母是否为零，若为零即为增根，若不为零，即为原方程的解.但有学生认为"这样虽然很快但我不放心，万一第一步转化错了或者方程解错了呢？"另一种是将解出的根代入原方程检验，"放心"但较慢，最后，学生经过激烈的讨论，整合出了一种又快又"放心"的方法，即先将解出的根代入到最简公分母中，如果为零，就是增根；如果不为零，再代入原方程检验.

环节四：解题回顾的教学

教师引导学生解完题后回头看："随便谈一谈，你有哪些收获？你对什么问题最感兴趣？通过整个探索分式方程解的过程，你有哪些启发？你还有什么疑惑？"

学生个个兴致盎然，十几位学生谈了自己的收获，有知识技能层面的，有过程方法层面的，还有情感态度层面的.其中有一位学生的总结赢得了大家的掌声："看来在解方程时，如果需要转化，转化导致未知数取值范围扩大的话，就是不恒等变形，这时候一定要检验."解完题后的回头看，让我们有意想不到的收获.

这个案例注重学生的过程参与，通过四个环节揭示问题本质，让学生理解分式方程产生增根的根本原因，培养学生探索能力，为有效迁移提供知识上的铺垫、思维上的经验.通过问题串的形式明确了增根的概念，并揭示了分式方程产生增根的最根本原因，再次通过问题"为什么二元一次方程组不会产生增根呢？"加深学生对转化的理解，让学生感受到求方程解的过程就是转化，而转化的实质就是恒等变形，但在转化时，有可能会使未知数的范围发生变化，造成不同解，就可能会产生增根，既然有可能产生增根，就必须检验.当学生遇到未知的无理方程，在通过两边平方或者根据二次根式的性质进行转化时，就会发现这一步转化造成了未知数的范围扩大，所以有可能产生增根，必须检验，这样的教学给学生将来学习"无理方程也需要检验"做了知识上的铺垫.通过问题串的形式给学生提供了一个完整的发现问题、分析问题、解决问题和反思的过程，学生在问题的引领下发现问题本质，增根的概念也从学生的头脑中自然流淌出来.这个彰显活力的过程厚实了分式方程检验的经验,为学生后续学习"无理方程也需要检验"提供了思维过程上的铺垫.在例2结束后,教师引导学生对解分式方程的过程进行了及时反思与总结,让学生站在整个解决问题的高度认识检验.解题回顾的过程,能使知识更加巩固,方法更加熟练,思想和策略更加优化、融会贯通,从而使学生获得新的解题策略、思想、方法,获得的基本活动经验的层次水平逐步提高,具备了对未知领域探索的能力.

二、关注前后联系,理解数学本质

数学教学要讲究新知识和旧知识的比较与联系,让学生学会寻找规律,理解问题本质,提高学生分析和解决问题的能力、可持续发展的能力.

【案例 2-2-2】

三角形内角和定理的证明与拓展

问题 1:三角形三个内角的和是多少度?

我们在小学时就已经知道三角形三个内角的和等于 $180°$,那时得到这个结论的有效途径是:把一个三角形的三个内角撕下来拼在一起得到一个平角,由此得到三角形的内角和是 $180°$.

教师指出:由于实验操作的方法存在误差,所以实验操作得出的命题不能当作定理,只有经过严格的几何证明,证明命题的正确性,才能作为几何定理.下面我们来证明此命题.

问题 2:怎么证明这个结论呢?

让学生提出自己的证明方法.

方法一:如图 2-2-1,过点 C 作射线 $CE // BA$,则

$\angle ACE = \angle A$(两直线平行,内错角相等),

$\angle B + \angle ACB + \angle ACE = 180°$(两直线平行,同旁内角互补),

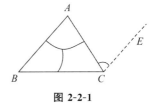

图 2-2-1

$\therefore \angle A + \angle B + \angle ACB = 180°$(等量代换).

方法二:如图 2-2-2,过点 C 作射线 $CE // BA$,达到把 $\angle A$、$\angle B$ 分别搬到 $\angle 1$、$\angle 2$ 的效果.

方法三:如图 2-2-3,过点 A 作直线 $l // BC$,达到把 $\angle B$、$\angle C$ 分别搬到

∠1、∠2 的效果.

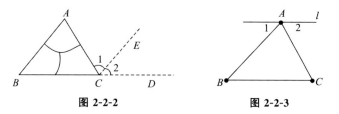

图 2-2-2　　　　　　　图 2-2-3

对以上三种方法及时引导学生进行总结和概括：

①为达到搬角以及同旁内角互补的目的，作了平行线；为了勾画一个平角，作了延长线或平行线，这就是在解决几何问题中常用到的辅助线.

②后两种方法都是把分散的角进行集中，转化为我们最为熟悉的问题来解决，这是数学中的一个重大数学思想——转化思想.

通过前面三种证明方法的体验，鼓励学生尝试同时搬动一个三角形的三个角到某一点上，看能否证出"三角形三个内角和等于 180°".（探究这个点在三角形某一边上，三角形内或三角形外部，如图 2-2-4 至图 2-2-6 所示）

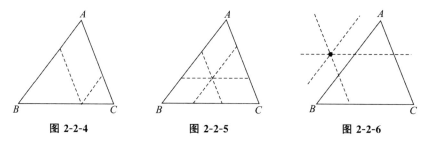

图 2-2-4　　　　　　图 2-2-5　　　　　　图 2-2-6

问题 3：你能利用三角形内角和定理求出四边形内角和的度数吗？

连接 AC，将四边形转化成 2 个三角形，如图 2-2-7 所示.利用三角形内角和定理证明四边形的内角和等于 360°.

问题 4：五边形的内角和是多少度？六边形呢？n 边形的内角和又是多少度呢？怎么证？

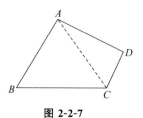

图 2-2-7

类比四边形内角和的证明方法，可以得到五边形、六边形……n 边形的内角和的度数（见表 2-2-1）.

表 2-2-1　n 边形的内角和的度数

边数	图形	从多边形的一个顶点引出的对角线条数	分割出三角形的个数	多边形内角和
三角形		$3-3=0$	$3-2=1$	$180°$
四边形		$4-3=1$	$4-2=2$	$360°$
五边形		$5-3=2$	$5-2=3$	$540°$
六边形		$6-3=3$	$6-2=4$	$720°$
…	…	…	…	…
n 边形		$n-3$	$n-2$	$(n-2)\cdot 180°$

本案例借助"三角形的内角和是 $180°$"这个结论的探索与证明让学生体会证明的必要性,通过"回顾小学实验操作的方法会存在误差,所以需要推理的方法证明",提高学生对推理证明的认识.问题 2 的证明要用平行线的性质与平角的定义,引导学生加强前后知识联系;鼓励学生尝试用多种方法证明,通过方法拓展,让学生体会思维的多向性,引导学生的个性化发展,使学生思维达到高潮;通过及时总结方法,让学生理解问题的本质,体会数学辅助线的桥梁作用,在潜移默化中,再次渗透数学中的重要数学思想——转化思想,为学好初中数学打下基础.问题 3、问题 4 的设置既是三角形的内角和定理的运用,让学生继续感受转化思想的作用,又渗透从特殊到一般的数学思想.

三、有效迁移知识,探索数学本质

教学中注重让学生学会学习,主动探究,勤于思考,掌握知识间内在的联系及探索联系的方法;一法多用,有效迁移知识,触类旁通,在学习中享受成功的乐趣.

【案例 2-2-3】

$\dfrac{n(n-1)}{2}$ 模型的应用

问题 1:在线段 AB 上取 n 个不同点共得多少条线段?

问题 2:以平面上 n 个不同点中任意两点为端点的线段共有多少条?

问题 3:在锐角 $\angle AOB$ 内部以点 O 为端点作 n 条射线,共得到多少个角?

问题 4:n 个人开会,每两人握手一次,共握手多少次?

问题 5:n 个队单循环赛,共赛多少场?

以上这些问题的实质是一样的数学问题.教师注意引导学生探索这些不同情境的问题的本质,让学生在这样看似不同的问题情境中探索、争论、交流,化成同一个数学问题,得到共有 $\dfrac{n(n-1)}{2}$ 条(个/次/场).教师还可以对此问题做进一步变式与延伸,给学生一个可以展示自己想象力的空间,使他们在质疑与探索、合作与交流中体验到乐趣和获得成功之喜悦,培养学生的探究能力.举例如下:

例 1 在一次聚会上,规定每两个人见面必须握手,且握手 1 次.

(1)若参加聚会的人数为 3,则共握手____次;若参加聚会的人数为 5,则共握手____次.

(2)若参加聚会的人数为 n(n 为正整数),则共握手____次.

(3)若参加聚会的人共握手 28 次,请求出参加聚会的人数.

(4)嘉嘉由握手问题想到了一个数学问题:若线段 AB 上共有 m 个点(不含端点 A,B),线段总数为多少呢?请直接写出结论.

例 2 为进一步弘扬"爱国、进步、民主、科学"的五四精神,倡导"我运动、我健康、我快乐"的生活方式,某县团委准备组织一次共青团员青年足球赛,参赛的每两个队之间都要比赛一场,根据场地和时间等条件,赛程计划安排 9 天,每天安排 5 场比赛,则该县团委应邀请多少个足球队参赛?

例 3 象棋比赛中,每个选手都与其他选手恰好比赛一局,每局赢者记 2 分,输者记 0 分.如果平局,两个选手各记 1 分.现有四个同学统计了全部选手的得分总数,分别是 1979,1980,1984,1985.经核实,有一位同学统计无误.试计算这次比赛共有多少个选手参加.

第三节 激发数学兴趣

心理学认为:兴趣是探究某种事物或进行某种活动的倾向.兴趣是求知的起点,是思维培养和能力提高的内在动力.兴趣可以激发情感、培养意志,兴趣可以唤起某种动机,改变态度.浓厚的兴趣能够激励人们积极地探索、敏锐地观察、牢固地记忆和丰富地想象,也能够促使人们积极地提出问题、研究问题,并积极地改进学习方法,创造性地运用知识,从中受到美的陶冶.

实施"关联数学"教学中,教师结合学生实际,精心创设教学情境,通过生活数学、魅力数学、榜样力量、核心价值、个人魅力等方式,努力诱发学生强烈的求知欲,促进学生对数学的认识,让学生懂得数学的价值,提高学生学习数学的兴趣,让学生理解数学、喜欢数学、热爱数学,从而主动探索,进而获取知识、提高能力、发展素养.

一、用生活数学引发兴趣

我们的生活中处处有数学、时时用数学,让学生在用中学、在学中用,他们就会觉得数学很有趣.

【案例 2-3-1】

"合并同类项"教学

情境创设:课前准备了一袋装有 1 角、5 角和 1 元的硬币,哪位同学能帮老师数一下这里一共有多少钱? 学生争先恐后地举手,第一位学生把硬币一个一个从口袋里拿出来,边拿边数,计时 3 分钟;第二位学生把 1 角的硬币 10 个 10 个地拿出来,把 5 角的 2 个 2 个地拿出来……计时 2 分钟;而第三位学生把桌上的硬币分摊,一堆全是 1 元的,一堆全是 5 角的,一堆全是 1 角的,然后分别数出每一堆的数量,计时 1 分 30 秒;然后问其他学生会怎么数,选择哪位同学的数法? 学生异口同声地说选择第三位同学的数法,又问为什么呢? 由此引出数学问题:在数学中,对整式也有一种类似的分类,这就是同类项.学生明白了:原来合并同类项和数钱是一个道理.

上面的情境创设就来自于"换零钱"的真实生活中,而不是虚假造作、凭空捏造出来的,把合并同类项的知识内容与现实生活情境合理地融合,不仅消除了学生对合并同类项这一知识的距离感,而且增强了学生理解和运用合并同类项的主动性,有力地激发了学生思维和学习的主动性;注意数学与生活关联,有利于提高学生的具体问题具体解决的能力,有利于学生良好数学观的养成,这样的情境创设是现实的、有意义的.

二、用魅力数学引发兴趣

(一)趣味问题

例1 一个醉汉拿着一根竹竿进城,横着怎么也拿不进去,量竹竿长比城门宽 4 米.旁边一个醉汉嘲笑他,你没看城门高吗? 竖着拿就可以进去啦.结果竖着比城门高 2 米.二人没办法,只好请教聪明人.聪明人教他们二人沿着门的对角斜着拿.二人一试,不多不少刚好进城.你知道竹竿有多长吗?

求解本题开始时好像无从下笔,但只要能仔细地阅读和思考,就能从中找到等量关系,列出方程求解.学生在解决这个趣味问题过程中感受数学与生活关联.

(二)古诗问题

例2 读诗词解题:(通过列方程式,算出周瑜去世时的年龄).

> 大江东去浪淘尽,千古风流数人物;
> 而立之年督东吴,早逝英年两位数;
> 十位恰小个位三,个位平方与寿符;
> 哪位学子算得快,多少年华属周瑜?

本题虽然是一道古诗问题,但它涉及数字和年龄问题,通过求解同学们可从中品味数学与古诗关联.

(三)引导学生发现数学美、感受数学美

"爱美之心,人皆有之",虽然数学美不同于自然美、艺术美,但它是自然美的客观反映,是科学美的内在核心.研究表明,数学上许多东西,只有感

到它美,才能对它感兴趣.进行"数学美"的渗透,会引起学生的好奇心和注意力,让他们积极地去体验数学美,这不仅能激发学生的学习兴趣,而且还可以启迪他们的思维,开阔他们的视野.

教学中,我利用教材中穿插的丰富图形,引导学生感受展现学科隽永的图景;结合教学实际,适时给学生展示大师风采,呈现学科成果,介绍学科名著,再现学科重大事件.把抽象的学科方法思想化为视觉化的形象,使技能、技巧、方法与思想具体化、可操作化,帮助学生深刻理解知识,感悟方法和思想;了解著名的数学家以及他们的名言,对学生学习数学会产生深远的影响.

数学美有很多种:对称美、简单美、巧妙美、精确美、和谐美、奇异美等等,美不胜收,常常让人陶醉其中.比如:圆的面积公式,所表达的内容和含义,用世界上任何国家的任何语言来描述,都没有 $S=\pi r^2$ 更简洁和充分;莫比乌斯带展示的是奇异美;黄金分割展示的是和谐美;中国古代的阴阳、八卦都蕴涵着对称美和朴素美的数学思想;"$\sqrt{}$""$\int$""$\sum$"分别表示"开方""积分""求和",展示的又是一种符号美.这些数学美,让人乐在其中,若能充分感受到这些数学的美,会让学生在数学学习的过程中,学得更快乐,更幸福.

[案例 2-3-2]

解决问题中感受数学美

我们知道,很多数学知识相互之间都是有联系的.如图 2-3-1 中,图一是"杨辉三角"数阵,其规律是:从第三行起,每行两端的数都是"1",其余各数都等于该数"两肩"上数之和;图二是二项和的乘方 $(a+b)^n$ 的展开式(按 b 的升幂排列).经观察:图二中某个二项和的乘方的展开式中,各项的系数与图一中某行的数一一对应,且这种关系可一直对应下去.将 $(s+x)^{15}$ 的展开式按 x 的升幂排列得:$(s+x)^{15}=a_0+a_1x+a_2x^2+\cdots+a_{15}x^{15}$.

图一	图二
1	$(a+b)^1=a+b$
1　1	$(a+b)^2=a^2+2ab+b^2$
1　2　1	$(a+b)^3=a^3+3a^2b+3ab^2+b^3$
1　3　3　1	$(a+b)^4=a^4+4a^3b+6a^2b^2+4ab^3+b^4$
1　4　6　4　1	$(a+b)^5=a^3+5a^4b+10a^3b^2+10a^2b^3+5ab^4+b^5$
1　5　10　10　5　1	$\cdots$
$\cdots$	

图 2-3-1

依上述规律,解决下列问题:

(1)若 $s=1$,则 $a_2=$ _____.

(2)若 $s=2$,则 $a_0+a_1+a_2+\cdots+a_{15}=$ _____.

三、用榜样力量激发兴趣

历史上许多数学家的故事曲折动人,他们的奋斗史让人震撼.比如:"哥德巴赫猜想"引无数数学家竞折腰、计算机的发明把人类带进了信息化时代,在人类几千年的历史中,数学家做出了突出的贡就,刘徽赢得了多个"世界冠军"、祖冲之的圆周率、杨辉三角、秦九韶的"正负开方术"无不让国人为之骄傲.齐梁时代的数学家祖冲之的儿子祖暅早就提出的"幂势既同,则积不容异"的祖暅原理,而 1653 年才有西方意大利数学家卡瓦列利提出相同的定理,比祖暅晚一千一百多年.等等这一系列的辉煌成果,会激起学生强烈的民族自豪感,也会增强他们追求科学真理的信心和求知欲.如,在讲解"前 n 个连续整数求和公式"时可以向学生介绍德国的"数学王子"高斯的小故事;在"拓展完全平方公式"时可以介绍我国古代数学成就"杨辉三角",等等.总之,以数学家为线索的数学文化源远流长、包罗万象,我们可根据教材所涉及的知识介绍不同层次的相关内容,激发学生学习兴趣;通过榜样的力量激发他们学习数学的兴趣,增强数学学习的内驱力.当然,也可以选择身边的优等生作为数学学习的榜样,进而影响他们,有时效果也很明显.

【案例 2-3-3】

割圆术的故事

我国古代的刘徽为了圆周率的计算一直潜心钻研着.一次,刘徽看到石匠在加工石头,觉得很有趣就仔细观察了起来."哇! 原本一块方石,经石匠师傅凿去四角,就变成了八角形的石头;再凿去八个角,又变成了十六边形."一斧一斧地凿下去,一块方形石料就被加工成了一根光滑的圆柱.

谁会想到,在一般人看来非常普通的事情,却触发了刘徽智慧的火花.他想:"石匠加工石料的方法,可不可以用在圆周率的研究上呢?"

于是,刘徽采用这个方法,把圆逐渐分割下去,一试果然有效.他发明了亘古未有的"割圆术".他沿着割圆术的思路,从圆内接正六边形算起,边数依次加倍,相继算出正 12 边形,正 24 边形,……直到正 192 边形的面积,得到圆周率 π 的近似值为 157/50(即 3.14);后来,他又算出圆内接正 3072 边形的面积,从而得到更精确的圆周率近似值:π≈3927/1250(即 3.1416).

在教学圆与正多边形关系时插入这个故事,可让学生感受数学在生活中的应用、思维火花源于生活;感受无限思想与坚忍不拔精神;培养学生学会用数学的眼光观察世界,学习科学家的潜心钻研精神!

四、用核心价值提高兴趣

数学学习对人的成长有两个方面的核心价值:一方面,从考试的角度看,数学是必考科目,通过数学学习能够取得一定成绩,从而获得更多机会和更好的发展;另一方面,数学是一种思维,一种思想方法,一种理性艺术,一种优美语言.通过学习数学,能够培养人的整体思想、大局意识、抽象思维能力、空间想象力、语言组织与表达能力,尤其是数学所特有的精神和态度,能使人思维敏捷、表达清楚、工作严谨且有条理,使人更加务实.一句话,数学会让人越学越聪明,越学越有才.由此可见,如果我们能够让学生从小就充分认识到数学学习的重要性,他们学习数学的原动力就会迅速增强,兴趣就会越来越高.

【案例 2-3-4】

1 名优秀数学家的作用超过 10 个师的兵力

第二次世界大战中,美国曾经宣称:1 名优秀数学家的作用超过 10 个师的兵力.故事来源于 1943 年以前,在大西洋上英美运输船队常常受到德国潜艇的袭击,当时,英美两国囿于实力,又无力增派更多的护航舰艇,一时间,德军的"潜艇战"搞得盟军焦头烂额.为此,有位美国海军将领专门请教了几位数学家,数学家们运用概率论分析后发现,舰队与敌潜艇相遇是一个随机事件,从数学角度来看这一问题它具有一定的规律.一定数量的船(如 100)编队规模越小,编次就越多(如每次 20 艘,就要有 5 个编次);编次越多,与敌人相遇的概率就越大.比如 5 位同学放学都回自己家里,老师要随机找 1 位同学,去哪家都行.但若这 5 位同学都在其中某一家,老师可能要找几家才能找到,一次找到的可能性只有 20%.

美国海军接受了数学家的建议,命令船队在指定海域集合,再集体通过危险海域,然后各自驶向预定港口.结果奇迹出现了:盟军舰队遭袭被击沉的概率,由原来的 25% 降低为 1%,大大减少了损失,保证了物资的及时供应.

在概率教学中引入这个故事,让学生知道概率在军事指挥上的作用,体会数学与军事的关联;让学生感受数学学习的重要性,提高学习兴趣.

五、用教师个人魅力激发兴趣

子曰:"知之者不如好之者,好之者不如乐之者."兴趣是最好的老师,能激发孩子爱上数学,从而自觉探究数学.孩子上课不专心、没兴趣,注意力不集中,除有学生自身性格、年龄等因素外,与老师的个人魅力及课堂教学的活动设计有着密切的关系.兴趣从何而来?"兴趣"来自"有趣",要让学生觉得数学"有趣",做一个有趣的老师,设计有趣的数学活动,让学生对数学"爱你没商量".

(一)有趣的老师,吸引学生亲师信道

有趣的老师能让学生"亲其师,信其道",从而"爱屋及乌".有趣的老师应具备几个特点:语言幽默风趣、教态亲切自然、课堂氛围民主平等.一个语言幽默风趣的老师,教态亲切自然,课堂氛围民主平等、轻松愉快.这样的老师,谁能不爱?

【案例 2-3-5】

0 的流浪记

对于有理数相关概念的复习,创设情境,采用拟人化手法激发学生兴趣.对"0"的认识,请大家欣赏以下的文字:

0 是个流浪汉,在街上游荡,发现有正数走来,就说:"家人,我找你找了好久."正数说:"我不是你家人."0 又开始游荡,看到负数马上说:"家人,我可找到你了."负数说:"我不是你家人."0 说:"怎么可能?负数你不是我的家人,正数也不是我的家人,那谁是我的家人?"负数说:"你既不是正数,也不是负数."

0于是继续闲逛,来到哈哈镜乐园里.到绝对值镜子面前,正数和它自己没有发生什么变化,负数照一下就变了模样,就少了负号.来到相反数镜子面前,负数少了负号,正数多了一个负号,0站在相反数镜子面前,还是没有发生什么.在倒数镜子面前,整数变成了分数,分数则上下颠倒,而0站在那里,镜子里出现一片空白,自己变没有了.

到大力场上,0去挑战几个负数,负数都被0败下阵去.但正数去打擂,结果0才拼了几下,就被正数打败了,悻悻地离开了比武场.0又跑到有理数运算大乐园中,许多乐园都对它打开了欢迎大门,但是除数把它拒之门外,0心里很奇怪:怎么会这样呢?

0又在街上流浪了,遇到-9和9,加号,等号,他们成了好朋友,-9+9=0.但0还在继续寻找亲人,有理数遇到它说:"我是你亲人,但不是最亲的人."0说:"谁比你还亲呢?"整数过来:"我,我就是你最亲的人."0住了下来,可整天无所事事.数轴对0说:"我的原点没有数表示,能过来帮忙表示一下吗?"0很高兴有了工作,但还很空闲,又去代表"没有"和自然数.有理数看了说:"好吧,我收留了正数、负数,也不差你一个."

从此0就坚守岗位,好好工作,不再是流浪汉了.

身份一:既不属正数家族,也不属负数家族,住在两大家族中间(既不是正数,也不是负数,是它们的分界点);

身份二:是自然研究所年龄最小的成员(是最小的自然数);

身份三:是"有理性"俱乐部成员(是有理数);

身份四:一个完整的公民(是整数);

身份五:荣获"绝对价值是本身"的公民(绝对值是本身);

身份六:唯一一名在"相反社区"中结交到的朋友是自己的公民(相反数是本身);

身份七:"有理性"俱乐部中唯一一位不会倒立的成员(没有倒数);

身份八:是"直线上的城市"——数轴城的原市长(在数轴上表示原点).

这样的真情实感,这样的学习焉能不乐乎!

(二)有趣的活动,让数学课其乐无穷

在教学中,要激发学生的学习兴趣,还要把数学课堂变成充满活力、趣味无穷的乐园,从而让学生感受数学美,追求数学美.初中生有着强烈的好奇心,活泼好动,喜欢听故事、做游戏、动手操作,教师要尽量设计生动有

趣、直观形象的数学活动,将书本上的数学知识和生活实际联系起来,吸引学生的注意力,激发学生学习兴趣,启迪学生的思维,以达到更好的教学效果.

【案例 2-3-6】

耐人寻味的 0.618

0.618,一个极为迷人而神秘的数字,而且它还有着一个很动听的名字——黄金分割律,它是古希腊著名哲学家、数学家毕达哥拉斯于 2500 多年前发现的.古往今来,这个数字一直被后人奉为科学和美学的金科玉律.在艺术史上,几乎所有的杰出作品都不谋而合地验证了这一著名的黄金分割律.

"黄金分割"是个千古之谜,悄悄地影响着我们的生活.它像造物主的美学天平,决定着大自然中一切审美的原则:从自然万物的形体比例,到音乐和声的优美和谐;从绘画的透视和构图,到建筑的宏伟和庄严……

生活中我们见到过许许多多的图形,形态各异,美观大方;国旗上的正五角星给人雄健之美;在设计工艺品或日用品的宽和长时,常设计成宽与长的比近似为 0.618,这样易引起美感;在拍照时,常把主要景物摄在接近于画面的黄金分割点处,会显得更加协调、悦目;舞台上报幕员报幕时总是站在近于舞台的黄金分割点处,这样音响效果就比较好,而且显得自然大方,等等.这些实例说明黄金分割在设计、美术、音乐、艺术等方面被广泛应用.

设计活动环节如下:

(1)让学生通过各种渠道调查收集有关 0.618 的各种资料,了解黄金分割与生活的紧密联系,体会到黄金分割在建筑、雕塑、绘画、音乐、人体等生活的各个领域的广泛应用及其文化价值.

(2)分小组汇报交流:

①讲一讲有关黄金分割的故事;

②谈一谈 0.618 在建筑、雕塑、绘画、音乐、人体等生活的各个领域的广泛应用,体会黄金分割对社会发展的作用.

如芭蕾舞演员是怎么样跳舞的? 某女士身高 1.60 米,下半身(脚底到肚脐)0.96 米,她的身材符合黄金比吗? 她穿多高的高跟鞋看上去更美? 拍照时用上黄金分割法则了吗? 说一说黄金分割还可能应用在你生活或学习中的哪些地方? 它的使用能否起到良好的作用? 你如何验证?

　　③说一说你是通过哪些渠道了解到黄金分割的有关知识,你得到什么收获与启示?

　　(3)利用0.618设计图案或制作实物模型.

　　全班展示,评选优秀作品.

表 2-3-1　优秀作品评选依据

作品类型	评价依据	奖项
图案类	美观、合理	优秀奖
实物模型类	美观、符合实际	设计奖
改造类	美观、适用	创新奖

　　本案例让学生在收集资料过程中感受黄金分割的美,使学生学会如何利用黄金分割认识美、欣赏美、创造美.通过多渠道多角度收集资料,培养学生观察生活、学会收集信息、分析信息和处理信息的能力;通过经历探索问题、应用知识解决问题的过程,培养学生分析问题和解决实际问题的能力;通过体会黄金分割在生活各个领域的广泛应用,培养学生对美的发现能力和欣赏能力,引导学生树立正确的审美观点;利用0.618设计图案或制作实物模型,在思考、交流、操作等过程中增强实践意识和自信心,培养学生的合作意识,提高与人交流的能力.

　　兴趣是最好的老师.当学生对数学学习产生兴趣,数学学习的能量是无法估量的.因此,教师要多方面、多角度、尽最大努力培养学生的学习兴趣.

第四节　培养理性思维

　　数学教学的最主要任务是使学生学会思考,培养学生的思维能力,这是由数学的学科性质决定的.实施"关联数学"教学努力引导学生加强数学思维活动,使学生在掌握知识的过程中学习数学思考方法,从学会思考逐步走向学会学习;让学生在观察、实验、猜想、类比、归纳、证明等数学活动中发展合情推理和演绎推理能力,学会独立思考,清晰表达自己的想法,领悟数学独特的基本思想和思维方式.

一、借助概念性质的形成过程培养合情推理

在概念性质的形成过程中,要让学生经历探索过程,重视观察、度量、实验等直观操作活动,渗透合情推理能力的培养和发展;再要求学生对发现的性质进行证明,培养严谨的科学态度,领悟推理论证是观察、实验、探究得出结论的自然延续,从而发展演绎推理能力.

【案例 2-4-1】

探索平行线的性质

问题 1:我们学习了哪些平行线的判定方法?

追问 1:这三个判定方法中条件和结论分别是什么?

追问 2:在这三种条件下,都可以得到两条直线平行的结论,反过来,在两条直线平行的条件下,同位角、内错角、同旁内角又各有什么关系呢?

问题 2:两条平行线被第三条直线截得的同位角会具有怎样的数量关系?

追问 1:两条平行线被第三条直线所截,形成的 8 个角中哪些是同位角?

追问 2:猜想:在两条平行线被第三条直线所截的条件下,同位角有什么关系?

追问 3:你能验证你的猜想吗?

追问 4:你能与同学交流一下你的验证方法吗?

追问 5:如果改变截线的位置,你发现的结论还成立吗?

追问 6:你能用文字语言表达出你发现的结论吗?

追问 7:你能用符号语言表达追问 6 的结论(性质 1)吗?

问题 3:我们利用"同位角相等,两直线平行"推出了"内错角相等,两直线平行".类似地,你能由性质 1,推出两条平行线被第三条直线截得的内错角之间的关系吗?

追问 1:你能用性质 1 和其他相关知识说明理由吗?

追问 2:你能写出推理过程吗?

追问 3:类比性质 1,你能用文字语言表达出上述结论吗?

追问4：你能用符号语言表达性质2吗？

问题4：在两条直线平行的条件下，我们研究了同位角和内错角，那么同旁内角之间又有什么关系呢？你能由性质1推出同旁内角之间的关系吗？

实践证明：发现数学结论和数学证明思路主要靠合情推理，将合情推理作为数学教育任务，有助于学生认识到数学既是演绎的科学，又是归纳的科学，形成对数学较为完整的认识．所以数学教学应重视合情推理能力的培养．

二、重视类比联想和归纳推理在教学中的运用

类比联想是由两个或两类事物具有某些相同或相似性质推测它们在其他性质上也相同或相似的一种推理方法．归纳推理是从许多个别事物的分析、研究中归纳出一个共同性的一般结论的推理．例如，数、式、方程、不等式、函数之间存在内在联系，教师就要充分使用类比联想和归纳推理开展教学．类比联想和归纳推理的教学还体现在解题的技能、技巧上．教学中，让学生经历如下活动：观察具体问题、展开联想（见过类似的问题吗？如图形类似？条件类似？结论类似？）、开展探究、合作交流（如将问题特殊化，寻找类似结论或方法）、归纳类比、猜想验证、推理论证．

【案例 2-4-2】

类比"分数的基本性质"学习"分式的基本性质"

环节一：创设情境，提出问题

上节课我们类比分数的概念学习了分式的概念，今天我们来继续学习分式的相关知识，请看下面的问题：

图 2-4-1

图 2-4-2

问题1：如图 2-4-1 所示，将面积为1的长方形平均分成了4份，阴影部分的面积是多少？

问题 2:如图 2-4-2 所示,将面积为 1 的长方形平均分成了 2 份,阴影部分的面积是多少?

问题 3:这两块阴影部分的面积相等吗?

问题 4:通过怎样的变形可以由 $\frac{1}{2}$ 得到 $\frac{2}{4}$?通过怎样的变形可以由 $\frac{2}{4}$ 得到 $\frac{1}{2}$?

问题 5:上述变形的依据是什么呢?

[设计意图]运用分数的基本性质进行分数变形,既复习了分数的基本性质,又为学习分式的基本性质做了铺垫.

环节二:类比猜想,解决问题

类比分数的基本性质,你能猜想分式有什么性质吗?

请看下面的问题:

图 2-4-3   图 2-4-4

问题 6:如图 2-4-3,面积为 1 的长方形,长为 a,那么长方形的宽怎么表示呢?

问题 7:如图 2-4-4,两个图 2-4-3 中的长方形拼接在一起,它的宽怎么表示呢?

问题 8:两图中长方形的宽相等吗?

问题 9:通过怎样的变形可以由 $\frac{1}{a}$ 得到 $\frac{2}{2a}$?通过怎样的变形可以由 $\frac{2}{2a}$ 得到 $\frac{1}{a}$?

追问:变形的依据是什么呢?

问题 10:若 n 个这样的长方形拼接在一起,它的宽又如何表示呢?

（学生分析得出答案为 $\frac{n}{an}$.）

追问:$\frac{n}{an}$ 和 $\frac{1}{a}$,$\frac{2}{2a}$ 相等吗?通过怎样的变形可以得到它们相等呢?

问题 11:若 $(m+1)$ 个这样的长方形拼接在一起,宽又如何表示呢?

追问：$\dfrac{m+1}{a(m+1)}$ 和 $\dfrac{1}{a}$，$\dfrac{2}{2a}$ 相等吗？通过怎样的变形可以得到它们相等呢？

问题12：类比分数的基本性质，你能归纳出分式的基本性质吗？

追问：你能尝试用符号语言表示分式的基本性质吗？

[设计意图]一方面提高学生对分式基本性质的认识，另一方面通过师生归纳，进一步加深对分式基本性质的理解.

本案例类比"分数的基本性质"学习"分式的基本性质"，通过问题导向让学生经历观察、联想、探究、合作交流、归纳类比、猜想验证等过程，培养学生类比联想和归纳推理的能力.

三、借助解题思路的产生过程培养合情推理能力

数学题的解题思路的产生就是一个合情推理的过程，通过观察、归纳、类比、猜想、联想、直觉、灵感等合情推理手段的综合运用，培养学生合情推理能力.在平时的课堂教学中要从课程的体系出发，有序、有目的地训练学生的思维；在综合题的解决中，让学生有条理地表述自己的思考过程，学生在"会做"的基础上学会题后反思：根据条件和结论间的逻辑关系阐述所解决问题之间的联系与区别，表达解题思路，是否有其他解法，可以怎样变式，从而培养学生的数学素养.

【案例 2-4-3】

"平行四边形的判定"的问题设计

问题1：根据平行四边形的定义，结合图2-4-5所示，当 $AB\parallel CD$，$AD\parallel BC$ 时，即可确定它是一个平行四边形.试问：把"$AB\parallel CD$，$AD\parallel BC$"中的"$AD\parallel BC$"换成什么条件，同样可以判定它是一个平行四边形？（这是控制其中一个变量，让另一个变化，使问题简单化.）

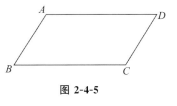

图 2-4-5

问题2：若把图2-4-5中的"$AB\parallel CD$"换成了"$AB=CD$"，那么"$AD\parallel BC$"可以换成什么条件，同样可以判定它是一个平行四边形？

问题 3：根据图 2-4-5，你还能把"$AB // CD$，$AD // BC$"换成其他什么条件，可以判断这个四边形是平行四边形？

问题 4：若在原来的图形中添设对角线（如图 2-4-6），还是以两个条件为题设，具备什么条件可以判定这个四边形为平行四边形呢？

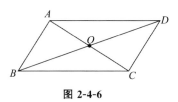

图 2-4-6

同学们对以上命题进行证明，师生共同总结平行四边形的判定定理.

探寻平行四边形判定方法是解决本节课问题的关键，从定义转换成一般情况，形成各种命题，并利用多种方法探究命题，开阔学生的视野，增加学生的思维量，而不是仅仅局限在平行四边形的判定定理的内容上.对教材的重组处理，不受平行四边形的性质定理的约束，即由性质定理反过来思考的制约，而是从另一角度，多层次地提出问题、分析问题、解决问题.在探究新知的过程中产生了很多课本上没有的内容，深化了知识，拓宽了思维，让学生深感数学妙趣横生.

四、大胆猜想、小心求证，培养学生演绎推理能力

科学新理论大多源于猜想，欲想成为科学真理，必须通过周密严谨的论证.解题也是这样，许多结论或中间过渡性的结论，有不少源于猜想，但猜想不一定可靠，要经过严格推理论证的猜想才可靠.教学中要注意从情境设置、问题设计等环节关注学生思维的有序性、层次性、创新性，突出推理能力和应用能力的提高.教学中要使每一个学生都能体会证明的必要性，从而使学习演绎推理成为学生的自觉要求，发展学生的演绎推理能力.

【案例 2-4-4】

三角形中位线

问题 1：如图 2-4-7，为了测量一个池塘的宽 BC，在池塘一侧的平地上选一点 A，再分别找出线段 AB，AC 的中点 D，E，若测出 DE 的长，就能求出池塘的宽 BC，你知道为什么吗？今天这堂课我们就来探究其中的学问.

图 2-4-7

[设计意图]从生活实例引入,激发学生对问题探究的兴趣,拉近了数学与生活的距离,使学生产生学习的主观意愿.

问题2:请你做一做(让学生拿出自己预先准备好的三角形纸板):

(1)找出三边的中点.

(2)连接六点中的任意两点(边除外).

(3)找找哪些线是你已经学过的,哪些是未曾学过的?

学生根据老师要求画出图形,如图2-4-8所示,并说出已经学过的线段有 AF,BE,CD,未曾学过的线段有 DE,DF,EF.

图 2-4-8

追问:没有学过的线段有什么特点呢?

学生发现:线段 DE,DF,EF 的端点都是三角形的边的中点.

教师明确:连接三角形两边中点的线段,叫作三角形的中位线.如图2-4-9,DE,EF,DF 是三角形 ABC 的3条中位线.

跟踪训练:

①如果 D,E 分别为 AB,AC 的中点,那么 DE 为△ABC 的_____;

②如果 DE 为△ABC 的中位线,那么 D,E 分别为 AB,AC 的_____.

图 2-4-9

师生总结:一个三角形有三条中位线.三角形的中位线和三角形的中线不一样,三角形的中位线是连接两边中点的线段,而三角形的中线是连接三角形的一个顶点与其对边中点的线段.

[设计意图]在本环节,经过动手操作,学生会发现有3条是已经学过的中线,有3条是没有学过的.最终给出三角形中位线的定义,也引出了本节课的课题:三角形的中位线.这样做,既让学生得出三角形中位线的概念,又让学生在无形中区分了三角形的中线和三角形中位线.为了使学生加深对三角形中位线的概念的理解,为后面的探究打下基础,设立了以上两道简单的练习题,让学生学会从图中找出信息.

问题3:如图2-4-10,三角形的中位线 DE 与 BC 有什么样的关系?为什么?

思考:(1)你能直观感知它们之间的关系吗?用三角板验证;

(2)你能用说理的方法来验证它们之间的这种关系吗?

图 2-4-10

学生在教师的指导下完成猜想,并证明.

已知:如图 2-4-10,点 D,E 分别为 $\triangle ABC$ 边 AB,AC 的中点.

求证:$DE /\!/ BC$ 且 $DE = \dfrac{1}{2}BC$.

〔解析〕所证明的结论既有位置关系,又有数量关系,联想已学过的知识,可以把要证明的内容转化到一个平行四边形中,利用平行四边形的对边平行且相等的性质来证明结论成立,从而使问题得到解决,这就需要添加适当的辅助线来构造平行四边形.

分小组讨论后,全班交流证明过程.

第一小组代表:如图 2-4-11,延长 DE 到 F,使 $EF = DE$,连接 CF,由题意易得 $\triangle ADE \cong \triangle CFE$,从而可得 $AD /\!/ FC$,且 $AD = FC$,因此有 $BD /\!/ FC$,$BD = FC$,所以四边形 $BCFD$ 是平行四边形.所以 $DF /\!/ BC$,$DF = BC$,由作图知

图 2-4-11

$DE = \dfrac{1}{2}DF$,所以 $DE /\!/ BC$ 且 $DE = \dfrac{1}{2}BC.$(也可以过点 C 作 $CF /\!/ AB$,交 DE 的延长线于 F 点,证明方法与上面大体相同)

第二小组代表:如图 2-4-12,延长 DE 到 F,使 $EF = DE$,连接 CF,CD 和 AF,因为 $AE = EC$,所以四边形 $ADCF$ 是平行四边形.所以 $AD /\!/ FC$,且 $AD = FC$.因为 $AD = BD$,所以 $BD /\!/ FC$,且 $BD = FC$.所以四边形 $BCFD$ 是平行四边形.所以 $DF /\!/ BC$,且 $DF = BC$,因为 $DE = \dfrac{1}{2}$

图 2-4-12

DF,所以 $DE /\!/ BC$ 且 $DE = \dfrac{1}{2}BC$.

第三小组代表:如图 2-4-13,过 E 点作 AB 的平行线交 BC 于 N,交过 A 点与 BC 平行的直线于 M,由题意及作图易知 $\triangle AEM \cong \triangle CEN$,可得 $ME = EN$,$AM = CN$,因为 $AM /\!/ BC$,$AB /\!/ MN$,所以四边形 $AMNB$ 是平行四边形,

图 2-4-13

所以 $AB = MN$,$AM = BN$.又因为 $BD = \dfrac{1}{2}AB$,$EN = \dfrac{1}{2}MN$,所以 $BD = EN$,所以四边形 $BDEN$ 是平行四边形,则 $DE = BN$,$DE /\!/ BC$,所以 $DE = BN = AM = CN$,即 $DE = \dfrac{1}{2}BC$.

第四小组代表:如图 2-4-14,过 A,B,C 三点分别作 DE 的垂线,分别

交直线 DE 于点 P,M,N.因为 AP,BM,CN 都垂直于 DE，所以 $AP /\!/ BM /\!/ CN$.可证明 $\triangle APE \cong \triangle CNE$，则 $AP=CN$，$PE=EN$，可证明 $\triangle ADP \cong \triangle BDM$，则 $AP=BM,DP=DM$，所以 $BM=CN,DE=\dfrac{1}{2}MN$，所以四边形 $BMNC$ 是平

图 2-4-14

行四边形，所以 $DE /\!/ BC,DE=\dfrac{1}{2}MN=\dfrac{1}{2}BC$.

[设计意图]先由直观的方法感知 DE 与 BC 在位置与数量上的关系，再用说理的方式来证明这一关系，此举既满足了学生探求新知的欲望，获得成功的体验，又刺激学生进行更深入的探求.

[知识拓展](1)三角形的中位线所构成的三角形的周长是原三角形周长的一半.(2)三角形三条中位线可以把三角形分成三个平行四边形，分成四个全等三角形.(3)三角形三条中位线所构成的三角形的面积等于原三角形面积的四分之一.

本案例让学生经历生活情境、动手操作、猜想验证、知识拓展等环节，有序培养学生思维，突出推理能力和应用能力的提高.能力的形成是一个循序渐进的过程，要让学生自己"悟"出其中的道理、规律和思考方法等.教学活动必须给学生提供探索交流的空间，组织引导学生经历观察、实验、猜想、证明等数学活动，并把推理能力的培养有机融合在其中.《数学课程标准》划分的四个领域的课程内容都为发展学生的推理能力提供了丰富的素材，教学中要把推理能力的培养落实到这四个领域之中，贯穿于教学全过程.

第五节　增强应用意识

我国著名数学家华罗庚教授曾指出："宇宙之大，粒子之微，火箭之速，化工之巧，地球之变，生物之谜，日用之繁，无处不用数学."[7]这是对数学应用的广泛性的精辟论述.实施"关联数学"教学注重应用关联，把培养学生的应用意识贯穿在整个数学教育的过程中，让学生在"应用"中学习数学，"应

用"中欣赏数学,在"应用"中解决问题.教师引导学生把数学知识与其他学科、生活环境相联系,能够将所学内容迁移到新情境中,能够综合应用所学知识去解决生活中的现实问题;将知识传授和知识应用结合起来,使学生真正理解数学的价值,培养学生数学的应用意识和创新意识.

一、"应用"中学习数学

(一)用数学眼光观察生活问题

生活是数学的宝库,生活中随处都可以找到数学的原型.经常让学生联系生活学数学,引导学生用数学的眼光观察生活问题,不仅有利于培养学生用数学的眼光认识周围事物的习惯,而且有利于培养学生探索的意识.例如,学习"图形认识初步"时,让学生观察生活中哪些物体可以抽象成几何体? 如图 2-5-1,注意揭示几何图形基本概念源于现实世界的抽象性特点,几何图形的一些最基本概念,如几何图形、点、线、面、体、平面图形、立体图形等,这些概念是从现实中抽象出来的最基本的几何概念,必须注意这些基本概念与客观现实的联系,初步了解这些概念的抽象性特点,从而初步能用几何观点认识现实世界.

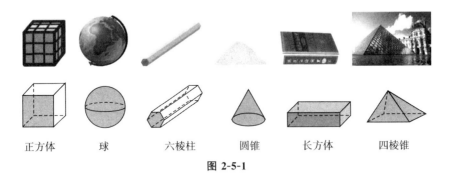

| 正方体 | 球 | 六棱柱 | 圆锥 | 长方体 | 四棱锥 |

图 2-5-1

(二)用数学方法研究生活问题

生活中的许多问题包含着数学知识.引导学生运用数学方法研究问题,不仅使学生感受成功和自身价值的存在,而且可绽放绚丽的创造之花,让学生真正由"读书虫"向社会实用型人才发展.例如,教学三角形的稳定性后可以让学生解释一下:房子的屋顶为何要架成三角形的? 木工师傅修理课桌为何要在桌脚对角处钉上一根斜条？教学平行四边形的特性时请学生说明：为什么拉栅门要做成平行四边形的网格状而不做成三角形？又如，学习应用题有关利息计算时，让学生计算：把 1000 元钱存入银行，怎样存款更合算？学生先要调查银行利率，选择存款时间、存款方法，再计算利息，找到最合理的存款方法．学习"圆"时，可以引导学生往深层次思考："为什么生活中那么多物体的形状都设计成圆形，圆形有什么特别之处？用了哪些数学原理？"再如，学习一次函数的应用时，创设如下情境：今天请同学们与我一起到国家 4A 级旅游风景区——闽西冠豸山旅游．甲旅行社说："到我这来吧，只要领队买一张票，其余人半价票优惠．"乙旅行社说："到我这来吧，包括领队在内，一律按六折优惠．"假如全票为 120 元，你们说我们该选择哪家旅行社更省钱呢？

二、"应用"中欣赏数学美

德国数学家克莱因说："音乐能激发或抚慰情怀，绘画使人赏心悦目，诗歌能动人心弦，哲学使人获得智慧，科学可改善物质生活，但数学能给予以上的一切．"[8]然而欣赏数学的美并不是那么容易，因为它不像美术和音乐那样，直接可以用眼睛去欣赏，用耳朵去聆听．因此我们要引导学生多读一些数学名著，用数学的眼光去发现生活中的数学之美，陪着孩子一起去学会欣赏数学无与伦比的美妙画卷．

（一）黄金分割的应用举例

例 1 美是一种感觉，当人体下半身与身高的比值越接近 0.618 时，越给人一种美感．某女士身高 165 厘米，下半身长 x 与身高 l 的比值是 0.60，为尽可能达到好的效果，她应穿的高跟鞋的高度大约为＿＿＿＿＿．（保留整数）

例 2 黄金分割点是指把一条线段分割为两部分，使其中较长的一部分与全长之比等于较短的一部分与较长的一部分之比 $\left(即：\dfrac{较长的一部分}{全长}=\dfrac{较短的一部分}{较长的一部分}\right)$．其比值是一个无理数，用分数表示为 $\dfrac{\sqrt{5}-1}{2}$，取其前三位数字的近似值是 0.618．此比值叫黄金比．宽与长的比是 $\dfrac{\sqrt{5}-1}{2}$（约为 0.618）的矩形叫作黄金矩形.黄金矩形给我们以协调、匀称的美感.世界各国许多著名的建筑,为取得最佳的视觉效果,都采用了黄金矩形的设计,如希腊的巴特农神庙(图 2-5-2)等.

图 2-5-2

下面利用折纸得到黄金矩形:

第一步:在一张矩形的纸片上的一端,利用图 2-5-3 的方法折出一个正方形,然后把纸片展开.

第二步:如图 2-5-4,把这个正方形折成两个相等的矩形,再把纸片展平.

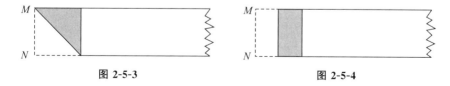

图 2-5-3   图 2-5-4

第三步:折出内侧矩形的对角线 AB,把 AB 折到图 2-5-5 中所示的 AD 处.

第四步:展平纸片,按照所得的点 D 折出 DE,矩形 $BCDE$(图 2-5-6)就是黄金矩形,你能说明为什么吗?(提示:设 MN 的长为 2)

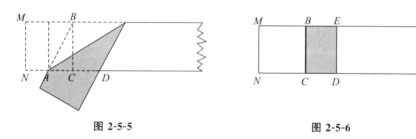

图 2-5-5   图 2-5-6

（二）生活中的对称美举例

我们生活在一个充满对称的世界中,许多建筑物都设计成对称形,艺术作品的创作往往也从对称角度考虑,自然界的许多动植物也按对称形生长,中国的方块字中有些也具有对称性……对称给我们带来很多美的感受! 初步掌握对称的奥妙,不仅可以帮助我们发现一些图形的特征,还可以使我们感受到自然界的美与和谐.

例 1 我国国旗上的五角星有_____条对称轴.

例 2 怀化市是一个多民族聚居的地区,民俗文化丰富多彩.下面是几幅具有浓厚民族特色的图案,其中既是轴对称图形又是中心对称图形的是( ).

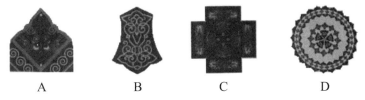

A B C D

例 3 剪纸是中国特有的民间艺术,在如下图所示的四个剪纸图案中,既是轴对称又是中心对称图形的是( ).

A B C D

例 4 改革开放以来,我国众多科技实体在各自行业取得了举世瞩目的成就,大疆科技、华为集团、太极股份和凤凰光学等就是其中的杰出代表.上述四个企业的标志是轴对称图形的是( ).

A. B. C. D.

例 5 下列图形是我国国产品牌汽车的标识,其中是中心对称图形的是( ).

A. B. C. D.

三、"应用"中解决问题

(一)感受数学文化,解决实际问题

数学在人的生活中处处可见,与现实生活息息相关.概念的产生,力求从实际需要出发,注重内容素材的选取,力求贴近学生的生活实际和社会现实,并注意把所学的数学知识应用到解决实际问题的过程中去,体现模型思想.

【案例 2-5-1】

泰勒斯巧测金字塔

学习相似三角形性质时可创设如下情境让学生感受数学文化,感受数学在生活中的应用.

泰勒斯看到人们都在看告示,便上去看.原来告示上写着,法老要找世界上最聪明的人来测量金字塔的高度.于是泰勒斯就去找法老.法老问泰勒斯用什么工具来量金字塔,泰勒斯说只用一根木棍和一把尺子.如图 2-5-7,他把木棍插在金字塔旁边,等木棍的影子和木棍一样长的时候,他量了金字塔影子的长度和金字塔底面边长的一半.把这两个长度加起来就是金字塔的高度.泰勒斯真是世界上最聪明的人,他不用爬到金字塔的顶上就方便地量出了金字塔的高度.你们知道泰勒斯是怎么测量的吗? 用到了哪些数学知识?

图 2-5-7

（二）密切联系实际，体现知识应用

如果一个人对数学有一种需要感，感受到数学在生活中很有用、很有价值，他就会喜欢数学，学习数学就是一种享受．数学有用，不是靠教师说教，不是靠课堂上贴标签，而是需要教师创设生活的情景，有意识地捕捉数学信息，采撷生活实例，让学生在鲜活的情境中去体验．

【案例 2-5-2】

哪种方式更合算

环节一：创设情境，引出课题

也许你曾被大幅的彩票广告所吸引，也许你曾经历过各种摇奖促销活动．你研究过获得各种奖项的可能性吗？你想知道每一次活动的平均收益吗？让我们一起去研究其中的奥秘吧！

某商场为了吸引顾客，设立了一个可以自由转动的转盘（图 2-5-8），并规定：顾客每购买 100 元的商品，就能获得一次转动转盘的机会．如果转盘停止后，指针正好对准红色、黄色、绿色区域，那么顾客就可以分别获得 100 元、50 元、20 元的购物券，凭购物券可以在该商场继续购物．如果顾客不愿意转转盘，那么可以直接获得购物券 10 元．转转盘和直接获得购物券，你认为哪种方式对顾客更合算？

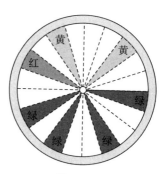

图 2-5-8

环节二：分组试验、全班交流

（1）组成合作小组，仿照上图制作一个转盘，用试验的方法（每组试验 100 次）分别求出获得 100 元、50 元、20 元购物券以及未能获得购物券的频率，并据此估计每转动一次转盘所获购物券金额的平均数．看看转转盘和直接获得购物券，哪种方式更合算．

（2）全班交流，看看各小组的结论是否一致，并将各组的数据汇总，计算每转动一次转盘所获购物券金额的平均数．

环节三：探索交流、掌握方法

（1）不用试验的方法，你能求出每转动一次转盘所获购物券金额的平均数吗？

（2）把转盘改成如图 2-5-9 的转盘，如果转盘停止后，指针正好对准红色、黄色、绿色区域，那么顾客仍分别获得 100 元、50 元、20 元的购物券.与前面的转盘相比，顾客用哪个转盘更合算？

若把转盘改成图 2-5-10 的转盘呢？

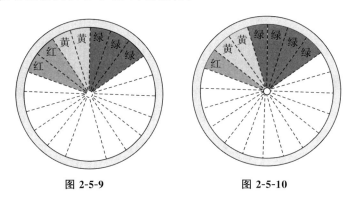

图 2-5-9　　　　　　　　图 2-5-10

（3）小亮根据图 2-5-9 的转盘，绘制了一个扇形统计图（图 2-5-11）：

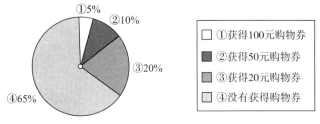

图 2-5-11

据此他认为，每转动一次转盘所获购物券金额的平均数是：
$$100 \times 5\% + 50 \times 10\% + 20 \times 20\% = 14（元）$$
你能解释小亮这样做的道理吗？

（4）小明他们转了 100 次，总共获得购物券 1320 元，因此他认为小亮的方法不对.你同意小明的看法吗？

本案例通过具体问题情境，让学生经历试验、探索、交流过程，体会如何评判某件事情是否"合算"，并利用它对现实生活中的一些现象进行评判；探索"平均收益"的计算方法，解决生活中的问题，体会数学在生活中的应用.

第六节　发展数学素养

杜威在《我们如何思维》这本书中给出的一个具体案例,鲜明地体现了情境和思维的关系:"假如你在一条不规则的小路上步行.当道路平坦时,你什么也不想,因为你已经形成了习惯,能应付平坦的路.忽然,你发现路上有一条小沟.你想你一定能跳过去(这是假设和计划);但是为了牢靠些,你得用眼睛仔细查看(此为观察),你发现小沟相当宽,而且小沟的另一边是滑溜溜的(此为事实和资料).这时你就要想,在这条小沟的别处是否有比较窄的地方呢(此即观念)?你顺着小沟上下寻找(观察),看看有没有比较窄的地方(用观察来检验观念).你没有发现任何好的地方,于是又另做一个新的计划.当你正在制订新计划时,你发现一根木头(又是事实).你自己寻思,能否把木头拖到小沟上边,架成一个小桥,横跨过去(又是观念).你判断这个观念有试验的价值,于是你把木头架在小沟上,在木头上走过去了(用行动检验和进一步证实观念)."[9]

课堂教学要创设类似的真实情境,才能给孩子提供真实的思维场景.也只有这种情况下,才会培养学生获得事实,产生观念,建立事实、观念或问题之间的关联.这个关联是学生反思的结果.正是在这个过程中,才会发展思维,形成观念,孕育价值,学会人际交往的规则.素养的形成一定是这样的.

数学知识是发展学生数学核心素养的载体,数学教学活动是发展学生数学核心素养的途径.在实施"关联数学"教学中,在深入理解教学内容的基础上,需要教师结合数学知识产生、发展、应用的逻辑线索,结合学生的认知特点,设计自然的教学过程,通过有意义、适度、恰时、恰点的问题,引导学生经历获得数学对象、研究数学对象、应用数学对象的过程.在此过程中,加强研究方法的引导,使学生不仅"知其然""知其所以然",还要知道"何由以知其所以然",在掌握具体的知识、技能的同时,学会如何发现问题和提出问题,如何分析问题和解决问题,从而发展数学核心素养.

一、自主学习、探求新知

创设良好的学习氛围去促进学生的学习,始终引导学生通过持续的观察、分析、猜想、估算、概括、推理和验证等思维活动和学生的动手操作、交流讨论等活动,来建构起与此相关的知识经验.教师并不是把新知识直接传授给学生,而是让学生去主动探索、发现,但教师的引导和帮助对于学生的思考和知识的建构来说也是极为重要的.

优化新知探求是课堂教学的中心环节,是学习知识、培养能力、感知方法的主要途径:①给学生一个机会,让他们表达与自己的数学理解程度相一致的数学观点;②让学生形成自己的答案,并且在形成答案的过程中尽可能使用自己所熟悉的语言、知识、方法等;③允许学生对一个问题,在他们自己理解的程度上进行证明;④鼓励学生用许多种方法解决问题.

【案例 2-6-1】

等腰三角形的判定

如图 2-6-1,△ABC 是等腰三角形,AB＝AC,倘若一不留心,它的一部分被墨水涂没了,只留下一条底边 BC 和一个底角∠C,你们有没有办法把原来的等腰三角形 ABC 重新画出来?

学生通过思索,产生各种画法,进而提出问题,所画的三角形一定是等腰三角形吗?由此展示新知识的学习.

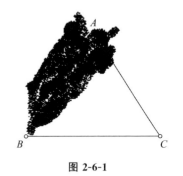

图 2-6-1

数学知识既不是教出来的,也不是学出来的,而是研究出来的.本案例让学生通过自身的实践来主动获取知识,让学生在学习中掌握进行再创造的方法,真正体现了"以学生的发展为本"的宗旨.

二、提出问题、数学建模

教育家杜子华说:"教学活动并不是教师简单地将知识传授给学生就

够了,它还应该教会人进行思考,进行辩证和富有创造性的思考."

【案例 2-6-2】

面积法验证乘法公式的拓展研究

在前面的学习中,我们通过对同一面积的不同表达和比较,根据图 2-6-2 和图 2-6-3 发现并验证了平方差公式和完全平方公式.这种利用面积关系解决问题的方法,使抽象的数量关系因图形直观而形象化.

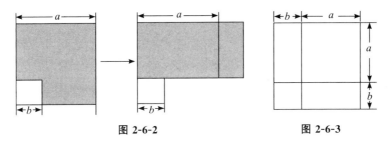

图 2-6-2   图 2-6-3

【研究速算】

提出问题:47×43,56×54,79×71,$\cdots$,是一些十位数字相同,且个位数字之和是 10 的两个两位数相乘的算式,是否可以找到一种速算方法?

几何建模:

用矩形的面积表示两个正数的乘积,以 47×43 为例:

(1)画长为 47,宽为 43 的矩形,如图 2-6-4,将这个 47×43 的矩形从右边切下长 40,宽 3 的一条,拼接到原矩形的上面.

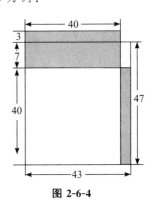

图 2-6-4

(2)分析:原矩形面积可以有两种不同的表达方式,47×43 的矩形面积或$(40+7+3) \times 40$ 的矩形与右上角 3×7 的矩形面积之和,即 $47 \times 43 = (40+10) \times 40 + 3 \times 7 = 5 \times 4 \times 100 + 3 \times 7 = 2021$,用文字表述 47×43 的速算方法是:十位数字 4 加 1 的和与 4 相乘,再乘以 100,加上个位数字 3 与 7 的积,构成运算结果.

归纳提炼:

两个十位数字相同,并且个位数字之和是 10 的两位数相乘的速算方法是(用文字表述) _____.

【研究方程】

提出问题:怎么图解一元二次方程 $x^2+2x-35=0(x>0)$?

几何建模:

(1)变形:$x(x+2)=35$.

(2)画四个长为 $(x+2)$,宽为 x 的矩形,构造图 2-6-5.

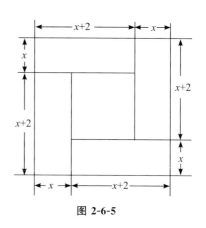

(3)分析:图中的大正方形面积可以有两种不同的表达方式,$(x+x+2)^2$ 或四个长 $(x+2)$,宽 x 的矩形之和,加上中间边长为 2 的小正方形面积.

即:$(x+x+2)^2=4x(x+2)+2^2$.

$\because x(x+2)=35$,

$\therefore (x+x+2)^2=4\times 35+2^2$,

$\therefore (2x+2)^2=144$.

$\because x>0$,

$\therefore x=5$.

图 2-6-5

归纳提炼:求关于 x 的一元二次方程 $x(x+b)=c(x>0,b>0,c>0)$ 的解.

要求参照上述研究方法,画出示意图,并写出几何建模步骤(用钢笔或圆珠笔画图,并标注相关线段的长).

【研究不等关系】

提出问题:怎么运用矩形面积表示 $(y+2)(y+3)$ 与 $2y+5$ 的大小关系(其中 $y>0$)?

几何建模:

(1)画长 $y+3$,宽 $y+2$ 的矩形,按图 2-6-6 方式分割.

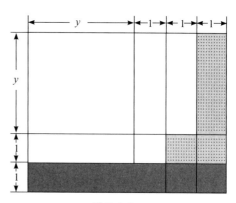

图 2-6-6

(2)变形:$2y+5=(y+2)+(y+3)$.

(3)分析:图 2-6-6 中大矩形的面积可以表示为 $(y+2)(y+3)$;阴影部分面积可以表示为 $(y+3)\times 1$,画点部分的面积可表示为 $y+2$,由图形的部分与整体的关系可知:$(y+2)(y+3)>(y+2)+(y+3)$,即 $(y+2)+(y$

＋3)＞2y＋5.

归纳提炼：

当 $a＞2,b＞2$ 时,表示 ab 与 $a＋b$ 的大小关系.

根据题意,设 $a＝2＋m,b＝2＋n(m＞0,n＞0)$,要求参照上述研究方法,画出示意图,并写出几何建模步骤(用钢笔或圆珠笔画图,并标注相关线段的长).

本案例让学生经历提出问题、数学建模、归纳提炼的研究过程,先通过对同一面积的不同表达和比较,发现并验证了平方差公式和完全平方公式,引导学生方法迁移,对代数问题(研究速算、研究方程、研究不等关系)的几何解法的拓展研究,渗透数形结合思想,培养学生研究能力.

三、理性思考、解决问题

数学是人类文化的重要组成部分,数学素养是现代社会每一个公民应该具备的基本素养.我们的生活离不开数学,当然也就离不开数学思考.数学思考就是在面临各种现实的问题情境,特别是非数学问题时,能够从数学的角度去思考,自觉运用数学的知识、方法、思想和观念去发现其中所存在的数学现象和数学规律,从而解决问题.教学中,要重视培养学生会用数学的眼光观察世界、会用数学的思维思考世界,会用数学的语言表达世界,从而培养学生数学核心素养.

【案例 2-6-3】

田忌赛马

战国时期,齐威王与大将田忌赛马,齐威王和田忌各有三匹好马:上马、中马与下马.比赛分三次进行,以千金作赌.由于两者的马力相差无几,而齐威王的马分别比田忌的相应等级的马要好,所以一般人都以为田忌必输无疑.但是田忌采纳了门客孙膑(著名军事家)的意见,用下马对齐威王的上马,用上马对齐威王的中马,用中马对齐威王的下马,结果田忌以 2 比 1 胜齐威王而得千金.

孙膑之所以有这个计谋,就是因为他事先把齐威王和田忌的马以及比赛规则了解得很清楚,知道齐威王的马与田忌的马的优点和缺点在哪里,并且合理利用比赛规则,事先做了充分的准备,所以才敢让田忌与齐威王用千金做赌注,并且最后赢得了比赛.这是我国古代运用对策论思想解决问题的一个范例.让学生感受数学在实际生活中的应用,学会从数学的角度去思考,自觉运用数学的知识和思想方法去解决问题,发展数学核心素养.

四、学以致用、品味数学

发展学生核心素养是一个多维度的概念,它指向学生的能力和品格,在内涵上包括知识、能力、情感态度与价值观等层面,是学生发展中最关键、最必要的素养,也是每一位学生获得成功生活、适应个人终身发展和社会发展都需要的、不可或缺的共同素养.发展学生核心素养是一个持续终身的过程,它可以在学习和日常生活中得到培养和发展,反过来又帮助学生适应未来社会,促进其终身学习和成功生活,也有助于推动社会的健康发展.

【案例 2-6-4】

学习心得中展示数学魅力

阅读学生课后的学习心得发现:学生能在赞美数学和数学家中感受与学习,感悟数学可以在思想与文化中启迪心智.

一、摘录李悦同学的学习心得分享

我眼中的数学美:感悟与欣赏

在数学学习中,不知道为什么我对于罗素所说的这段话印象深刻:"正确的看法是数学不仅拥有真,而且拥有非凡的美,一种像雕塑那样冷峻而朴素的美,一种无须我们柔弱的天性感觉的美,一种不具有绘画和音乐那样富丽堂皇的装饰的美."

数学美是什么?怎样才能体现出数学美呢?或许我们可以从一元二次方程的求根公式中得到解释.

推导完一元二次方程求根公式后,老师给同学们介绍了求根公式的丰富内涵:它包含了初中阶段已学过的全部代数运算(加、减、乘、除、乘方、开方);是一元二次方程的一般解法,又能导出根与系数的关系,威力很大,它回答了一元二次方程的诸如怎样求实数根、实数根的个数、何时有实数根等基本问题;它展示了数学的简洁美.

我发现一个简单的求根公式能得出如下诸多结论:

(1)通过方程的一般形式,推导出方程求根公式,具有广泛性.我认为这是数学的理性美.

(2)由 b^2 与 $4ac$ 的大小关系决定了方程的实根情况,即:

当 $b^2 > 4ac$ 时,方程有两个不相等的实数根;

当 $b^2 = 4ac$ 时,方程有两个相等的实数;

当 $b^2 < 4ac$ 时,方程无实数.

有时分成两种情况,即:当 $b^2 \geqslant 4ac$ 时方程有两个实数根;当 $b^2 < 4ac$ 时,方程无实数根.

一个求根公式,可以推导出如此丰富的内容,我认为这是数学的简洁美.

(3)由求根公式,又衍生出了根的判别式,这是数学的丰富美.它可以由一个主干上衍生出无数的枝干,就像大树茂密的大树长出无数的嫩叶一样.

由此可以看出数学是多么具有美的学问,而这只是小小的一个例子.还有更多更多的属于数学的美丽等待着我们去发现.

二、摘录张朝熠同学的学习心得分享

愉悦是我在学习与思考中得到快乐;不舍,是暂别那充满浓厚钻研氛围的奥数班.

数学,短小精悍却又魅力无穷.几个根式,几个不等号,几个未知数,灵活组合,巧妙运用,方法不胜枚举.夜深了,街对面的窗户早已熄了灯.而我仍在明亮的台灯下埋头,大脑高速运转,一种接一种的方法流泻于笔端,一张又一张草稿累积于桌角.当光荣地写出正确答案时,我会满意地露出微笑;当遇到不会的时,我会将其标记清楚,留待明日专心听讲.猛地一抬头,四周一片静谧,路灯发出的柔光射入窗内.我靠在椅子上,头有些晕.但脑内充满了知识,回头看着墙上我执笔的影子,一种美感溢于心头.

那是数学之美,令人执着,令人着迷,令人充实,是一种意境之美.

在"追问求根公式"中,我领略到二次方程自由变形的简洁美.

在"根的检测器"中,我明白了判别式如何灵活地确定取值范围,如何运用它来准确地判断根的情况,也体会到二次方程与几何的运动型问题相结合的魅力.

在"充满活力的韦达定理"中,我的灵活变形与代入能力得到了很大的提升.感谢韦达,我不但能够不费吹灰之力地对方程进行变形求解,而且也在后面的学习过程中将定理充分利用,成为解题工具之一.

在"一元二次方程的应用"里,我逐步体会到等量关系的重要,也从纷繁复杂的题目中锻炼了提纲挈领、分析问题、解决问题的能力.但在这一章节中,我也接连遇见了复杂的问题,想得非常吃力.但幸好有同学详尽的板书与讲解,我一题题地搞懂,特别是 26 页的 15 题,$\{t\} = t - [t]$,需要从取值范围入手,经过换元与因式分解得出结果.从这里,我体验到了迂回战术的妙处,从多角度去思考问题逐渐成为我的习惯.第 23 页的例 6,上海交大自主招生的试题,我硬着头皮将它解出来,并上台展示.在不懈地思考到光荣地讲解的过程中,我收获了乐趣,也感到了自豪.

在"构造方程的妙用"那里,我学会了运用根的定义与确定主元进行构造方程,也重新拾起韦达定理进行方程的构造.在诸多题目中,我逐渐发现,从已知方程中还可以构造新的方程,再通过新的方程进行变形求解.一层接一层,如同古建筑中的榫卯结构环环相扣,形成牢固的建筑.这就是数学中的建筑美.当然在思考的过程中,我也体验到了迂回的力量.

"一元二次方程的整数解",关键在于掌握其中的两类思想方法.一类是运用判别式,从题目给定的根的情况或取值范围出发,通过引入参数或消除参数,逼近求解.另一类则是从题中给定的等量关系出发,通过消元等方式解出(或用代数式表示)$a + b, ab$ 的值,构造新方程求解.前几天,我与张伟杰还处于何时运用两者的困惑中.但通过解后反思,我得出了以上结论,整体思路也变得清晰.

在"可化为一元二次方程的方程(组)"中,我发现自己在分解高次方程这一块的漏洞,并且自己还缺乏发现方程组中隐藏的联系能力,今后还需在这一方面多下功夫.

书上收益良多.在课堂与同学们相处的日子里,我也受到一些启发.

我发现同学们在上台展示时都发挥出了自己的讲题潜能,他们大都讲得明了、清晰.其中,总有几位学得好的同学非常积极.他们总是能够在其他同学讲完后,向大家展示自己更为巧妙的方法.我佩服龚俊玮,我发现,不论任务的难易,他总是能保质保量地完成,并且每一道题他都视为即将上台展示,倾注以大量的时间与精力,让每一道题都能从他口中顺畅地说出.我与他相比,我有些自愧不如.这也给我敲响了警钟,身边的同学一个比一个努力,自己还怎么能沉溺在过去的成绩中沾沾自喜呢?应该努力十倍于他们,才能有赢的胜算.

经过近半个月的培训,我发现自己在思维广度与思考方式上取得了较大进步,想问题也更加周全.但一些细节的地方总是出错,造成方法正确,但结果出错或解不出来的"烂尾工程"局面.令我在课上想上台展示,却又因为结果错误与过程的漏洞而堵住了嘴.不过在倾听其他同学讲课过程中,我的听课能力有所提升,能够适应不同风格的讲解方式,并且会在认真听讲的过程中充分地辩证与思考,与其他同学积极讨论,这对日后学习效率的提高帮助非常大.

　　以上就是我对数学之美的认识,对所学内容的总结与在课堂上和同学们共处过程的收获.虽然只是冰山一角,但是在总结中,我站在了一个高处看待数学的学习过程.数学之美已被我发现,美丽的数学花园也正在缓缓向我打开.但若要寻找到宝藏,还需要时间与精力灌溉、勇气与意志打磨.

第三章

实施"关联数学"教学的策略

  《数学课程标准》明确提出：数学教学应根据具体的教学内容,注意使学生在获得间接经验的同时也能够有机会获得直接经验,即从学生实际出发,创设有助于学生自主学习的问题情境,引导学生通过实践、思考、探索、交流等,获得数学的基础知识、基本技能、基本思想、基本活动经验,促使学生主动地、富有个性地学习,不断提高发现问题和提出问题的能力、分析问题和解决问题的能力.

  实施"关联数学"教学中,教师立足整体,引领学生从知识关联入手,根据当前的学习活动创设情境,调动、激活学生以往的相关知识和学习经验,以融会贯通的方式对学习内容进行组织,建构出自己的知识结构;能够抓住教学内容的关键特征,全面把握学科知识的本质联系,让学生经历知识的形成过程、性质的研究过程、知识的应用过程,从中积累数学经验,感悟数学思想方法;通过问题导向将所学内容迁移到新情境中,能够综合应用所学知识去解决生活中的现实问题.实施"关联数学"教学提炼"关联四化"数学策略:整体关联——数学教学整体化;情境关联——数学教学情境化;本质关联——数学教学深度化;问题关联——数学教学思维化.

第一节 整体关联——数学教学整体化

  整体是事物的一种真实存在形式.数学也是一个整体,数学的整体性既体现在代数、几何、三角等各部分内容之间的相互联系上,同时也体现在同一部分内容中知识的前后逻辑关系上;既体现在数学概念及其反映的数学思想方法的一致性上,又体现在各部分内容的有机联系上.从教的角度说,把握好整体性,才能有准确的教学目标,才能把数学教得本质而自然,教学行为才能"准""精""简",才能充分发挥数学的育人功能;从学的角度看,注重整体性,才能了解知识的源头、发展和去向,才能掌握不同内容的联系性,既学到"好数学",又学得兴趣盎然.

实施"关联数学"教学,重视数学的整体关联,通过整体理解数学课程性质与理念、整体掌握数学课程目标、整体认识数学课程内容结构、整体教学设计与实施,使数学教学整体化.在这一过程中,学生会不断感悟、理解抽象、推理、运算、直观的作用,得到新的数学模型,改进思维品质,扩大应用范围,提升关键能力,发展数学核心素养.

一、整体理解数学课程性质与理念

(一)课程性质

义务教育阶段的数学课程是培养公民素质的基础课程,具有基础性、普及性和发展性.数学课程能使学生掌握必备的基础知识和基本技能,培养学生的抽象思维和推理能力,培养学生的创新意识和实践能力,促进学生在情感、态度与价值观等方面的发展.义务教育的数学课程能为学生未来生活、工作和学习奠定重要的基础.

(二)课程基本理念

(1)数学课程应致力于实现义务教育阶段的培养目标,要面向全体学生,适应学生个性发展的需要,使得人人都能获得良好的数学教育,不同的人在数学上得到不同的发展.

(2)课程内容要反映社会的需要、数学的特点,要符合学生的认知规律.它不仅包括数学的结果,也包括数学结果的形成过程和蕴涵的数学思想方法.课程内容的选择要贴近学生的实际,有利于学生体验与理解、思考与探索.

(3)教学活动是师生积极参与、交往互动、共同发展的过程.有效的教学活动是学生学与教师教的统一,学生是学习的主体,教师是学习的组织者、引导者与合作者.

(4)学习评价的主要目的是全面了解学生数学学习的过程和结果,激励学生学习和改进教师教学.应建立目标多元、方法多样的评价体系.

（5）信息技术的发展对数学教育的价值、目标、内容以及教学方式产生了很大的影响.数学课程的设计与实施应根据实际情况合理地运用现代信息技术,要注意信息技术与课程内容的整合,注重实效.

二、整体掌握数学课程目标

（一）总目标

通过义务教育阶段的数学学习,学生能：

（1）获得适应社会生活和进一步发展所必需的数学的基础知识、基本技能、基本思想、基本活动经验.

（2）体会数学知识之间、数学与其他学科之间、数学与生活之间的联系,运用数学的思维方式进行思考,增强发现和提出问题的能力、分析和解决问题的能力.

（3）了解数学的价值,提高学习数学的兴趣,增强学好数学的信心,养成良好的学习习惯,具有初步的创新意识和科学态度.

（二）学段目标（7～9年级）

1.知识技能

（1）体验从具体情境中抽象出数学符号的过程,理解有理数、实数、代数式、方程、不等式、函数;掌握必要的运算（包括估算）技能;探索具体问题中的数量关系和变化规律,掌握用代数式、方程、不等式、函数进行表述的方法.

（2）探索并掌握相交线、平行线、三角形、四边形和圆的基本性质与判定,掌握基本的证明方法和基本的作图技能;探索并理解平面图形的平移、旋转、轴对称;认识投影与视图;探索并理解平面直角坐标系,能确定位置.

（3）体验数据收集、处理、分析和推断过程,理解抽样方法,体验用样本估计总体的过程;进一步认识随机现象,能计算一些简单事件的概率.

2.数学思考

（1）通过用代数式、方程、不等式、函数等表述数量关系的过程,体会模型的思想,建立符号意识;在研究图形性质和运动、确定物体位置等过程中,进一步发展空间观念;经历借助图形思考问题的过程,初步建立几何直观.

(2)了解利用数据可以进行统计推断,发展建立数据分析观念;感受随机现象的特点.

(3)体会通过合情推理探索数学结论,运用演绎推理加以证明的过程,在多种形式的数学活动中,发展合情推理与演绎推理的能力.

(4)能独立思考,体会数学的基本思想和思维方式.

3.问题解决

(1)初步学会在具体的情境中从数学的角度发现问题和提出问题,并综合运用数学知识和方法等解决简单的实际问题,增强应用意识,提高实践能力.

(2)经历从不同角度寻求分析问题和解决问题的方法的过程,体验解决问题方法的多样性,掌握分析问题和解决问题的一些基本方法.

(3)在与他人合作和交流过程中,能较好地理解他人的思考方法和结论.

(4)能针对他人所提的问题进行反思,初步形成评价与反思的意识.

4.情感态度

(1)积极参与数学活动,对数学有好奇心和求知欲.

(2)感受成功的快乐,体验独自克服困难、解决数学问题的过程,有克服困难的勇气,具备学好数学的信心.

(3)在运用数学表述和解决问题的过程中,认识数学具有抽象、严谨和应用广泛的特点,体会数学的价值.

(4)敢于发表自己的想法,勇于质疑,敢于创新,养成认真勤奋、独立思考、合作交流等学习习惯,形成严谨求实的科学态度.

三、整体认识数学课程内容结构

在各学段中,安排了四个部分的课程内容:"数与代数""图形与几何""统计与概率""综合与实践".其中,"综合与实践"内容设置的目的在于培养学生综合运用有关的知识与方法解决实际问题,培养学生的问题意识,应用意识和创新意识,积累学生的活动经验,提高学生解决现实问题的能力.

"数与代数"的主要内容有:数的认识,数的表示,数的大小,数的运算,数量的估计;字母表示数,代数式及其运算;方程、方程组、不等式、函数等.

"图形与几何"的主要内容有:空间和平面基本图形的认识,图形的性质、分类和度量;图形的平移、旋转、轴对称、相似和投影;平面图形基本性质的证明;运用坐标描述图形的位置和运动.

"统计与概率"的主要内容有:收集、整理和描述数据,包括简单抽样、整理调查数据、绘制统计图表等;处理数据,包括计算平均数、中位数、众数、方差等;从数据中提取信息并进行简单的推断;简单随机事件及其发生的概率.

"综合与实践"是一类以问题为载体、以学生自主参与为主的学习活动.在学习活动中,学生将综合运用"数与代数""图形与几何""统计与概率"等知识和方法解决问题."综合与实践"的教学活动应当保证每学期至少一次,可以在课堂上完成,也可以课内外相结合.提倡把这种教学形式体现在日常教学活动中.

在数学教学中,应当注重发展学生的数感、符号意识、空间观念、几何直观、数据分析观念、运算能力、推理能力和模型思想.为了适应时代发展对人才培养的需要,数学课程还要特别注重发展学生的应用意识和创新意识.

实施"关联数学"教学中,为教给学生完整的数学,针对每一个教学内容,我们都要认真思考它的教育价值.具体地,需要思考如下问题:

(1)这个教学内容的内涵是什么?它在教材中处于什么位置?与本节、本章其他内容有什么联系?

(2)在数学发展史上,这个教学内容是如何产生的?它有什么作用?引入这一内容后,原有的知识可以做出什么新的解释?

(3)这个教学内容蕴涵什么数学思想方法?学习这一内容可以培养学生什么数学能力?发展什么数学核心素养?

(4)这个教学内容蕴含什么数学文化价值?对培养学生正确的价值观念能起到什么作用?

【案例 3-1-1】

整体认识"数与代数"

对于"数与代数"的内容,从数的扩充、式的扩展、方程的丰富到变量与函数的引入,是一个从简单到复杂、从具体到抽象、从常量到变量的不断归纳提升的过程.在此过程中,"式"的内容起着承前启后的作用.通过代数运算(加法、乘法,以及它们的逆运算),"式"建立了数、表示数的字母这些量之间的代数关联,从而反映了某种数量关系,而方程是这些数量关系之间的等量关系的代数表达.因此,从这个意义上讲,对于整式、分式、二次根式等"式"的内容的教学,要重视列式表示数量关系,以列式问题为素材引入相关概念;并结合解决问题的需要,引入式的运算(例如,可以结合对所列式子的化简,引出合并同类项、去括号等整式的加减的内容).这样,不仅为方程、函数的学习打下运算的基础,也打下表示数量关系的基础;不仅发展学生的运算素养,也发展他们的数学抽象素养.

四、整体教学设计与实施

根据初中学生的认知规律,结合知识点之间的纵横关联,通过单元整体教学,实现对数学教学的整体把握、整体安排.

(一)单元整体教学的概念和设计

1.单元整体教学的概念

单元整体教学,简言之是通过学科的内在规律进行知识整合,同时培养学生学习能力,将学习过程和学习目标结合起来.将课程教学计划细分到年级、学期和单元中,依照教学目标重新架构单元教学.在单元教学内,要以学科思想、教学方法和教学规律为基础,构建纵横交错的知识树结构.

在初中数学教学中,单元整体教学实施的前提是教师要充分了解学生、认识教材,分析前后知识点之间的关联作用,把握前后知识的迁移和转化规律,实现见木成林的教学效果.

单元教学是介于学期教学和课时教学之间的教学单位,以单元为标准进行相对完整的教学,通过该方式展开数学教学,能让学生厘清单元目标和课时目标之间的关系,能够有计划地从单元整体上更好地做到因材施教,组织好教学规划,强化单元内知识点之间的关联,把握好整个单元的知识点.

相对于传统的教学法,单元整体教学采用的是整体性原则,将一个单元知识视作一个整体,根据本单元的整体教学计划实施教学行为,对教材中的单元内容进行重新整合、编排,有效提高课堂教学效率.单元整体教学的知识体系更加完整,能从单元整体角度规划基础知识、技能应用和核心素养的培育,帮助学生形成科学的认知结构.

2.单元整体教学设计原则

单元整体教学设计,强化单元整体教学,要遵循三个原则:一是从单元的整体角度出发;二是教师根据单元里知识点之间的关联性整合教材内容;三是要根据学生的学习规律和认知特点.

在单元整体教学设计之前,教师要对课程标准、教材内容、学情和单元学习目标等进行分析,继而按照分课时的教学设计、单元测试设计规划好单元教学设计内容.具体实施流程包括根据单元的整体目标对教材内容进行整合;然后划分不同的教学模块,确定分模块中的教学目标和内容;最后是制订单元整体教学的实施方案.

在初中数学的单元整体教学中,首先对教材内容进行整合,划分单元整体内容.初中数学教材的知识点编排是依托问题设置、教学情境,建立解题模型,对模型进行讲解分析,实现解题方法的应用拓展.在各种版本的教材编写过程中,"数与代数、图形与几何、统计与概率、综合与实践"四大领域的课程内容都要遵循课程标准的要求,如"数"单元中,先认识整数、分数、有理数、无理数、实数等相关概念,然后通过一定的途径比较数的大小、特点,再总结数的运算规律.在"函数"部分,先从实际问题引出函数概念(包括一次函数、二次函数、反比例函数等),再通过实际问题建立函数模型,让学生通过概念、图象等了解函数的性质,能运用性质解决问题.

【案例 3-1-2】

整体认识"函数"

函数是初中数学的核心概念,要做好函数概念的教学,也需要教师对其有深入的理解.历史上,函数概念的发展经历了从变量说(17 世纪,伽利略、笛卡儿、牛顿、莱布尼茨等),到对应说(18—19 世纪,欧拉、狄利克雷、黎曼等),再到关系说(20 世纪,布尔巴基学派)的漫长发展历程.在初中,我们是这样定义函数概念的:在一个变化过程中,如果有两个变量 x 与 y,并且对于 x 的每一个确定的值,y 都有唯一确定的值与其对应,那么我们就说 x 是自变量,y 是 x 的函数.

分析这一概念可以发现,初中阶段的函数概念是描述变量之间的对应关系,其本质是变量之间的"单值对应",它立足于变量说,但吸收了对应说的思想,可以称之为"变量—对应说".进一步分析这个概念,可以发现它包含很多上位概念,如常量、变量、确定、唯一、对应等,也包含了多个层次,例如,函数描述的是一个变化过程;这一变化过程包含两个变量,要考查两个变量之间的关系;两个变量之间具有联系,一个量的变化引起另一个量的变化;对于 x 的每一个值,y 都有唯一确定的值与之对应.要让学生理解函数概念,就要加强函数概念形成的教学,让学生经历上述对函数概念逐步深入认识的过程,逐步归纳概括出函数"单值对应"的本质,这也是发展学生抽象素养的过程.

对于函数,还应认识到它是描述客观事物变化(运动)规律的数学模型.例如,初中阶段学习的一次函数就是刻画匀速变化的,二次函数就是刻画匀变速变化的.基于此,函数概念的教学,需要从典型实例出发引出概念,让学生在头脑中形成丰富的函数例证,体现"函数模型"的思想,发展学生的数学建模素养.

(二)单元整体教学的框架设计

单元整体构想是对整体的单元课程进行总体解释,内容包括:分析构成单元整体的内容部分;构建单元整体教学的依据和设想:分析不同模块和模块组成部分.单元整体教学的目标应当包括传授学生必要的基础知识、应用技能,培养学生的初中数学核心素养:让学生领会数学知识之间的关联、数学和其他学科的关联.下面以"四边形"单元整体教学为例.

【案例 3-1-3】

"四边形"整体教学设计

(1)分析单元整体教学的课程目标和单元目标.学生要初步了解四边形的基础概念、特征、判断标准,掌握四边形的面积计算公式等.

(2)分模块课程设计.

模块一:单元绪论课.教师在本模块教学中要对本单元知识进行全面分解,先让学生自主预习整个单元内容,并结合预习内容尝试画出单元知识结构图.在自主预习的基础上,教师可以采用小组合作的方式让学生总结出单元学习目标,并划分出单元教学中的重点和难点.

模块二:从整体上把握四边形的图形关系,借助转化理论.依据学生在小学阶段对四边形的了解和认知,分析生活中的四边形应用,将自主学习和小组合作结合起来,定义不同类型的四边形,并用图形表达不同的四边形之间的联系.

模块三:根据四边形定义,分析各种四边形之间的具体联系,包括边、角、对角线之间的关系,总结出各种类型的四边形的性质,将各种四边形之间的关系用图式展示出来.

模块四:根据概念、性质等,分析平行四边形、矩形、菱形、正方形的判定方法和原理,演绎相关原理的推理过程,并独立选取一种四边形,验证判定原理的证明过程,通过小组合作分析不同的证明过程中的共性规律,形成独立完善的知识结构网络.

模块五:根据知识结构网络,选取任意一种四边形,分析各种四边形之间的演变规律,并从多角度总结判定原理和方法,形成规律性认知,再通过对规律的分析和巩固,将规律、方法统一纳入知识结构网络中.

模块六:独立总结本单元整体教学的收获,锻炼学生借助四边形知识解决问题的能力,实现新旧知识之间的迁移,开展实践活动,培养学生的综合应用能力,并对单元教学效果进行测评.

(三)单元整体教学的意义

单元教学能有效缩短课时,学生在单元学习中的知识结构性更加突出,应用过程注重灵活性,摆脱了课时学习中的知识零碎、记忆混乱、机械套用等现象.同时通过分模块教学,学生能明显感受到单元知识是整体的、系统的,能在单元知识间进行转化、迁移和过渡,在单元教学中梳理出一条主线,实现从整体到局部再到整体的学习历程.在教学过程中也能培养学生的自主学习能力和合作学习能力,让学生掌握科学的学习方法,避免题海战术,提升学生整体数学素养,实现从知识教学向能力教学的转变.

第二节 情境关联——数学教学情境化

课程标准强调数学与现实生活的联系,不仅要求教材必须密切联系学生生活实际,而且要求"数学教学,要紧密联系学生的生活环境,从学生的经验和已有知识出发,创设有助于学生自主学习、合作交流的情境,使学生通过观察、操作、归纳、类比、猜测、交流、反思等活动,获得基本的数学知识和技能,进一步发展思维能力,激发学生的学习兴趣,增强学生学好数学的信心",使他们有更多的机会从周围熟悉的事物中学习数学和理解数学,体会到数学就在身边,感受到数学的趣味和作用,体验到数学的魅力.

实施"关联数学"教学注重情境关联,依据最近发展区原理,通过创设"生活化""趣味性""阶梯式""实验式""数学史""矛盾式"等情境,激发学生学习数学的兴趣,揭示数学产生、发展的脉络、背景,引导学生关注生活,培养学生将实际问题转化为数学问题并加以解决的能力;引导学生主动学习与发展,提高学习数学的兴趣和信心.

一、创设"生活化"问题情境

数学的高度抽象性常常使学生误以为数学是脱离实际的;其严谨的逻辑性使学生缩手缩脚;其应用的广泛性更使学生觉得高深莫测,望而生畏.教师从数学在实际生活中的应用入手,将数学与学生生活的结合点相互融通创设问题情境,让学生体验数学与日常生活的密切关系,使学生感受数学知识学习的现实意义与作用,认识到数学知识的价值,这样也更容易激发学生的好奇心和兴趣,培养学生的主体意识.

【案例 3-2-1】

"数轴"教学情境创设

环节一:问题情境

(1)(实物加多媒体演示)观察生活中的杆秤特点:拿根杆秤称物体,移动秤砣使杆秤平衡时,杆秤上的对应星点表示的数字即为所称物体的重量.显然秤砣越往右移,所称的物体越重.

(2)(实物演示)观察温度计,将温度计靠近热源(如酒精灯),再靠近冷源(如冰水),观察水银柱的变化.

环节二:引出问题

问题1:能否抽象出杆秤和温度计的一些相同的本质属性?

问题2:秤砣的重量和杆秤的刻度之间、温度的大小和温度计的刻度之间有对应关系吗?你能找到对应的规律吗?

问题3:我们能否用一个更加简单形象的图示方法来描述上述现象呢?

由此启发学生用直线上的点表示数,从而引进"数轴"的概念.这样做的目的性就很明确,这里创设这样一个数学问题情境,就使得"数轴"这个抽象的概念和生活联系起来,符合学生的认识规律,给学生留下深刻的印象,同时也有助于激发学生的学习兴趣,使其积极参与教学活动,有助于学生思维能力的培养和素质的提高,这样的情境创设是有价值的.

在数学教学中,教师联系学生的实际,从学生的生活经验和已有的认知水平出发,借助生活中的情境自然引导学生引入,实现了由具体到抽象的过程.当学习情境来自学生认知范围内的现实生活时,学生能更快、更好地进入学习状态,即数学问题情境的创设应处于学生思维水平"最近发展区",与学生已有的数学认知发展水平相适应,即可提高学生的学习效率.

二、创设"趣味性"问题情境

近代教育学家斯宾塞指出:"教育要使人愉快,要让一切教育有乐趣."教育家乌辛斯基也指出:"没有丝毫兴趣的强制性学习,将会扼杀学习探求真理的欲望."[10]因此,教师设计问题时,要新颖别致,使学生学习有趣味感、新鲜感.

【案例 3-2-2】

"字母表示数"教学情境创设

师:有一首永远唱不完的儿歌,你能用字母表示这首儿歌吗?请听录音:

1 只青蛙,1 张嘴,2 只眼睛,4 条腿,1 声扑通跳下水;

2 只青蛙,2 张嘴,4 只眼睛,8 条腿,2 声扑通跳下水;

3 只青蛙,3 张嘴,6 只眼睛,12 条腿,3 声扑通跳下水;

……

师:如果是 4 只、5 只……跳下水呢?也像上面那样唱,就会觉得啰唆,能不能用什么作代表,无论多少只青蛙跳下水都能唱得出来呢?

生:用字母"n"表示青蛙的只数,其唱法是:"n 只青蛙 n 张嘴,$2n$ 只眼睛,$4n$ 条腿,n 声扑通跳下水."

以一首富有童趣的儿歌作为问题情境,既体现了情境创设的趣味性,又符合了七年级学生的心理特征,让学生体验现实生活的规律性以及用字母表示数字的简明性和一般性,突出思维过程的流畅性,使学生带着新奇和求知的欲望跨进代数的大门,体现了情境创设的挑战性,这样的创设应是积极的、有效的.

三、创设"阶梯式"问题情境

心理学家把问题从提出到解决的过程称为"解答距",并根据"解答距"的长短把它分为"微解答距""短解答距""长解答距""新解答距"四个级别.所以,教师设计问题应合理配置几个级别的问题,对知识的重点、难点,应像攀登"阶梯"一样,由浅入深,由易到难,由简到繁,达到掌握知识、培养能力的目的.

[案例 3-2-3]

同类项概念的教学

教师在黑板上写了一个多项式:

$$2x^2y-4xy-3+\frac{5}{2}x^3+5x^2y+2xy+5-6x.$$

师:我们常常把具有相同特征的事物归为一类.在多项式的各个项中,也可以把具有相同特征的项归为一类,你认为上述多项式中哪些项可以归为一类? 为什么?

生 1:第一、二、四、五、六、八项归为一类,因为都含有字母;另外-3和+5归为一类,它们都是常数.

生 2:第一、二、五、六项归为一类,它们含有两个字母 x,y;另外 $\frac{5}{2}x^3$,-6x 归为一类,这两项只含有一个字母;此外-3和+5都是常数,归为一类.

生 3:第一、四、五、六、七项归为一类,因为它们的系数都是正数;其他项的系数都为负数,归为一类.

生 4:第一、四、五项归为一类,因为它们的次数为 3 次;第二、六项归为一类,因为它们的次数为 2 次;-3和+5归为一类,它们都是常数.

同学们各抒己见,他们用数学的基本概念对单项式做了分类,符合"具有相同特征的项归为一类"这一要求.这样的"探究",是数学分类思想的一次很有意义的实践.然而,这些答案都没有涉及"同类项"的本质,还不能得到同类项的概念.于是,继续设置第二个探究点,提出两个问题:(1)如果不考虑项的系数,只考虑字母怎么分?(2)如果还考虑字母的指数又怎么分?

这么一说,学生的反应更加热烈,连平时不爱动脑发言的学生都纷纷举手发表他们"自己"的见解,这一节课气氛很活跃,最终朝着教师希望的方向发展下去,效果很好.这样的设置,并没有用太多的时间,却达到了探究的目的,让学生在数学分类思想指导下,用自己的思考得出同类项的概念.

四、创设"实验式"问题情境

数学"实验"使教师真正改变"传授式"的讲课方式,学生克服"机械式"的死记硬背,更加突出了学生的主体地位.中学生对数学"实验"有着浓厚的兴趣,基于这一特点,教师创设"实验式"问题情境,能有效激发学生的好奇心和求知欲,促进思维进入最佳状态,他们对学习数学的态度由被动转化为主动,从而产生强烈的自信心和成就感.教学实践表明,通过学生亲自进行的数学"实验"所创设的教学情境,其教学效果要比单纯的教师讲授更有效得多.

【案例 3-2-4】

"三角形三边关系"教学

问题1:请你利用课前准备的几根长短不一的小棍子,随便选三根作为边长搭建三角形.

问题2:(教师拿出不能搭建三角形的三根小棍子)哪位同学愿意来帮老师搭建三角形?

问题3:三根小棍子符合什么长度或满足什么样的关系才构成三角形,何时不构成三角形?

学生小组合作,讨论、交流,师生共同总结得到三角形三边关系定理.

这样让学生饶有兴趣地将操作、观察、思维与语言表达结合在一起,不仅使学生参与教学的整个过程,而且还启迪了思维发展,达到了数学教学使学生既长知识又长技能的目的.

以上设计让学生动手操作实验,通过观察、猜测和操作,学生有了感性的认识;通过讨论、交流、总结,从而上升到理性认识.这样教学不仅培养了学生的观察能力,学生也得到动手、动脑的机会,更利于培养学生善于发现问题、追求真理、提高事物认识的能力.

五、创设"数学史"问题情境

建构主义的学习理论强调情境要尽可能的真实,数学史总归是真实的.因此,情境创设可以充分考虑数学知识产生的背景和发展的历史,以数学史作为素材创设问题情境,不仅有助于数学知识的学习,也是对学生的一种文化熏陶.

【案例 3-2-5】

一元一次方程的应用

方程有悠久的历史,它随着实践需要而产生,被广泛应用.从数学学科本身看,方程是代数学的核心内容,正是对于它的研究推动了整个代数学的发展.

在"一元一次方程的应用"的教学中,可以通过介绍丢番图对代数学所做的巨大贡献,了解代数学的发展史;通过阅读"墓志铭"上有趣的诗歌,激发学生学习数学的兴趣,感受数学文化.

古希腊的大数学家丢番图(约246—330),他对代数学的发展做出过巨大贡献,著有《算术》一书,共十三卷.书中收集了许多有趣问题,解法巧妙,启迪智慧.他的墓碑上刻有一段用诗歌形式写成的"墓志铭":

"过路的人!
这儿埋葬着丢番图.
请计算下列数目,
便可知他一生经过了多少寒暑.
他一生的六分之一是幸福的童年,
十二分之一是无忧无虑的少年.
再过去七分之一的年程,
他建立了幸福的家庭.
五年后儿子出生,
不料儿竟先其父四年而终,
只活到父亲岁数的一半.
晚年丧子老人真可怜,
悲痛之中度过了风烛残年.
请你算一算,丢番图活到多大,
才和死神见面?"
请你算一算,丢番图到底活到多少岁?

丢番图和他的《算术》

六、创设"矛盾式"问题情境

新、旧知识的矛盾,直觉、常识与客观事实的矛盾等,都可以引起学生的探究兴趣和学习愿望,形成积极的认知氛围和情感氛围,因而都是用于设置教学情境的好素材.通过引导学生分析原因,积极地进行思维、探究、讨论,不但可以使他们达到新的认知水平,而且可以促进他们在情感、行为等方面的发展.

【案例 3-2-6】

"相似三角形"教学

在相似三角形教学前,可先带学生做教学实验,让学生应用已有知识测量学校校园内国旗旗杆的高,这样学生感到好奇,旗杆不能爬,怎样测量呢? 心里感到纳闷,这时教师可以充分利用学校的资源,带领学生进行实地测量,得到一些数据.怎样处理这些数据,当然学生在未学相似三角形知识之前是不懂的.这样必然会引起学生矛盾心理状态,再因势利导,然后回到课堂.这样比单一的教学方法效果好,有利于激发学生的探究兴趣和学习愿望.

教学实践表明,创设"矛盾式"问题情境,使学生的探索发现意识在"冲突—平衡—再冲突—再平衡"的循环和矛盾中不断强化,能激发学生主动探索,还能有效地促进学生"自我反思"和"观念冲突",形成批判性思维习惯和良好的数学观.

依据最近发展区原理进行数学教学能增强学生对本学科的兴趣,也使学生学有所乐,促进学生在点滴教学中提高数学素质.只要教师多研究学生的最近发展区,在课堂教学中采取符合学生实际情况的教学方法必定能让学生各有发展,这样才能实现课标的要求:人人都能获得良好的数学教育,不同的人在数学上得到不同的发展.

第三节　本质关联——数学教学深度化

什么是数学学习中最本质的东西？

日本著名数学教育家米山国藏指出："学生在毕业之后不久，数学知识就很快忘掉了，然而，不管他们从事什么业务工作，唯有深深地铭刻于头脑中的数学的精神、思维方法、推理方法和着眼点（如果培养了这种素质的话），在随时发生作用，使他们受益终身."[11]

东北师范大学博士生导师史宁中教授指出："数学发展所依赖的思想在本质上有三个：抽象、推理、模型……通过抽象，在现实生活中得到数学的概念和运算法则，通过推理得到数学的发展，然后通过模型建立数学与外部世界的联系."[12]他从数学产生、数学内部发展、数学外部关联三个维度概括了对数学发展影响最大的三个重要思想.数学基本思想是指对数学及其对象、数学概念和数学结构以及数学方法的本质性认识.数学思想蕴涵在数学知识形成、发展和应用的过程中；它制约着学科发展的主线和逻辑架构；它是数学知识和方法在更高层次上的抽象与概括.如归纳、演绎、抽象、转化、分类、模型、结构、数形结合、随机等.

我国著名数学家华罗庚反复强调：能把书读厚，又能把书读薄，读薄就是抓住本质，抓住重点，抓住本质，才能更好地理解和提升数学核心素养.

实施"关联数学"教学，注重本质关联，通过类比教学、深度学习、拓展探究等策略使数学教学深度化.教学中从整体上把握教学内容，突出数学本质，发挥各种能力和思想方法对初中数学知识的统摄作用，保持能力发展的逻辑连贯性和思想方法的前后一致性.数学知识的教学，注重学生对所学知识的理解，体会数学知识之间的关联；在基本技能的教学中，不仅使学生掌握技能操作的程序和步骤，还要使学生理解程序和步骤的道理；重视贯穿整个义务教育阶段乃至高中阶段的数学基本思想方法的教学，注重知识背后的数学思想、方法的贯通，引导学生进行学习内容逻辑线索的梳理，强化在数学实践活动中综合运用数学知识的能力；对核心的数学概念、定理以及思想方法的学习体现循序渐进、螺旋上升的原则，从整体性形成解决问题的策略.

一、类比教学

类比教学法就是利用类比方式进行教学,即在教学过程中把新知识与记忆中结构相类似的旧知识联系起来,通过类比,从已知对象具有的某种性质推出未知对象具有的相应性质,从而寻找解决问题的途径.类比是由已知探索未知的一种重要方法.它可以是概念性类比,通过概念类比来揭示概念的本质性和非本质性,进而建立新的概念;也可以是过程性类比,通过过程性类比展示知识的发生、发展、形成的过程,从而理解知识的来龙去脉,形成知识网络,使学生抓住问题的本质,加深对问题的理解;也可以是方法性类比,它可以借助别人发明创造的方法,通过对问题进行多角度、多方面的类比探讨与研究;也可以是知识的横向与纵向类比,探求问题的变式与不变式.

类比教学法有助于教师建构生动、真实的情境,激发学生的学习动机.教师运用类比法创设的问题情境,能有效地促使学生发现新知识、新方法.学生在类比教学情境中,可以将要探索的问题与已有经验联系起来,找到类比的对象,进而运用对此类比对象的知识等进行分析比较,建构类比以寻求规律,做出猜想并找出证明思路.通过类比教学,在新旧知识之间形成了一条纽带,既加强了知识间的纵向沟通,同时又鲜明地展示了知识的获取过程.这样,避免了本质属性相近的数学知识孤立地存在于学生的头脑中,使学生将所学知识条理化、系统化.

【案例 3-3-1】

"扇形的面积公式"类比教学

教师在介绍完扇形的定义后问道:扇形的弧长是怎么求的?

生 1:$\frac{n\pi r}{180}$.

师:我们是怎么研究弧长的求法的?

师生回顾了研究弧长的过程,从 $180°,90°,45°$,一直到 $1°$,再从 $1°$ 到 $2°$,一直到 $n°$.

师:在数学中,我们称这一研究的过程叫什么,有同学还记得吗?

生 2:从特殊到一般.

师:是的.利用从特殊到一般的数学思想,结合枚举寻找数学规律.我们便发现了弧长的求法.弧是圆的一部分,而扇形面积也是圆面积的一部分.同学们能不能借鉴这些数学思想及方法,独自发现扇形的面积公式呢?

这个教学过程类比的是公式探究中运用的数学思想.教师先帮学生回顾了弧长公式获得的过程,点出了搭建这一探究过程的思想方法,然后放手由学生自己去搭建探究的坡度,并获得结论.教学实际中每个学生的基础不同,遇到的困难也各有不同,教师通过巡视解答、帮助,绝大多数学生顺利地突破了各自的难点.教师的类比教学强调的是对类比思想本身的理解及运用,学生在感受类比思想的同时,借用这一思想,依靠从特殊到一般的研究方法,为自己找到了研究的"门路",体现在教学目标上,就是对过程与方法的培养,培养学生的学习策略及科学精神.

教学是艺术,艺术鼓励百花齐放;然而教学更是科学,教育本身是需要遵循客观规律的.这个规律便是要在数学知识结构与学生的认知结构间架起一座遵循学生思维规律的桥梁.这座桥的角度、坡度、宽度、高度直接影响了课堂教学的效率以及学生思考的深度.

二、深度学习

深度学习是指在教师引领下,学生围绕着具有挑战性的学习主题,全身心积极参与、体验成功、获得发展的有意义的学习过程.在这个过程中,学生掌握学科的核心知识,理解学习的过程,把握学科的本质及思想方法,形成积极的内在学习动机,形成积极的情感、态度、正确的价值观,成为既具独立性、批判性、创造性又有合作精神、基础扎实的优秀的学习者.

【案例 3-3-2】

"数形结合思想"深度学习

从最广泛的意义上来理解数学的话,它就是研究两个问题:数和形.数与形是数学大厦最深处的两块奠基石,全部数学都是围绕数和形的提炼、演变、发展而展开的.两者在内容上互相交叉,在方法上相互渗透、补充,并在一定条件下互相转化,这两种形式的转化,数学中叫作数形结合.

数学问题：计算 $\dfrac{1}{m}+\dfrac{1}{m^2}+\dfrac{1}{m^3}+\cdots+\dfrac{1}{m^n}$（其中 m，n 都是正整数，且 $m\geqslant2,n\geqslant1$）.

探究问题：为解决上面的数学问题，我们运用数形结合的思想方法，通过不断地分割一个面积为 1 的正方形，把数量关系和几何图形巧妙地结合起来，并采取一般问题特殊化的策略来进行探究.

探究一：计算 $\dfrac{1}{2}+\dfrac{1}{2^2}+\dfrac{1}{2^3}+\cdots+\dfrac{1}{2^n}$.

第 1 次分割，把正方形的面积二等分，其中阴影部分的面积为 $\dfrac{1}{2}$；

第 2 次分割，把上次分割图中空白部分的面积继续二等分，阴影部分的面积之和为 $\dfrac{1}{2}+\dfrac{1}{2^2}$；

······

第 n 次分割，把上次分割图中空白部分的面积最后二等分，所有阴影部分的面积之和为 $\dfrac{1}{2}+\dfrac{1}{2^2}+\dfrac{1}{2^3}+\cdots+\dfrac{1}{2^n}$，最后空白部分的面积是 $\dfrac{1}{2^n}$，如图 3-3-1 所示.

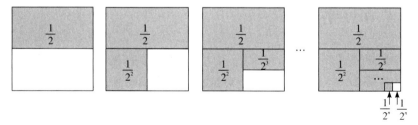

图 3-3-1

根据第 n 次分割图可得等式：$\dfrac{1}{2}+\dfrac{1}{2^2}+\dfrac{1}{2^3}+\cdots+\dfrac{1}{2^n}=1-\dfrac{1}{2^n}$.

探究二：计算 $\dfrac{1}{3}+\dfrac{1}{3^2}+\dfrac{1}{3^3}+\cdots+\dfrac{1}{3^n}$.

第 1 次分割，把正方形的面积三等分，其中阴影部分的面积为 $\dfrac{2}{3}$；

第 2 次分割，把上次分割图中空白部分的面积继续三等分，阴影部分的面积之和为 $\dfrac{2}{3}+\dfrac{2}{3^2}$；

......

第 n 次分割,把上次分割图中空白部分的面积最后三等分,所有阴影部分的面积之和为 $\frac{2}{3}+\frac{2}{3^2}+\frac{2}{3^3}+\cdots+\frac{2}{3^n}$,最后空白部分的面积是 $\frac{1}{3^n}$,如图 3-3-2 所示.

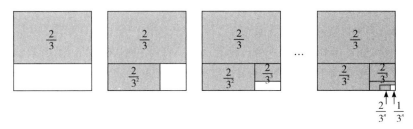

图 3-3-2

根据第 n 次分割图可得等式:$\frac{2}{3}+\frac{2}{3^2}+\frac{2}{3^3}+\cdots+\frac{2}{3^n}=1-\frac{1}{3^n}$,

两边同除以 2,得 $\frac{1}{3}+\frac{1}{3^2}+\frac{1}{3^3}+\cdots+\frac{1}{3^n}=\frac{1}{2}-\frac{1}{2\times3^n}$.

探究三:计算 $\frac{1}{4}+\frac{1}{4^2}+\frac{1}{4^3}+\cdots+\frac{1}{4^n}$.

(仿照上述方法,只在图 3-3-3 中画出第 n 次分割图,在图上标注阴影部分面积,并写出探究过程.)

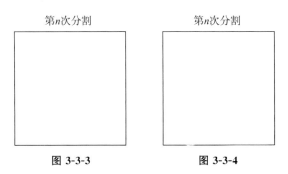

第n次分割 　　　　　第n次分割

图 3-3-3 　　　　　图 3-3-4

解决问题:计算 $\frac{1}{m}+\frac{1}{m^2}+\frac{1}{m^3}+\cdots+\frac{1}{m^n}$.

(只在图 3-3-4 中画出第 n 次分割图,在图上标注阴影部分面积,并完成以下填空.)

根据第 n 次分割图可得等式:＿＿＿＿＿＿＿＿＿＿＿＿＿,

所以,$\dfrac{1}{m}+\dfrac{1}{m^2}+\dfrac{1}{m^3}+\cdots+\dfrac{1}{m^n}=$_____.

拓广应用:计算 $\dfrac{5-1}{5}+\dfrac{5^2-1}{5^2}+\dfrac{5^3-1}{5^3}+\cdots+\dfrac{5^n-5}{5^n}$.

这个案例让学生经历"数学问题—探究问题—解决问题—拓广应用"的过程,探究问题遵循认识事物从"特殊——一般—特殊"的方式,为学生提供了一个进行类比、观察、猜测、计算等活动的空间,转变了学生学习的方式.学生在探究这个问题的过程中,将进行独立思考、主动探索、合作交流等活动,积累数学活动经验,在获得探究结果的同时体会到数形结合思想方法在学习中的作用,培养阅读理解能力、观察分析能力、书面表达能力、几何直观能力.

数学思想方法的教学绝非一蹴而就,需要经历层次化、阶段性的过程,需要让学习者在长期的学习过程中尽可能多地领悟到其中的真谛.一般而言,数学思想方法的教学分为渗透与启迪阶段、意识与领悟阶段、形成与应用阶段以及深化与发展阶段四个层次或阶段.因此,对同一个数学思想方法,我们需要结合课程内容的特点,进行多次渗透,这样学生才能真正领悟、理解并且利用它解决有关的问题.

三、拓展探究

拓展探究就是要求学生通过阅读等形式,探究推理出学生未学过的新知识,得出新结论,并进行新知识的应用,其实质是以新情境为背景,运用已有的经验和方法,发现新规律解决新问题,它一方面考查学生综合、灵活运用科学方法进行新知识探究的能力;另一方面考查学生的迁移能力,即将已知的知识和方法,运用到新情境中去解决新问题.

【案例 3-3-3】

"将军饮马问题"拓展探究

问题背景:

(将军饮马问题)如图 3-3-5 所示,牧马人从 A 地出发,到一条笔直的河边 l 饮马,然后到 B 地.牧马人到河边的什么地方饮马,可使所走的路径最短?

将以上实际问题抽象为数学模型:如图 3-3-6,点 A, B 在直线 l 的同侧,要在直线 l 上找一点 C,使 AC 与 BC 的距离之和最小.

解决办法:作出点 B 关于 l 的对称点 B',连接 AB' 与直线 l 交于点 C,则点 C 即为所求.

图 3-3-5

实践运用:

如图 3-3-7,已知,⊙O 的直径 CD 为 4,点 A 在 ⊙O 上,$\angle ACD = 30°$,点 B 为弧 AD 的中点,点 P 为直径 CD 上一动点,求 $PA + PB$ 的最小值.(先找出此时 P 的位置)

知识拓展:

如图 3-3-8,在菱形 $ABCD$ 中,$AB = 10$,$\angle DAB = 60°$,点 P 是对角线 AC 上一动点,点 E, F 分别是线段 AB 和 BC 上的动点,则 $PE + PF$ 的最小值是_____.(直接写出答案)

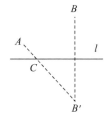

图 3-3-6

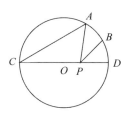

图 3-3-7

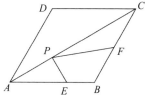

图 3-3-8

应用提高:

如图 3-3-9,抛物线 $y = -\dfrac{1}{2}x^2 + bx + c$ 与 x 轴交于 A, B 两点,与 y 轴交于点 C,且 $OA = 2$, $OC = 3$.

(1)求抛物线的解析式.

(2)若点 $D(2, 2)$ 是抛物线上一点,那么在抛物线的对称轴上,是否存在一点 P,使得 △BDP 的周长最小?若存在,请求出点 P 的坐标;若不存在,请说明理由.

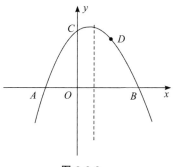

图 3-3-9

本案例让学生经历"问题背景—实践运用—知识拓展—应用提高"的过程,将实际问题中的"地点""河"抽象为数学中的"点""线",把实际问题抽象为数学的线段和最小问题;利用轴对称将和最小问题转化为"两点之间,线段最短"问题;在探索最短路径的过程中,体会轴对称的"桥梁"作用,感悟数学转化思想;利用"将军饮马问题"模型解决三角形、四边形、圆、抛物线等不同图形背景中有关"最短路径"问题,学生在解决问题中展现探究能力和对知识的迁移能力.

第四节　问题关联——数学教学思维化

先分享一下数学家高斯的故事.

老师布置给孩子们作业:"对自然数从 1 到 100 的求和."做完后才能回家.很多学生开始一个数一个数地计算,但高斯很快就完成了计算.老师很惊讶,但高斯的答案却是对的.原来,高斯所使用的方法是:对 50 对构造成和 101 的数列求和($1+100,2+99,3+98,\cdots$),同时得到结果:5050.这一年,高斯 9 岁.其实,这就是等差求和.

为什么高斯能够有这样的思维方式,能够主动积极地思考.其实,这与他从小养成的思维习惯有关.原来,高斯是一对普通夫妇的儿子.他的母亲是一个贫穷石匠的女儿,虽然十分聪明,但是没有接受过教育,近似于文盲.在成为高斯父亲的第二个妻子之前,她从事女佣工作.他的父亲曾做过园丁、工头、商人的助手和一个小保险公司的评估师.父亲有很多账目要做,高斯从小就看父亲演算各种数据,有时候他自己也会看看.高斯 3 岁时便能够纠正他父亲的借债账目的事情,已经成为一个逸事流传至今.他曾说,他在麦仙翁堆上学会计算,能够在头脑中进行复杂的计算,是上帝赐予他一生的天赋.

很多孩子拿到试题之后,想到的问题就是立即做完,然后好玩,这是很多孩子的思维.但高斯不一样,他没有做"体力劳动",而是进行仔细的分析,找规律,于是,这个规律终于被他发现,把一个原本是老师认为"体力劳动"的计算变成了简单的思维体操,以很短的时间就完成计算.可见,思维的力量是无穷的.后来,高斯的发展,高斯在数学领域的成就,这些都得益于他的思维方式,他善于思维的习惯.教育,其实就是思维体操的训练,不论哪一个学科,除开基本的知识传承和记忆之外,更重要的就是要培养学科思维方式、学科思维方法,让学生能够思维、习惯思考,这样才能真正实现教育的目的.

从这里我们可以看到,教育真正要做的是什么?思维培养.如果没有思维培养,如果没有自我思维习惯,大学毕业依然成绩平平的爱因斯坦不会有后来巨大的成就.因此,作为教师,在给孩子们传递知识、塑造他们的道德和人生观、价值观和世界观的同时,必须要注入思维培养和训练,抓住这个教育的根本所在,才能真正做到促进教育的发展.钱学森之问,为什么没有高素质人才.其实,我们从高斯的成长经历和后来的发展成绩看,思维教育才是解决问题的根本,思维教育才是教育的根,思维教育才是解决钱学森问题的根本所在.

系统论指出:整体功能大于部分功能之和.它的启示是:在数学教学中,如果能以某一主题为中心,注意把"一题多解""一题多变""多题一法""多题归一"等方法组成一个互相联系互相作用的综合整体,更有助于加深对知识的巩固与深化,提高解题技巧及分析问题、解决问题的能力,增强思维的灵活性、变通性和创新性.

实施"关联数学"教学,注重问题关联,通过问题导向、一题多解、一题多变、多题一法、多题归一等策略,使数学教学思维化,发挥学生学习的自主能动性,让学生主动积极参与学习过程,综合地、创造性地运用已有的基础知识、技能和方法去实践,获取知识;培养学生善于发现和提出问题的能力、分析和解决问题的能力,养成自主探索、自我评价、合作交流的学习习惯,发展数学核心素养.

一、问题导向,激活思维,敢质疑

(一)问题导向引导学生自主解决问题

问题驱动应贯穿学生的数学学习过程.问题串的设置有助于引导学生了解知识的来龙去脉,经历知识的发生发展的过程,从而形成对概念、原理等的深刻理解,对过程中蕴含的数学思想的体会与感悟,有助于发展学生的问题意识、探索精神.教师进行教学设计时,应根据教学目标,把教学重点、难点和关键点设置成一个个有序的、层层递进的教学问题.问题设置应在学生思维的最近发展区,要能激发学生兴趣,调动学生积极性.教师在教学过程中,对问题引导要注重启发性,促进学生独立思考、主动探索、合作交流,培养学生的发散思维和创新能力.要正确处理好"预设"与"生成"的关系、合情推理与演绎推理的关系,培养学生良好的数学学习习惯,指导学生掌握恰当的数学学习方法,发展学生的数学素养.

【案例 3-4-1】

利用三角形全等测距离

问题 1:已知:如图 3-4-1,AC,BD 相交于点 O,$OA=OC$,请你添加一个条件,使 $\triangle AOB \cong \triangle COD$,并说明理由.(尽量用多种方法解决)

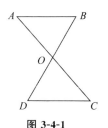

图 3-4-1

[设计意图]鼓励学生用多种方法解决,复习全等三角形的判定.

问题 2:请听一位经历战争的老人讲述的故事,故事的具体内容是这样的:(同时用幻灯片显示当时相关图片)

在抗日战争期间,为了炸毁与我军阵地隔河相望的敌军碉堡,需要测出我军阵地到敌军碉堡的距离.由于没有任何测量工具,我八路军战士为此绞尽脑汁,这时一位聪明的八路军战士想出了一个办法,为成功炸毁碉堡立了一功.这位聪明的八路军战士的方法如下:如图 3-4-2,该战士面向碉堡的方向站好,然后调整帽子,使视线通过帽檐正好落在碉堡的底部;然后,他转过一个角度,保持刚才的姿势,这时视线落在了自己所在岸的某一点上;接着,他用步测的办法量出自己与那个点的距离,这个距离就是他与碉堡的距离.

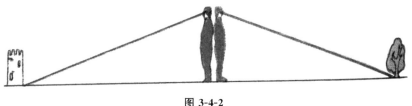

图 3-4-2

请同学们按如下步骤实际体验战士的做法及其合理性,并尝试思考其中的道理:

(1)按这位战士的方法,找出教室或操场上与你距离相等的两个点,并通过测量加以验证.

(2)你能从战士所讲述的方法中,画出相应的图形吗? 并与同学进行交流,试着解释其中的道理.

(3)如何利用三角形全等测距离?

[设计意图]通过一位经历战争的老人讲述的故事,这一趣味性强的教学情境,以实际问题为切入点,引出本节课的主题,反映了数学来源于实际生活,数学是从人的需要中产生的,同时体现了知识的发生过程.本节课创设的情境中使用的方法在实际应用中虽然是一种估测,但用到的原理却是三角形全等."问题是数学的心脏,是思维的动力和方向."让学生在教师提供的新知背景中,积极思维,形成新旧认知矛盾冲突,激起学生寻根问底的认知心理趋向,产生自发探索、思考、讨论、解决问题的强烈求知欲望,大胆地提出开放性问题.

问题 3:如图 3-4-3,A,B 两点分别位于一个池塘的两端,小明想用绳子测量 A,B 间的距离,但绳子不够长,你能帮小明想一个办法测出 A,B 间的距离吗?

(尽量用多种方法解决)

在个人探索的基础上,进行小组合作学习.

通过同学们的自主学习与小组交流,共提出如下 4 种方案帮小明解决问题.

图 3-4-3

方案一:如图 3-4-4,先在地上取一个可以直接到达点 A 和点 B 的点 C,连接 AC 并延长到 D,使 CD=CA;连接 BC 并延长到 E,使 CE=CB,连接 DE 并测量出它的长度,DE 的长度就是 A,B 间的距离.

方案二:如图 3-4-5,先作三角形 ABC,再找一点 D,使 AD∥BC,并使 AD=BC,连接 CD,量 CD 的长即得 AB 的长.

方案三:如图 3-4-6,找一点 D,使 AD⊥BD,延长 BD 至 C,使 CD=BD,连接 AC,量 AC 的长即得 AB 的长.

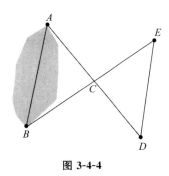

图 3-4-4

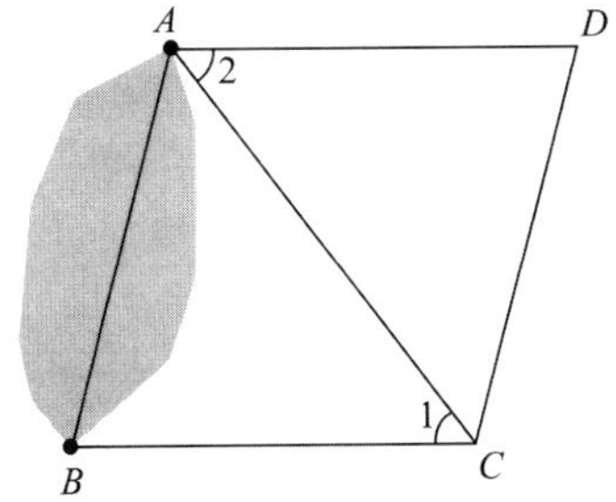

图 3-4-5

图 3-4-6

方案四:如图 3-4-7,在 AB 的垂线 BF 上取两点 C,D,使 $CD=BC$,再过点 D 作出 BF 的垂线 DG,在 DG 上找一点 E,使 A,C,E 在一条直线上,这时测得的 DE 的长就是 A,B 间的距离.

[设计意图]鼓励学生用多种方法解决,在个人探索的基础上,进行小组合作学习.在学生理解以上各种方案的基础上,引导学生归纳解决问题的方法:利用三角形全等测距离的关键就是构造全等三角形,使无法直接测量的距离转化成可以直接测量的线段.

问题4:如图 3-4-8 是挂在墙上的一面圆形大镜子,上面有两点 A,B.小明想知道 A,B 两点之间的距离,但镜子挂得太高,无法直接测量,旁边又没有梯子,只有一根长度比圆的直径稍长点的竹竿和一把卷尺.小明做了如下操作:在他够得着的圆上找到一点 C,接下去小明不知道怎么办?你能帮他测出 AB 间的距离吗?

追问:问题2至问题4解决问题的思路有什么共同点?渗透哪些数学思想方法?你得到什么启发?

[设计意图]让学生灵活运用已掌握的知识和方法去解决实际问题,是实现学生由理性认识到实践的又一次认识飞跃.教师可提供变式题、综合题、发展题,采用竞赛、游戏、操作等活泼有趣的形式,运用所学数学知识和思想方法解决与学生的生活或社会生产实践有密切联系的内容,提高学生发现和提出问题的能力、分析和解决问题的能力.通过追问,引导学生总结数学模型,领悟解决问题的数学思想方法,培养数学思维,提高问题解决能力.

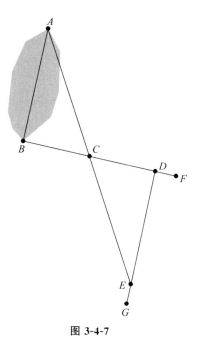

图 3-4-7

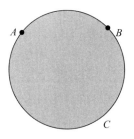

图 3-4-8

本案例通过问题导向引导学生自主解决问题,学会利用全等三角形测距离,把生活中实际问题转化为数学问题;在测量过程中,要注意利用已有的条件和选择适当的方法,测量方法越便捷越准确越好;经历构造三角形全等把未知线段转化为已知线段,运用所学有关知识设计合适可行的方案的过程.虽然具体方案不同,但解决问题的思路不变,渗透相同的数学思想方法,感受"数学来源于实践,又应用于实践".

(二)加强发现和提出问题能力的培养

众所周知,问题意识、提问能力很重要,这是创新的基础.教育的根本目的是使学生成为善于发现和提出问题、分析和解决问题的人才,但目前的课堂教学中,培养发现和提出问题能力的措施还不够得力.

如何才能让学生学会发现和提出问题呢? 我们认为,答案还是在数学内部,特别是要从知识所蕴含的思想方法中寻找灵感,这才是根本性的.我们知道,提问有不同的层次.有凭一时兴趣的"即兴提问",完全不懂,瞎问;有具备一定的知识基础,从知识的发生发展过程中自然而然地提出问题;更进一步地,在对一个问题深入思考后产生困惑而提出的问题.有含金量的问题,需要一般观念的引领,需要数学思想方法的指导,还需要有效的思维策略作支撑.数学的特点之一是逻辑的严谨性,它的概念、原理、法则、公式、性质等的发现,都有其内在的逻辑必然性.以数学知识发生发展过程的内在逻辑为基础,在一定的宏观思想指导下,经过深思熟虑,学生就一定能发现和提出有意义的、高质量的好问题.

【案例 3-4-2】

一元一次方程的应用

在一元一次方程应用的教学中,学习了两道基本行程问题后,我设计一道开放性问题:

七(3)班某学生在做作业时不慎将墨水瓶打翻,使一道作业题只能看到如下字样:

"摩托车和货车分别在相距 40 千米的甲、乙两地,摩托车的速度为 45 千米/时,货车的速度为 35 千米/时.▇▇▇▇▇▇▇▇"(涂黑部分表示被墨水覆盖的若干文字).请将这道题补充完整,并列方程解答.

题目刚一出来学生们就议论纷纷,有的疑惑不解,有的则迫不及待地要展示自己.

生1:"两车同时从两地相向而行,几小时后相遇?""设 x 小时后相遇,可得方程 $45x+35x=40$."

生 2:"两车同时从两地同向而行,摩托车在后,经过几小时摩托车追上货车?""设经过 x 小时摩托车追上货车,可得方程 $45x-35x=40$."

生 3:"若货车先出发 20 分钟,摩托车在后面要多长时间追上货车?""设摩托车 x 小时追上货车,可得方程 $45x-35x=40+35\times\dfrac{20}{60}$."

生 1、生 2 的答案大家很快认可了,但生 3 刚说完方程,生 4 马上反对:"不对,不对.没说清货车的行驶方向,如果货车开始时就向摩托车开,那是相遇问题.这个条件应改为'货车背对摩托车方向先开出 20 分钟,摩托车在后面要多长时间追上货车?'这样问题才严密."他的意见马上得到一致赞同.我也立刻做出评价:"生 4 的意见很好,学习数学就是要有一个严谨的态度,考虑问题要全面,表述要严密、准确.请同学们继续说出自己的想法."

紧接着,生 5 提出:"两车同时开出,经过多少小时后两车相距 10 千米?"

生 6 马上质疑:"这 10 千米是两车相遇前的距离还是相遇后又离开的距离?"

生 7 也不甘示弱:"这道题没说两车是同向行驶还是相向行驶,不能判定是相遇问题还是追及问题."

学生们纷纷点头称是.

我趁热打铁:"同学们说得太对了.那么怎么改进条件,让它更完善呢?"

在我的鼓励下,学生开始对这个问题进行"深加工",有的添加了方向,有的说明了两车是否相遇过,还有个别同学对生 5 的问题进行分类讨论.

通过该题的探讨交流,同学们不仅对如何解决行程问题有了深刻的理解,表述能力和逻辑思维能力也得到很大的提高.同时,培养了学生独立自主地发现和提出问题、分析和解决问题的能力.

二、一题多解,一题多变,练思维

(一)一题多解,激活学生思维的发散性

一题多解,培养学生求异创新的发散思维,实现和提高思维的流畅性.通过一题多解的训练,学生可以从多角度、多途径寻求解决问题的方法,开拓解题思路,使不同的知识得以综合运用,并能从多种解法的对比中优选

最佳解法,总结解题规律,使分析问题、解决问题的能力提高,使思维的发散性和创造性增强.

一题多解教学

如图 3-4-9,已知 $AC \perp BC$,$AD /\!/ BC$,E 是 BD 的中点,若 $BC = 3$,$AC = 4$,$AD = 6$,求 CE 的长.

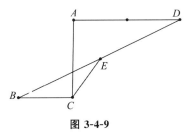

图 3-4-9

[分析联想]由 $AC \perp BC$,$BC = 3$,$AC = 4$,联想到连 AB,运用勾股定理;由 E 是 BD 的中点,联想到构造三角形运用三角形全等或三角形中位线定理;由 $AD /\!/ BC$,联想到构造平行四边形;由 $AC \perp BC$,$AD /\!/ BC$,联想到过 E 点作 $FG \perp BC$ 构造矩形.

证法一:如图 3-4-10,连接 AB,AE,延长 AE 交 BC 的延长线于点 F,则可证 $\triangle AED \cong \triangle FEB$,所以 $AE = EF$,$AD = BF$.又可求 $CF = BC = 3$,则 EC 为 $\triangle ABF$ 的中位线,故 $EC = \dfrac{1}{2} AB$.在 $\mathrm{Rt}\triangle ACB$ 中,由勾股定理可得,$AB = 5$,因此,$EC = \dfrac{5}{2}$.

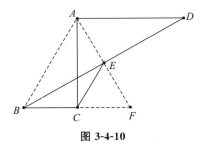

图 3-4-10

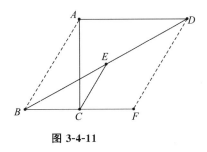

图 3-4-11

证法二:如图 3-4-11,延长 BC 至 F 使 $CF = BC$,则 $BF = AD = 6$,连接 AB,DF,已知 $AD /\!/ BC$,则四边形 $ABFD$ 为平行四边形,故 $DF = AB = 5$,则 $EC = \dfrac{5}{2}$.

证法三:如图 3-4-12,过 E 点作 $FG \perp BC$ 交 AD 于点 F,交 BC 的延长

线于点 G,则四边形 $ACGF$ 为矩形,可得 $BG=FD=\dfrac{1}{2}(BC+AD)=4.5$,

因此,$EC=\dfrac{5}{2}$.

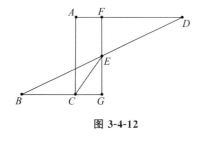

图 3-4-12

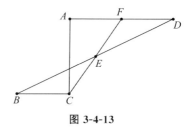

图 3-4-13

证法四:如图 3-4-13,延长 CE 交 AD 于点 F,可证 $\triangle BCE \cong \triangle DFE$,则 $DF=BC=3$,$AF=6-3=3$,$CE=EF=\dfrac{1}{2}CF=2.5$.

证法五:如图 3-4-14,连接 AB,过点 D 作 $DF\parallel AB$ 交 BC 的延长线于点 F,已知 $AD\parallel BC$,则四边形 $ABFD$ 为平行四边形,可得 $CF=BC=3$,$AB=DF=5$,因此,$EC=\dfrac{5}{2}$.

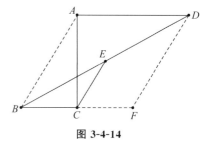

图 3-4-14

通过一题多解可以不断提高自己灵活运用知识、灵活转换角度解题的能力,通过多方位运用所学知识和技能,可对所学知识融会贯通,并能形成新的知识网络、增强知识的系统性.在数学解题过程中,通过"一题多解"训练拓宽解题思路,在遇到新的问题时能顺利挖掘出新旧知识间的相互关系和内在联系,培养求异思维,使自己的思维具有流畅性.

(二)一题多变,激励学生思维的变通性

一题多变,培养学生的转向机智及思维的应变性,实现提高发散思维的变通性.把习题通过变换条件、变换结论、变换命题等,使之变为更有价值、有新意的新问题,从而应用更多的知识来解决问题,获得"一题多练""一题多得"的效果,使学生的思维能力随问题的不断变换、不断解决而得到不断提高,有效地增强思维的敏捷性和应变性,使创造性思维得到培养和发展.

【案例 3-4-4】

一题多变教学

母题：如图 3-4-15,已知△ABC 的三个顶点都在格点上,请你按要求作图:将△ABC 向上平移 5 个单位再向左平移 4 个单位.

变式一：如图 3-4-15,已知△ABC 的三个顶点都在格点上,请你按要求作图:

（1）作出△ABC 关于 x 轴对称的三角形;

（2）作出△ABC 关于 y 轴对称的三角形;

（3）作出△ABC 关于原点对称的三角形.

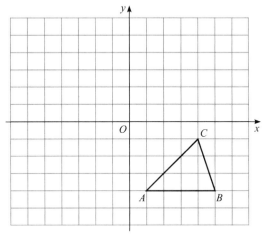

图 3-4-15

变式二：如图 3-4-15,已知△ABC 的三个顶点都在格点上,请你在 y 轴上找一点 E,使 AE 与 CE 的和最小.

变式三：如图 3-4-15,已知△ABC 的三个顶点都在格点上,请你在 x 轴上找一点 F,使四边形 ABCF 周长最小.

变式四：如图 3-4-15,已知△ABC 的三个顶点都在格点上,在平面上找一点 D,使 A,B,C,D 四点形成平行四边形.

变式五：如图 3-4-15,已知△ABC 的三个顶点都在格点上,将△ABC 绕点 A 逆时针方向旋转 90 度,求线段 BC 扫过区域的周长和面积.

　　这组变式习题有助于启发引导学生对平移、轴对称、旋转分析比较其异同点,抓住问题的实质,加深对图形变换本质特征的认识,从而更好地区分事物的各种因素,形成正确的认识,进而更深刻地理解所学知识,促进和增强学生思维的深刻性.

　　通过"一题多变"在碰到相关问题时触类旁通,达到一题通一类的目的,有助于使思维具有变通性,发展逻辑思维,提高学生分析问题、解决问题的能力.

三、多题一法,多题归一,悟本质

多题一法,多题归一,培养学生的思维收敛性.任何一个创造过程,都是发散思维和收敛思维的优秀结合.因此,收敛性思维是创造性思维的重要组成部分,加强对学生收敛性思维能力的培养是非常必要的,而多题一法、多题归一的训练,则是培养收敛性思维的重要途径.很多数学习题,虽然题型各异,研究对象不同,但问题的实质相同,若能对这些"型异质同"或"型近质同"的问题归类分析,抓共同的本质特征,掌握解答此类问题的规律,就能弄通一题而旁通一批,达到举一反三、事半功倍的教学效果,从而摆脱"题海"的束缚.

【案例 3-4-5】

多题一法教学

(1)如图 3-4-16,有一块三角形余料 ABC,它的边长 $BC=120$ 毫米,高 $AD=80$ 毫米.要把它加工成正方形零件,使正方形的一边在 BC 上,其余两个顶点分别在 AB ,AC 上,问加工成的正方形零件的边长为多少毫米?

(2)如图 3-4-17,有一块三角形余料 ABC,它的边长 $BC=120$ 毫米,高 $AD=80$ 毫米.要把它加工成矩形零件,使矩形 $PQMN$ 的一边 QM 在 BC 上,其余两个顶点分别在 AB,AC 上,求矩形 $PQMN$ 的面积 S 的最大值.

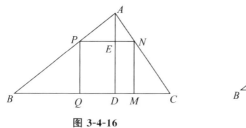

图 3-4-16

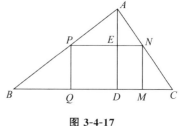

图 3-4-17

(3)如图 3-4-18,有一块三角形余料 ABC,它的边长 $BC=120$ 毫米,高 $AD=80$ 毫米.点 P 是边 AB 上的动点,点 N 是边 AC 上的动点,PN ∥ BC,以 PN 为边向下作正方形 $PQMN$,设 $PN=x$,正方形 $PQMN$ 与三角

形 ABC 重叠部分的面积为 S，求 S 关于 x 的函数解析式.

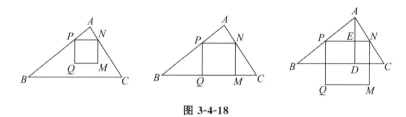

图 3-4-18

[注意：要分情况讨论.]

以上 3 题解法思路本质上都是一样的，基本图形（三角形里面有一个正方形或矩形，且正方形的四个顶点分别在三角形的三边上）隐含着相似三角形，利用相似三角形的性质（相似三角形对应边上的高线之比等于相似比）解决问题.注意引导学生总结多题一法的解题思路和思想方法，提高学生掌握知识的横向迁移能力，即运用已知的或易得的一些结论来解决复杂问题的能力.

【案例 3-4-6】

多题归一教学

需要分类讨论的题组：

(1)数轴上到原点的距离为 2 的点所表示的数是_____；

(2)若 $4x^2+mx+9$ 是一个完全平方式，那么 m 的值是_____；

(3)函数 $y=ax^2+2x-3$ 与 x 轴只有一个交点，则 a 的值是_____；

(4)已知等腰三角形的一条边长为 6，另一条边长为 4，则该等腰三角形的周长等于_____；

(5)在半径为 1 的 $\odot O$ 中，弦 $AB=\sqrt{2}$，$AC=\sqrt{3}$，则 $\angle BAC$ 的度数是_____.

请同学们思考下列问题：

(1)上述问题中，引起答案有不同情况的原因各是什么？

(2)在已学的初中知识范围内，你还碰到过哪些类似的问题？

(3)解决这类问题的数学思想方法是什么？应用它解决问题需要注意什么问题？

　　以上 5 题的解答都要进行分类讨论,引导学生从有限的问题解决中体会数学思想方法的运用,再联系已学的知识范围内的相同类型,寻找问题和方法的共同特征,揭示出分类讨论数学思想方法的本质内涵,培养思维的严谨性.多题归一,体会不同背景下蕴含的相同数学本质,达到以不变应多变的效果.

　　多题一法、多题归一,追求通性通法.教学中可以将习题分类,同一类型的题有共同的解题技巧和方法,也就是说,同一类型题虽然从表面上看,提法、条件结论都不同,但其解法思路和主要步骤大致相同,我们把这样一类题归并在一起讲解和组织学生练习,达到提高学生综合与归纳能力,并使知识系统化.

　　总之,一题多解、一题多变、多题一法、多题归一的训练,能达到使学生巩固与深化所学知识,提高解题技巧及分析问题、解决问题的能力,增强思维的灵活性的目的.通过训练,使学生达到对新知识认识的全面性;同时还要重视反思、系统化的作用,通过反思,引导学生回顾数学结论概括的整个思维过程,检查得失,从而加深对数学原理、通性通法的认识;通过系统化,使新知识与已有认知结构中的相关知识建立横向联系,并概括出带有普遍性的规律,从而推动同化、顺应的深入.这样的教学方法有利于培养学生思维的灵活性,增强应变能力.

第四章

实施"关联数学"教学的途径

菲利克斯·克莱因在《高观点下的初等数学》(第一卷)前言:"新的大学生一入学就发现,他面对的问题好像同中学里学过的东西一点也没有联系似的.当然他很快就完全忘了中学学的东西.……由于缺乏指导,他们很难辨明当前教学内容和所受大学数学训练之间的联系……"[9]因此,中学数学教学不仅要引领学生体会知识关联、思想关联、方法关联、应用关联,还要重视基于"高观点"下的关联性的理解,发挥学科育人功能,体现"学生的主动建构"与"教师的指导作用".

实施"关联数学"教学注重从系统的高度教学知识,引领学生掌握和运用知识本质的联系,掌握内在规律性,提高学生分析和解决问题的能力、可持续发展的能力;引导学生掌握知识间内在的联系及探索联系的方法;注重学习方法指导,让学生学会学习,主动探究,勤于思考,掌握灵活多样的学习方式,在学习中享受成功的乐趣.实施"关联数学"重点从以下三方面开展教学研究:①理解数学,研究教法,回归数学教育的本质;②理解学生,研究学法,树立数学育人教育观;③理解教学,以学定教,发展学生数学核心素养.

在教学实践中逐步总结实施"关联数学"教学的三条途径:系统观指导下开展数学教学、认知观指导下开展数学教学、教育观指导下开展数学教学.

第一节　理解数学,系统观指导下开展数学教学

理解数学就是要理解数学知识及它们之间的联系,理解数学知识所反

映的思想方法,把握核心概念的多元联系表示,挖掘数学知识所蕴含的科学方法、理性精神等价值观资源.

一、理解数学知识及课标要求

《数学课程标准》指出:课程内容要反映社会的需要、数学的特点,要符合学生的认知规律.它不仅包括数学的结果,也包括数学结果的形成过程和蕴涵的数学思想方法.这表明,数学课程内容的选择(包括教师在实施具体教学过程中自主选择教学内容时)应当考虑数学、社会、学生三个方面的因素;同时,每一个具体的知识(方法)不仅仅包括"数学结果",还应当包括它们的来龙去脉,即产生、发展、完善、应用和与其他知识(方法)联系等方面,比如知识(方法)产生的背景(问题情境)、知识(方法)的抽象过程、不同知识(方法)之间的实质性联系、知识(方法)的应用案例,以及学生在获得这些知识(方法)过程中所应当获取的直接经验和间接经验等.

《数学课程标准》是教材编写、教学、评估和考试命题的依据,深刻理解课标的精神实质是当前数学教育和教研的一项重要任务.教师必须通过解读数学课标,关注数学课程核心问题,深刻理解数学课程的价值、核心理念和课程总目标,指导我们的课堂教学.

《数学课程标准》从总体目标到分学段目标,都是从"知识技能、数学思考、问题解决、情感态度"这四个方面阐述的.这四个方面的目标不是相互独立和割裂的,而是一个密切联系、相互交融的有机整体.在实施"关联数学"教学中,我们始终关注四个方面的目标的共同达成,内容为载体,过程中体现思想方法,培养思维能力,挖掘内容所蕴含的育人资源,实现数学素养的逐步提升.在实施"关联数学"教学设计中,立足整体的把握,突出数学知识之间的联系,将数学知识置于整体系统之中,在整体视野下,在联系中学习局部;通过思想、方法、规律等主线贯通整个教学过程,在联系中、层层递进中,整体构建数学知识结构和数学认知结构.

"要给学生一杯水,老师需要有一条流动的河".为了提高对数学的理解水平,我们应注意开阔视野,要从课程标准、教科书、教参、教辅等局限中跳出来,扩展到更高层次,在系统观指导下理解数学.

【案例 4-1-1】

用配方法推导一元二次方程求根公式

课标要求:理解配方法,能用配方法推导一元二次方程求根公式.

基本策略:降次,即通过配方、因式分解等,将一个一元二次方程转化为两个一元一次方程来解.

基本思路:根据平方根的意义,直接得出 $x^2 = p$ 和 $(x+n)^2 = p$ 的解法;通过配方,将一元二次方程转化为 $(x+n)^2 = p$ 的形式再解;求根公式是对方程 $ax^2 + bx + c = 0$ 配方后得出的.特例:若 $ax^2 + bx + c$ 分解为两个一次因式的乘积,则可令每个因式为 0 来解.

教学设计过程:

问题 1:请用配方法推导一元二次方程求根公式.

师:我们需要解决什么问题?

生:解方程 $ax^2 + bx + c = 0$.

问题 2:什么叫解方程? 你会解这类方程吗? 我们已学过哪些类型的方程? 解这些方程的思想方法是什么?

问题 3:请你归纳解一元二次方程的思想方法.

生:化归为一元一次方程,要"降次".

问题 4:从特殊到一般、从具体到抽象是基本方法,请你从具体方程的解法中归纳一般思路.

问题 5:你觉得最简单的一元二次方程是什么? 能举出一些你会解的一元二次方程吗?

生:最简单的一元二次方程可写成 $x^2 = p$,可用直接开平方的方法解.

问题 6:$(x+n)^2 = p$ 怎么解?

问题 7:$x^2 + bx + c = 0$ 怎么解?

问题 8:$ax^2 + bx + c = 0$ 怎么解?

问题 9:有没有特殊的情况可以不用求根公式解?

本案例体现单元设计下的课堂教学,即要在数学的整体观指导下,构建连贯的探索过程,以适当的问题引导学生自主发现推导求根公式的方法(配方法),并通过对公式的讨论培养思维的严谨性.

二、理解数学知识之间的联系,在概念体系中认识核心概念

对于数学教学,要把知识体系当成核心,围绕知识体系开展教学.核心概念的教学设计应该考虑概念的来源是什么? 概念的内涵是什么? 与相关概念的相互关系是什么? 概念有什么作用? 在新的概念引入后,原有的知识可以做出什么新的解释?

同样,在对教材进行分析时,也要树立"整体观",不仅要分析所教学内容所在节的教材处理,更要看到这部分内容所在章的教材处理,甚至全套教材对于相关内容的处理,要深入理解教材对于这部分内容及其相关内容的编写意图,这对于我们深入理解教学内容也是有好处的.

实施"关联数学"教学中,重视知识之间的联系,通过相关内容的呈现,引导学生认识数学知识之间的联系,感受数学的整体性.

在数与代数领域,有理数及其运算是一切运算系统的基础.让其他运算的对象和数做类比,让其他对象的运算和数的运算做类比,可以使我们得到很多研究方法方面的启示.例如,在"整式的加减"中,由于式子中的字母表示数,合并同类项和去括号实际就是利用有理数乘法对加法的分配律;"整式的乘除"中,各种法则实际上就是有理数加、减、乘、除、乘方的混合运算时将数字换成字母的一般情形;"分式"中,分式的概念、分式的性质、分式的运算也完全可以看作是分数的相关内容的拓展;"二次根式"中,将二次根式化为最简根式后,二次根式的加减也就类同于整式的合并同类项,也就是利用有理数的分配律,等等.教学中要充分注意到上述联系,重视数的基础地位,类比数的运算法则和运算律学习式、方程、函数的相关内容,使学生的学习形成正迁移.

在"图形与几何"领域,理解教科书按照"从感性直观认识逐步上升到理性本质认识,从对静止状态的认识发展到对运动状态的认识,从定性描述向定量刻画过渡"的顺序编排这个领域的内容,注意在教科书各处对于"图形的认识""图形与变换""图形与坐标""图形与证明"之间的联系.例如,教科书将等腰三角形的有关内容安排在了"轴对称"一章,学习等腰三角形时,充分利用它的轴对称性,发现等腰三角形的一些性质,为利用三角形全等的知识证明性质提供思路.将图形的运动与图形的认识、图形的证明有机整合,利用运动研究图形,得到图形的性质,再通过推理证明这些结论.

在"统计与概率"领域,注意渗透统计与概率之间的联系,通过频率来估计事件的概率,通过样本的有关数据对总体的可能性进行估计等.教科书安排的反映课程标准"综合与实践"领域的课题学习和数学活动,更侧重于体现探索性和研究性,更关注把数学和社会生活与其他学科知识联系起来,使学生进一步体会数学知识之间以及数学与外界之间的联系.

【案例 4-1-2】

数、式、方程、不等式、函数之间的关联

数与代数是中小学数学课程中的经典内容,它在义务教育阶段占有极其重要的地位.它作为义务教育阶段最基本、最重要的课程内容之一,有着重要的教育价值.数与代数领域要理解和掌握的主要知识点是有理数、实数、代数式、方程、不等式、函数;它们之间存在内在联系,教学中要把这种联系从繁杂的知识中抽离出来,以便学生借助联系,形成完整的数学认知结构.如七年级学生刚入学时,可以通过以下一组例题让学生感受初中数学"数与代数领域"的知识框架,要学会抓住知识链"数—式—方程—不等式—函数"进行学习;九年级中考复习时,也可以通过这组例题引导学生站在一定的高度反观已学的内容,回顾梳理已学知识,建构知识体系,深度理解数、式、方程、不等式、函数之间的关联.

例1 计算:$(-2)+(-5)+(+4)$.

例2 化简:$-2x-5x+4x$.

例3 解方程:$-2x-5x+4x+3=0$.

例4 解不等式:$-2x-5x+4x+3>0$.

例5 求直线 $y=-3x+3$ 与 x 轴交点坐标.

本案例中的例1至例3是人教版七年级上册"有理数""整式加减""一元一次方程"要学习的内容,例4是七年级下册"一元一次不等式"的内容,例5是八年级下册"一次函数"的内容.通过这些例子可以让学生了解数学知识的学习就是这样一步一步前进,环环相扣.试想,如果例1的计算不熟练甚至出错,那么对于化简"$-2x-5x+4x$"就容易出错,当然接着求解一元一次方程"$-2x-5x+4x+3=0$"时又会遇上困难,等到八年级所谓的新知识"函数"出现时,解方程这个必备的技能又需要发挥作用.当我们从这样的"知识点链"角度解释给七年级孩子们听,孩子们都留下了深刻的印

象,对新学段充满了期待.

三、理解数学知识所反映的思想方法及其精神

一般地,数学思想是对数学对象的本质认识,是对具体的数学概念、命题、规律方法等的认识过程中提炼概括的基本观点和根本想法,对数学活动具有普遍的指导意义,是数学活动的指导思想.数学方法是指数学活动中所采用的途径、方式、手段、策略等.数学思想与数学方法有很强的联系性.通常,在强调数学活动的指导思想时称数学思想,在强调具体操作过程时称数学方法.

数学思想方法蕴含于数学知识之中,数学概念和原理的形成过程是进行数学思想方法教学的重要载体.数学思想方法重在"悟",需要有一个循序渐进、逐步逼近思想本质的过程.数学思想方法的教学一定要注意"过程性","没有过程就等于没有思想",要让学生在过程中去逐步体会和理解.

实施"关联数学"教学中,注重理解教材编写意图和学生学习方法的引导,使学生逐步领悟数学思想方法和数学研究的"基本套路",加深对数学核心内容的理解.

各种代数问题中,我们总是运用各种代数运算(如加法、乘法等)来分析量与量的代数关联.而运算律是整个代数学的基础,运算过程中,运算律的普遍性让我们可以有效地分析所给问题中未知量与已知量的关联,从而化未知为已知.解决实际问题的过程中,则要用代数工具去表示现实事物中的量(式),反映其中的关系(方程、函数)和变化过程(函数),将实际问题"代数化"后再加以解决.基于上述认识,对于"数与代数"的内容,从数的扩充、式的扩展、方程的丰富到变量与函数的引入,教科书构建了一个从简单到复杂、从具体到抽象、从常量到变量的不断归纳提升的过程,体现了研究代数的基本方法——归纳法.在内容展开过程中,充分注意"有理数"的基础地位和作用,在相关章节(有理数、实数、整式加减、整式乘除、分式、二次根式)的编写中,加强思想方法的引导,重视"数式通性",加强式的相关内容与数的概念、运算法则和运算律的类比.同时在小结中,阐述"从数到式"的研究内容和方法.

对于"图形与几何"的内容,教科书体现研究几何问题的基本思路、内容和一般方法.例如,对于平行四边形,教科书采用从一般到特殊的研究思路,即从平行四边形的边、角的特殊性,得到特殊的平行四边形——矩形、

菱形、正方形.从它们的组成要素(边、角、对角线)之间的位置和数量关系出发,研究它们的性质;从判定和性质的互逆关系,研究它们的判定方法等,教科书不仅在正文中呈现这样的过程,让学生参与到研究中来,而且在引言和小结中对这种研究方法给予引导和归纳总结,让学生体会其中的数学思想.

统计是建立在数据的基础上的,本质上是对数据进行推断,统计的核心就是数据分析,而不是单纯的数字计算或绘图.教科书在呈现"统计与概率"的内容时,体现"通过统计数据探究规律"的归纳思想.注意结合解决具体实际问题的典型案例展开相关内容,并在每一章都安排实践性较强的"课题学习",让学生在收集数据、整理数据、描述数据、分析数据的过程中体会数据中蕴含的信息,学会根据问题的背景选择合适的方法,通过数据分析体验数据的随机性.从而发展学生的数据分析观念,感受统计思想,逐步建立用数据说话的习惯.

【案例 4-1-3】

人教版七下"5.4 平移"课题的引入

教师做法:上课开始,教师通过电脑展示几幅漂亮图案(课本主题情境图:见 PPT),让学生观察并提出问题:观察这些美丽的图案,你们发现了什么?

学生回答:每个图案的图形是相同的;这些图案非常漂亮等.

教师说:"这就是我们今天要学习的生活中的平移."(板书课题)

思考 1:上述教师的做法您认为合适吗?

您怎样理解这段教材中编者的意图?

如果是您来上这节课,您会怎样进行教学引入的设计?

上述设计造成的结果:

这样的引入会造成学生对平移的错误理解.课堂小结的时候学生回答:"全等的图形就是平移."

思考 2:编者意图到底是什么呢?

(1)研读课标:平移是"图形与变换"领域中的重要内容,既是现实生活中广泛存在的现象,也是现实世界运动变化最简捷的形式;图形的变换包括图形的平移、图形的轴对称、图形的旋转和图形的相似等,通过这些变换使图形动起来,有助于发现几何图形在变化过程中不变的性质.

(2)研读教材:主题情境图是几幅经过平移得到的漂亮图片.

(3)编者意图:通过图案的形成过程让学生充分感受平移的过程,加深对平移概念的理解.

(4)案例分析:教材是静态的,所以只能以图形平移后的静态结果的形式(图案)呈现.教师在展示时要让学生观察这些图案的形成过程,即把一个图形向右平移得到一排全等图形,然后再把一排图形作为"单元"向下平移得到教材中的图案.教师应重点让学生观察这些美丽图形是怎样形成的,从而抽象出平移的概念,将静态的情境图转化为可操作的动态资源.

四、教师"理解数学"的目的是让学生"理解数学"

让学生"理解数学"主要通过课堂教学来完成,而进行课堂教学的基础是我们的教学设计.实施"关联数学"教学重视教学设计,因为教学设计能较好地解决"理解数学",以及从数学知识发生发展过程角度构建教学过程、设计问题来引导学习的问题,是提高课堂教学质量的关键.对于教学设计,应该在分析概念的核心的基础上,提出教学重点;根据教学重点和学生的思维发展需要,提出现阶段要达成的目标;分析达成目标已经具备的条件和需要怎样的新条件,从而做出教学问题诊断;根据上述分析进行教学过程设计;最后是目标检测设计.

【案例 4-1-4】

系统观下"三角形"的教学设计

数学是一个系统,理解和掌握数学知识需要系统思维.系统思维就是把认识对象作为系统,从系统和要素、要素和要素、系统和环境的相互联系及相互作用中综合地考察认识对象的一种思维方法.系统思维能极大地简化人们对事物的认知.系统思维给我们带来整体观、全局观,具备系统思维是逻辑抽象能力强的集中表现.

中学数学中,数、式及其运算,方程、不等式与函数,平面几何,概率与统计等,都是一个系统.每一个数学概念都可以看成一个小系统.运用系统思维方式研究数学对象,以"三角形"为例,可以按如下过程展开:

(1)定义"三角形",明确它的构成要素;

（2）用符号表示三角形及其构成要素，并以要素为标准对三角形进行分类；

（3）研究基本性质，即研究要素之间的关系，得到"三角形两边之和大于第三边""三角形内角和等于180°""三角形内，大角对大边，等角对等边"等；

（4）研究"相关要素及其关系"，如"三角形的外角等于不相邻两内角之和"，"三角形三条中线（高、角平分线）交于一点"等；

（5）三角形的全等（反映空间的对称性，"相等"是重要的数学关系，也可以看成"确定一个三角形的条件"）；

（6）特殊三角形的性质与判定（等腰三角形、直角三角形）；

（7）三角形的变换（如相似三角形等）；

（8）直角三角形的边角关系（锐角三角函数），解直角三角形.

概括起来就是：

定义—表示—分类（以要素为标准）—性质（要素、相关要素的相互关系）—特例（性质和判定）—联系（应用）；

定性研究（相等、不等、对称性等）—定量研究（面积、勾股定理、相似、解直角三角形等）.

"相似"作为"小系统"，其研究过程是：相似图形—相似多边形—相似三角形—位似.这是一个不断特殊化的过程.而对"相似三角形"的研究，又重复了上述过程：定义—判定与性质—应用.

上述过程具有普适性，既适用于三角形的研究，也适用于其他数学对象的研究，因此体现了系统思维方式的结构性.数学教学中，只要紧紧抓住这一结构，再通过横向或纵向的类比与联系，引导学生去认识和把握具体数学对象的要素和功能的关系，就能使他们建立起研究数学对象的结构，并形成完整的认识.培养系统思维，是为了使学生养成全面思考问题的习惯，避免"见木不见林"，并掌握具有普遍意义的思想方法，进而使他们在面对数学问题时，能把解决问题的目标、实现目标的过程、解决过程的优化以及对问题的拓展、深化等作为一个整体进行研究.这样，"使学生学会思考，成为善于认识和解决问题的人才"就能落在实处.

第二节　理解学生,认知观指导下开展数学教学

先和大家分享一个小故事:

一个年轻的基督教徒,祈祷时抽着烟.神父看到了,慢慢地走到这个年轻人身边,小声地说:"上帝会保佑你的,因为你抽烟时都不忘对上帝的祈祷."年轻人听后,很不好意思,迅速熄灭烟头,虔诚地祈祷起来.

一个基督教徒祈祷时抽着烟.很明显,祈祷与抽烟是不能同时进行的,但它毕竟发生了.如果是我们,该怎么办呢?第一种观念:维护基督教的神圣,对上帝有亵渎行为者进行惩罚,持这种观点的人,关注的是上帝;第二种观念:理解基督教的本义是拯救人,持这种观点的人:抽烟时都不忘对上帝的祈祷,更关注的是人.

"神父"的职责是教育人、影响人.因为他心中有了"人",所以才有这样的教育"智慧",不难想象,收到的效果是极佳的.教师的职责也是教育人、影响人,这个故事给我们的启示是:人的发展是教育的第一位——把人的教育写在旗帜上,也只有这样做才能收到最好的效果.

理解学生的核心就是理解学生的数学认知规律和情感发展规律,要认识到学生是课堂的主体,学生主动学习是教学的最终目标.由于学生与教师在认知结构、认识方式以及对概念的同化能力上存在着很大的差异,因此,实施"关联数学"教学设计进行换位思考,站在学生的立场,根据学生的认知基础、"最近发展区"以及个性差异来设计教学环节.只有深入了解学生的数学思维规律,才能知道应采取怎样的教学措施引导学生的数学思维活动,有的放矢地进行教学.

一、理解学生认知基础

数学学习过程是一个数学认知过程,即新的数学学习内容和学生原有的数学认知结构相互作用,形成新的数学认知结构相互作用,形成新的数学认知结构的过程.因此,从数学教育的角度看,教师必须从原有的认知结

构出发,帮助学生构建合理、完善的数学知识结构;从学生学习角度看,学生要有扎实的数学知识基础,不断完善和优化自己的数学认知结构,按照知识的来龙去脉与相互关联,形成纵横交错的立体网络结构.

数学认知结构性决定了数学学习要加强新旧知识关联.实施"关联数学"教学重视研究学生的基础现状(如学过哪些知识、掌握了哪些知识、有利于本节课新知生成的旧知、学生的掌握情况如何),当前的数学知识与学生的生活经验和已有数学经验的联系,引导学生根据当前的学习活动去调动、激活以往的相关知识和学习经验,以融会贯通的方式对学习内容进行组织,建构出自己的知识结构.

【案例 4-2-1】

一元一次不等式的定义与解法

设计思路:从学生已有的知识储备"一元一次方程"入手,激活学生的知识记忆和学习经验,让学生根据学习一元一次方程的经验联想我们应该如何学习一元一次不等式.类比方程、等式的性质来讨论不等式、不等式的性质,反映知识间的横向联系,突出不等式的特点,体会类比思想在数学学习过程中的重要性.

环节一:类比学性质

1.等式的基本性质

①性质 1:等式两边加(或减)同一个数(或式子),结果仍相等.

若 $a=b$,则 $a+c=b+$＿＿＿或 $a-c=b-$＿＿＿＿.

②性质 2:等式两边同乘一个数,或除以同一个不为 0 的数,结果仍相等.

若 $a=b$,则 $a \cdot c=b \cdot$＿＿＿或 $a \div c=b \div$＿＿＿＿($c \neq 0$).

2.不等式的基本性质

①不等式的两边加(或减)＿＿＿＿＿＿＿＿,不等号的方向＿＿＿＿.

若 $a>b$,则 ＿＿＿＿＿＿＿＿＿.

②不等式的两边乘(或除以)同一个正数,不等号的方向＿＿＿＿.

若 $a>b,c>0$,则 ＿＿＿＿＿＿＿＿.

③不等式的两边乘(或除以)同一个＿＿＿＿＿,不等号的方向＿＿＿＿.

若 $a>b,c<0$,则 ＿＿＿＿＿＿＿＿.

环节二:类比学定义

①一元一次方程定义:方程只含有一个＿＿＿,未知数的次数都是＿＿＿,等号两边都是＿＿＿.

②一元一次不等式定义:含有一个＿＿＿＿＿＿＿＿＿＿＿,未知数的次数都是＿＿＿＿＿＿＿＿＿.

环节三:类比学解法

1.解一元一次方程:$1-\dfrac{x+2}{2}=\dfrac{1-x}{3}$.

2.解一元一次不等式:$1-\dfrac{x+2}{2}\leqslant\dfrac{1-x}{3}$.

3.对比一元一次不等式和一元一次方程的解法(表 4-2-1):

表 4-2-1　比较一元一次不等式和一元一次方程

变形名称	解一元一次方程的具体步骤及注意事项		解一元一次不等式的具体步骤及注意事项	
	具体步骤及依据	注意事项	具体步骤及依据	注意事项
去分母	各项都乘以分母的最小公倍数,等式性质2	不漏乘不含分母的项;分子是多项式时应添括号(分数线具有括号的作用)		
去括号	利用去括号法则,乘法分配律	不漏乘;注意符号		
移项	未知项归一边,常数项归一边,等式性质1	移项要变号		
合并同类项	系数相加,字母和字母的指数不变,逆用乘法分配律	结果化成 $ax=b$ 的形式		
系数化为1	方程两边同时除以未知数的系数,等式性质2	分子、分母不颠倒		

二、理解学生的"最近发展区"

心理学认为,人的认知水平可划分为三个层次:"已知区""最近发展区""未知区",它们的关系如图 4-2-1 所示:

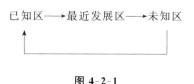

图 4-2-1

人的认识水平就是在这三个层次循环往复,不断转化,螺旋式上升.教学设计不宜停留在"已知区"与"未知区",而应着眼于学生的"最近发展区".若问题设计停留在"已知区"(过易),则无法调动学生积极性,浪费有限的课堂时间;若问题设计直接至"求知区"(太难),则不能使学生体会到智力角逐的乐趣,使学生失去信心,使问题失去价值.在"已知区"与"最近发展区"的结合点,即在知识的"增长点"上引导学生思考开展教学,有助于学生原有认知结构的巩固,也有利于将新知识同化,使认知结构更加完善,并最终使学生认知结构中的"最近发展区"上升为"已知区".

实施"关联数学"根据思维"最近发展区"原理,找准学生最近发展区开展课堂教学,大大提高课堂效率.课堂问题的设计适合学生的认知水平,根据教学内容和学生掌握程度,合理地把握问题的难易程度,找到学生的"最近发展区",从而激发学生的学习兴趣,并高效完成课堂教学.

【案例 4-2-2】

销售中的利润率

七年级学生学习"销售中的利润率"问题时,我进行了一次对比教学实验.下面结合例题进行说明.

例　某商店以每件 60 元的价格卖出一件衣服,盈利 25%,这件衣服的进价是多少? 利润是多少?

第一种教法:直接利用常规公式解题

分析:本问题主要涉及两个公式:利润＝售价－进价,利润率＝$\dfrac{利润}{进价}\times$

100%.假设其中一个未知数为 x,利用其中一个公式用含 x 的代数式表示另一个未知数,再利用另一个公式列方程.

解法一:设这件衣服的进价是 x 元,则利润为 $25\%x$ 元.

根据利润、售价、进价三者之间的关系可列方程:$25\%x=60-x$,

解得 $x=48$.

利润为 $60-48=12$.

答:这件衣服的进价是 48 元,利润是 12 元.

解法二:设这件衣服的进价是 x 元,则利润为 $(60-x)$ 元.

根据利润率、利润、进价三者之间的关系可列方程:$\dfrac{60-x}{x}\times100\%=25\%$.(此解法列出了八年级才要学的分式方程,该方程的解法可鼓励学有余力的同学进行尝试.)

第二种教法:引导学生与增长率问题对比

分析:小学时同学们已学过"产量中的增长率"问题的基本关系式是:原产量×(1+增长率)=现产量.其实"销售中的利润率"问题中的"进价""利润率""售价"三者的关系与"产量中的增长率"问题中的"原产量""增长率""现产量"三者的关系是相同的,即进价×(1+利润率)=售价.

解:设这件衣服的进价是 x 元,则可列方程:$(1+25\%)x=60$,

解得 $x=48$.

利润为 $60-48=12$.

答:这件衣服的进价是 48 元,利润是 12 元.

巩固练习:

1.一件衣服的进价为 50 元,若要利润率是 20%,应把售价定为 ＿＿＿＿＿＿.

2.某商品标价 1315 元,打 8 折售出,仍可获利 10%,则该商品的进价是 ＿＿＿＿＿＿元.

3.某品牌西装进价为 800 元,售价为 1200 元,后由于该西装滞销积压,商家准备打折出售,若要保持 5% 的利润率,则应打 ＿＿＿＿＿＿折.

4.某种商品每件的进价为 250 元,按标价的九折销售时,利润率 15.2%,这种商品每件标价是多少?

通过对比教学实验发现:用教法一教学学生对此类问题的掌握率只达 54.7%,用教法二教学学生对此类问题的掌握率达 92.8%.分析原因如下:

"销售中的利润率"问题涉及的量比较多,综合性较强,学生对这些量及它们间的关系属"未知区",教法一把学生直接带到"未知区",对大部分同学来说是有难度的;而"产量中的增长率"问题中的基本关系式属学生的"已知区",教法二引导学生对比"利润率问题"与"增长率问题"的联系,也就找准了学生的"最近发展区",从而顺利地让学生将"未知区"转化为"已知区".因此,教法二的教学效果明显比教法一好.

由此可见,在选择最有效的教学方法时,教师首先要钻研教材,其次应综合考虑学生的生活经验、原有基础、心理特点等具体情况,针对学生的实际认知水平和思维能力,找到问题的切入口,实实在在地把学生置于学习的主体地位.教师在备课时,教学设计应重点思考以下三个方面:①营造怎样的一堂课? 有趣的? 活动的? 生活化的? ②教学目标是什么? 如何设计更容易达成目标? ③学生程度如何? 不同学生有不尽相同的"最近发展区",只有充分了解学生的差异,教学方法的选择才能适当,从不同学生的"最近发展区"出发设计教学方案,能大大提高课堂效率.

三、理解学生个性差异

《礼记·学记》提出"学不躐等",其含义有二:一是不同学生已有的知识层次和水平有差异;二是处于同一层次(水平)的学生在不同成长阶段需要施以不同的教学内容和不同的教学方法.因此,教学需要充分了解不同学生和同一学生在不同阶段所处的层次,再有针对性地进行分层设计.

学生个体的差异决定了每个学生对数学的理解能力不同,接受能力也不同.因此,实施"关联数学"教学注重学情分析,实施精准教学,重视差异化教学和个别化指导.教学中认真分析学生的年龄特点和心理特征,所带班级的学生个性特点等,研究非智力因素对数学学习的影响,有针对性地采取分层教学、学生讲题等教学方式,由浅入深,分阶段完成,每个阶段都有其特点,循序渐进,最后让学生真正掌握,发展学生数学核心素养.

(一)研究非智力因素对学生学习数学的影响

我对八年级的数学学困生(上初中后的数学成绩基本在80分以下)进行过一次调查,内容包括:学习兴趣、学习目的、课前预习、听课、课后作业、课后复习、质疑习惯、课堂回答、对待考试成绩的态度等.调查发现,学生非智力因素较好的方面有:①86.5%的学生想提高自己的数学成绩;②82.7%

的学生在家或学校独立完成课后作业;③71.2％的学生数学课上课听课时间30分钟左右;④71.2％的学生在乎数学考试成绩.学生非智力因素较差的方面有:①50％的学生数学课遇到困难不敢问或不想问;②40.4％的学生没有预习的习惯;③51.9％的学生学习数学没有方法;④17.3％的学生不想学习数学.将上述数据与学生的学习成绩进行综合分析后得出,数学成绩不理想的学生在非智力因素方面的不足明显高于学习成绩好的学生.

根据布卢姆提出的"掌握学习"的理论,只要提供合适的环境和足够的学习时间以及适当的帮助,95％的学生能够学好每一门功课,达到确定的教学目标.因此,学生智力上的差异不是造成学困生的主要原因,我们要重视和研究非智力因素对学生学习数学的影响.通过培养非智力因素转化数学学困生,教学中应根据不同类型的学困生有针对性地采取转化策略和方法.

1.针对兴趣缺乏型学困生,要激发学生学习兴趣

(1)阐述学习数学重要性,激发学生学习兴趣

当前社会上存在不合理分配现象,特别是受功利主义和利己主义思想影响,使一部分学生厌学,再加上数学本身抽象难懂,学生就更不愿意学习数学了.针对这类学生要进行学习动机、学习目的教育,教学中要贯彻理论联系实际原则,充分显示数学和其他学科相关联又突出数学与生活紧密相关的重要性,激发学生学习数学兴趣.

(2)挖掘数学美,提高学生的数学审美能力

教学中,教师应当重视学困生对数学的认识,帮助他们从枯燥、死板和抽象的阴影中走出来,引导学生对数学知识进行全方位的挖掘,使学生感受到数学的理性美.如,概念的简单美和统一美,式子结构的协调美和对称美等,只有学生体验到数学的美才能真正热爱数学这门学科.

(3)改进教法,加强对数学学习兴趣的培养

学困生基础知识弱、思维能力差,因此根据教材的不同特征,教法上要不拘一格,灵活多变.讲课时要注意由浅入深、由易到难,尽量降低学习坡度,分散难点,给予模仿性练习的机会.还要加强变式训练,使学生理解和掌握知识情况及时得到反馈.讲授速度要适合学困生的接受情况,必要时应该放慢镜头.讲课语言应尽量通俗易懂、生动活泼.另外特别应加强直观教学,凡能利用直观教具的应尽量利用.比如,在讲三角形内角和定理时,可让学生自己动手做一个三角形,再把三个角剪下来拼凑成一平角,从而发现定理.另外,教师在课堂教学时对学困生要优先提问,优先辅导,优先检查评

价.评价时,特别应注意学困生的进步处和闪光点,及时予以鼓励,耐心激励学困生上进,增强其学会的信心.

2.针对情感障碍型学困生,要培养学生积极健康的思想情感

(1)尊重和接纳学困生,帮助其建立自信是转化工作的前提

据调查了解,作为学困生,他们的内心深处已经很没自信,相当一部分学困生还会出现自卑心理和逆反心理.他们认为老师不喜欢他们,家长不喜欢他们,同学看不起他们,连他们自己也讨厌自己.在这种阴影下,尽管他们还尚存一丝的上进心,也会无法对抗强烈的厌学情绪,也就无法对学习产生兴趣.要想使其提高学习能力,必须先扫除他们的心理障碍,让他们在轻松的心境下恢复自信,自觉自愿地进行追赶任务.另一方面,学困生的自尊心是很脆弱的,经受不住刺激,渴望老师对自己"以诚相待",不歧视,不讽刺,不打击,不揭短.学困生有一个怕遭冷落的共同心理.因此,在教学过程中,要把爱生的情感投射到学生心里.比如,在数学课堂上,老师提出问题时,随之对学困生投去一个充满信任的、亲切的目光,一张和蔼可亲的笑脸等都会在他们心中掀起波涛.老师心中有"学困生","学困生"心中才会有老师,师生感情上的一致性,会引起双方信息的共振,此时学生的接受能力最强,教学效果最佳.

(2)培养积极向上的思想情感,对学习数学起激励作用

情感是人类对客观事物和对象的一种态度与心理体验.教学中教师应注意与学生进行感情交流,及时沟通,建立良好师生关系,为教学打下良好基础.教师讲话明白、简练、清晰,尽量使用幽默语言,注意观察学生流露表情,观察学生心理活动,控制教学节奏.教师应精神饱满、乐观豁达、热情,学生在教师感染下可感到不慌乱、乐观,从而自信地对待学习.教师应利用各个教学环节,言传身教,以身作则,培养学生具有积极健康的思想情感.

(3)表扬鼓励为主,建立良好的师生关系

表扬和鼓励是推动学生进步的动力,也是学生不断提高学习兴趣的重要因素.对于缺乏毅力、暂时表现后进的学生,更应在学习上关心,在生活上帮助,对他们取得的一点进步及时给予表扬和鼓励,让他们感受教师的关心以及殷切的希望.在课堂提问中要把容易的问题留给学困生,当回答正确时及时给予表扬和鼓励;如果答错也不应加以指责,而应帮助他们分析,鼓励他们再找出答案.

3.针对意志薄弱型学困生,要培养学生坚强的意志

(1)加强思想品德教育,激发学困生的学习动力

一般说来,学困生的学习动力不足,他们往往缺乏学习的自觉性和主动性,也缺乏刻苦钻研精神和克服困难的意志,更缺乏学习的信心,认为"努力也学不会",有破罐子破摔的思想.因此,在教学中应结合所学内容向学生进行理想教育,如介绍我国著名数学家华罗庚逆境成才的故事,陈景润等数学家一生勤奋钻研,为数学的发展做出了巨大贡献,教师应当倡导学生学习这些数学家刻苦钻研和为科学献身的精神,引导学生克服浮躁和急功近利,培养持之以恒、锲而不舍的学习意志,以严谨、科学、求实的态度探索数学世界的奥妙,为以后的学习乃至终身发展打下良好的基础.

(2)引导学生参与知识的探究过程,有意识地磨炼学生的意志

意志在学生掌握知识过程中的积极作用不可低估.教师应当在引导学生参与知识的探究过程中设置一定的困难,有意识地磨炼学生的意志.设计的提问或练习,要有一定的坡度和跨度,鼓励学生不畏困难,知难而进,定会享受到成功的喜悦.同时,让学生学会用意志的制止功能排除不良情绪(如恐惧慌张、挫折感、悲观失望和狂喜等)的干扰,强迫自己保持平静的心境面对数学学习."教学生解题是意志的教学……如果学生在学校时没有机会尝尽为求解而奋斗的喜怒哀乐,那么他的数学教育就在最重要的地方失败了"(波利亚语).进行适当的解题训练,既培养学生的意志,又增强他们的学习兴趣.

4.针对态度不端型学困生,要培养学生良好的学习态度

(1)培养学生积极的学习动机

学习动机是学习态度最直接的制约因素,学习动机的发展会引起学习态度的改变,一个人如果有了积极的学习动机,就会引发强烈的求知欲望,持之以恒,坚持不懈,产生强劲的内动力.作为老师,我们不仅要对学生传授基础学科知识,更重要的是要引导学生明白学习目的和意义所在.

(2)帮助学生建立可达成的学习目标,在过程中感受成功的快乐和满足

心理学分析,任何一种有导向指引功能目标的制定和实施都必须经过激烈的心理冲突.想制定一个有利于学习、获得成功体验的目标,就要遵循"跳一跳,摸得到"的原则,既要让学生相信凭借自己的力量可以达到,同时又要付出一定的努力.制定目标还要从多方面进行考虑,例如:智力水平、身体状况、现有基础、意志毅力等等.

5.针对方法不当型学困生,要指导学生掌握科学的学习方法

(1)在自学中培养学生的非智力因素

教师在备课时应给学生编写富有启发性、新颖性以及难易适中的自学提纲.在学生自学的过程中,要对学困生加强微观指导,对知识进行查漏补缺,扫清他们学习中的障碍,鼓励他们对问题进行研讨,促使他们在课堂上积极发言,对他们取得的成绩要及时表扬,充分肯定.这样,他们会对教师产生友好的感情,信任教师,进而对教师所教学科产生浓厚的兴趣.

(2)培养和提高学困生对数学知识的理解能力

"补差"只停留于查缺、补漏、改错是远远不够的,在数学教学中还要培养和提高学困生对数学知识的理解能力.教学中,教师要注重启发,细心引导,抓住新旧知识的相关点由浅入深、由表及里地讲解,让学困生能充分利用已有的知识去思考,去判断推理.在深入浅出的分析中,不仅使学生达到解疑的目的,而且还能让学困生把已有的知识形成网络,融会贯通.通过一定量的训练,培养他们运用类比、归纳、总结等基本的数学方法,把所学的知识分门别类,联成一个整体,用知识的内在联系去掌握和学习数学.

(3)降低要求,减轻作业负担,帮助学困生掌握学习方法和思维方法.

对于数学作业,应以课本为主,不搞偏题、怪题,不搞题海战术.题量要适中,注意引导学生发现解题规律,掌握学习方法和思维方法.数学题目千变万化,但其规律和类型都是有限的.引导学生抓解题规律,用规律指导练习是提高质量、减轻作业负担的根本途径.

加强数学学困生的非智力因素的理性研究和动态管理,能开发学生心理潜能,启发学生高级情感,提高学生心理自我调节能力,使学生由被动学习转变为主动参与,以极大的热情投入各项集体活动之中,获得全面发展.因为学困生的形成是一个长期的过程,所以转化学困生的工作也不可能立竿见影,转化学困生是对教师的耐心、信心和责任心的考验,只要我们以积极的心态来对待,用智慧的大脑来工作,凭满腔的热情来帮助,我想一定会有明显效果的.

(二)实施分层教学,促进快乐学习

孔子早在几千年前就提出"有教无类"的教育思想;斯宾塞主张永远把孩子作为一个主体,并给予充分的理解和尊重.面对不同学生在课堂上的不同表现,尊重他们的差异,不以同一标准去衡量,而以发展的眼光对待他们.

1.在教学评价上满足差异发展

在评价学生的课堂学习时,我根据不同学生的实际能力做出不同的评价,如对于学习上的潜能生,课堂上尽量让其回答力所能及的问题,即使回答得不全面,也要肯定其合理的成分;对于学困生,课堂上能够举手发言,我就竖起大拇指鼓励他们勇敢地说出自己的想法.不同的评价,让不同层次的学生都有成功的体验,使数学学习活动真正成为学生个体生命活动中积极的一部分.

2.在练习设计上考虑学生的差异

学生的学习程度总是参差不齐的,学生的个体差异更是客观存在.课堂练习的设计根据学生的不同水平,面对中间,区分两头,配制有层次、有坡度、难度不同、形式各异的练习题,使每类学生在练习中都处于"跳一跳就能把果子摘下来"的境地.为学困生设计坡度小、量不大的练习题,使他们力争达到双基要求,鼓励他们独立完成,逐步提高;为中等生设计适量增加能力的练习题,确保大面积的丰收;为优等生设计一些双基知识之外的、有一定难度的,富有思考性、综合性的练习题,让他们大胆地去探索知识,使他们的潜能得到充分发展.

【案例 4-2-3】

同一题目设计不同梯度的问题

分层教学应该设计多层次的作业供不同层次学生选择,题型应由易到难成阶梯形,在具体设计分层作业时,原则上是给 A 组(基础薄弱)布置与教材例题类似的作业,浅显易懂,有利于他们获得成功的欢乐,增强学习的自信心,目的是让他们仿照例题能找出解题方法,掌握新知;给 B 组(基础中等)布置一些例题的变式练习,在掌握基础知识的前提下,学会灵活地运用,提高和巩固所学知识;给 C 组(基础较好)布置一些开放性和综合性的题目,使他们能把知识拓展延伸,提高优秀生的数学思维和综合运用能力.

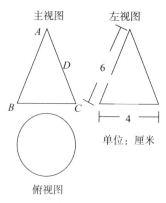

图 4-2-2

例题:如图 4-2-2 是一个几何体的三视图.

(1)写出这个几何体的名称;

(2)根据所示数据计算这个几何体的表面积;

(3)如果一只蚂蚁要从这个几何体中的点 B 出发,沿表面爬到 AC 的

中点 D,请你求出这条线路的最短路程.

这道题的问题设计层次目标虽有差异,但仍然反映的是同一教材内容在深度和广度上的差异,这种差异是阶梯式的,能满足不同层次学生的要求,有利于低层次学生向高一层次目标迈进.学生可以根据自己的知识水平选择性地做题,如 A 组的同学只要求他们做出第(1)题即可,B 组要求做第(1)(2)题,C 组则要求全做.这样设计可以让一部分比较好强的学生"跳一跳,能摘到果子",这样大大地鼓舞了他们的士气,也让他们获得了成就感,从而让学生体验成功的快乐,激发进一步学习数学的欲望.

(三)课堂上学生轮流上台讲题

课堂上采用民主互动的教学方式,师生、生生之间进行磋商、交流信息,以达成共识.有些问题可让同座两人或前后四人进行合作讨论,或者学生上台讲题,采用灵活多样的教学形式,促进课堂内人际互助.教师与学生、学生与学生的思维在积极的交流和碰撞中不断得到升华,可使新知识随着不断深入学习,完全融于原数学认知结构中,变成新的认知结构,最终内化为学生自己的东西.鼓励学生勇于提出自己的想法和问题,不断改善或重组认知结构.新形成的数学认知结构往往表现为学生相应的数学能力,即数学素养.

学生讲题,推动学生课前要弄懂如何解题,还要想着如何让别人听得明白;讲题过程中其他同学可以随时提问,或是不明之处,或是不妥之处,或是错误之处;讲题后其他同学还可以分享不同解法.

学生轮流上台讲题,给每个孩子提供展示、锻炼的机会.讲题不仅可以检验预习作业完成效果,还能让学生分享方法,有压力,也有动力.当有不同方法或者有错误没被学生发现,教师及时提示启发,引导学生发现问题、解决问题.每个题目讲完都让学生及时总结解题思路与思想方法,联想相关题目或同类题,不断总结、感悟、提升.在讲题分享、讨论与交流过程中,学生能发现自己的不足,对于某一些题目,有些同学总有些意料之外的想法,这又是一次思维的开阔,"人外有人,天外有天";从"第一次上台紧张",到"顺利把题目讲解完",这是对勇气的磨炼,增强自信心;既锻炼学生自主学习能力和分析判断力,提高自我表达能力和听课能力,在一些细节方面也能给予启迪.

开展讲题活动还可以满足有个性差异的同学的需求,每位同学都有收获.以下摘录部分同学在暑假夏令营讲题的心得,与大家分享他们的成长.

陈梓欣:采用轮流上台讲题的教学方式,会大大丰富课堂的活跃性,能使学生更加认真地听课,达到事半功倍的效果.这样的方式不仅达到了教学的效果,而且为学生搭建了自我展示的平台.

陈莉:十分感谢在这18天中与我朝夕相处的老师和同学,当我在台上讲题的时候,错误的地方你们会毫不犹豫地指出来,并教我更正,使我不会一错再错下去;讲错时,你们也不会嘲笑,而是及时地叫我改正.

林诚:学生讲题、老师点评的教学方法,这样有效地提高了同学们的学习效率,我觉得这是一种非常好的方法.每个人都讲题,既是对同学们知识掌握情况的检验,对于部分同学来说,也是一种极好的锻炼.

张伟杰:通过讲题,我也发现了自己讲题时的一些不足,像没有理好思路、没讲清楚、过快等问题;也发现了自己方法与他人方法之间的一些不同之处,并逐渐吸取他人的一些方法、技巧,与自己的方法综合运用;自己做题时的规范性不够强,可能会导致解答题不够好等.

张朝焜:在倾听其他同学讲课过程中,我的听课能力有所提升,能够适应不同风格的讲解方式,并且会在认真听讲的过程中充分地辩证与思考,与其他同学积极讨论,这对日后学习效率的提高帮助非常大.

林瑾:(1)我的思维被开阔了.这得益于老师让我们在同学讲题时认真地思考,他哪个地方讲的是不对的,或者是不是最简单的答案,让我们找到别人的不足点,从而去完善自己,提高自己的思维能力.(2)改变了自己的学习习惯.从之前不太敢回答问题到现在几乎每一天都要上去回答一个问题,这对我来说是一个质的飞跃.讲题让我感觉更加地参与到了这个课堂中,让我每一天都感觉是新鲜的,是充满期待的.比起知识的学习,在习惯、态度上的转变更令我觉得弥足珍贵.上台讲题对我们来说也是一种锻炼,第一让我们认识到了自己的缺点,可以去改正从而做得完美;第二给了我们一个锻炼自己的机会,即锻炼了自己的胆量,又让我们对这道题更了解,或者是让我们思路更加的清晰.

四、选择合适的教学策略与方法

学生是学习过程的主体,学情是教学的出发点,只有了解学生,才能有的放矢、因材施教,避免无效劳动,提高课堂教学效率.如何才能了解学生呢？教师不妨先回答下列问题：学生是否已经具备了进行新的学习所必须掌握的知识和技能？学生是否已经掌握或部分掌握了教学目标中要求学会的知识和技能？没有掌握的是哪些部分？有多少人掌握了？掌握的程度怎样？哪些知识学生自己能够学会？哪些需要教师的点拨和引导？教师在教学设计时要关注学生的智力发展情况，注意学生非智力因素的发展状况，重视学生的个体差异．

实施"关联数学"教学注重研究将不同类型的知识用不同的方式呈现给不同学生的策略与方法，激发学生的认知冲突、推进学生的数学思考．

（一）以学生的数学认知规律为依据，加强数学学习理论的指导

例如，数学学习论指出，数学概念的学习一般要经历如下过程：

概念的引入——借助具体事例，从数学概念体系的发展过程或解决实际问题的需要引入概念；

概念属性的归纳——对典型丰富的具体例证进行属性的分析、比较、综合，归纳不同例证的共同特征；

概念的明确与表示——下定义，给出准确的数学语言描述（文字的、符号的、图形的）；

概念的辨析——以实例为载体分析概念关键词的意义（恰当使用反例）；

概念的巩固应用——用概念解决简单问题，形成用概念做判断的具体步骤；

概念的"精致"——通过概念的综合应用，建立与相关概念的联系，将新概念纳入已有概念系统．

（二）为学生构建研究数学对象的基本套路，加强"一般观念"的指导

在数学课堂上，可以为学生构建一个研究数学对象的基本套路，即通过设计系列数学活动，让学生经历"事实—概念—性质（关系）—结构（联系）—应用"的完整过程（以此为教学内容的明线），使学生完成"事实—方法—方法论—数学学科本质观"的超越（以此为暗线）．从数学学科的核心素养角度看，若要从事实到概念皆融"数学抽象"于其中，可通过创设问题情境让学生尽快进入状态，激发学生的探究欲；从理解概念到明了性质，这一过程应使学生得到"数学推理"的基本训练，包括通过归纳推理发现性质，

通过(逻辑)演绎推理证明性质;从明了性质到形成结构主要也是"数学推理",因为这是建立相关知识的联系、形成结构功能良好、迁移能力强大的数学认知结构的过程;从理解概念、明了性质、形成结构到实践应用,在这一过程中,教师应随时注重指导学生用数学知识解决数学之外的问题,使学生得到"数学建模"的有效训练.

在上述几个步骤的关键处,应注意适时引导,加强"一般观念"的指导作用,如"如何思考""如何发现""从什么角度观察";观察结构特征可从"数""形"两个角度(静态)入手,若从动态角度入手,可改变目前问题的形式,进行等价转化后再让学生观察,进行必要的模式识别,学生往往会有新的发现,这时学生又可得到"直观想象""数据分析"的训练.

(三)贯彻"问题引导学习",教学设计做到"心中有学生"

处于基础教育学习阶段的学生同时也处于青春发育期这一特殊的年龄阶段,会出现一些典型的心理特征.教师应当认真分析这些特点,并根据学生的发展水平、认知方式和其所具有的生活经验开展教学设计,使数学学习的过程成为学生全面和谐发展的过程.贯彻"问题引导学习",要利于学生对概念及其反映的思想方法的理解,要"跳一跳够得到".教学设计是"预设"的,课堂教学是"生成"的,这两者一定存在落差,这一点人所共知.解决的关键是如何加强教学设计的预见性,这样才能实现课堂教学的有效性,教学质量也才有保证.另外,很多时候我们的教学设计有预设,但课堂教学不落实,没有把教学重点放在概念的概括、辨析和如何用概念进行判断上,在细枝末节、操作程序上追究过多、用时太长.特别是预设的让学生归纳概括概念本质、思想方法的活动,在教学中大多由老师包办代替.例如:对于课堂上的提问,教师提出问题后,往往马上提示,没有给学生留有充分的思考空间;往往就单个学生提问,而没有面向全体学生;学生回答正确后,只是问其他同学对不对,对了就过去了,没有追问你是怎么想的,从而暴露思维过程;学生回答错误,也仅是简单地再让其他学生给出正确答案,没有把错误和正确的思维过程都暴露出来.

【案例 4-2-4】

"角"的复习

数学复习课在有些人看来,就是对前面所学知识的再现和重复.学生对这种形式是不欢迎的,学习起来也是被动的,思维只是停留在过去的记忆中,效果不是很好.如果我们改变教学形式,效果就会好得多.如"角"的复习课可以这样设计教学过程:

1.教师要求学生画图:画$\angle AOB = \angle COD = 90°$(尽量考虑各种不同情况).

[设计意图]这样做的目的,既让学生巩固角的画法,又让学生体会分类思想.但学生往往只画出两种,经过讨论或引导可以画出其他情况的图形.从画图中,我们发现学生的思维是封闭的,而不是开放的.改变学生的思维方式,就显得相当重要.

2.选择其中一个图形:

①写出所有小于$180°$的角;

②对所写的角进行分类(锐角、钝角、直角);

③找出图中互余的角与互补的角;

④找出图中相等的角;

⑤若告诉其中一角的度数(用度、分、秒表示),求出其他角的大小;

⑥若告诉某条线的方向,在第⑤题的基础上,请写出其他边的位置.

3.若把第2题中所选图形换成其他情况的图形,以上结论还成立吗?

[设计意图]问题的解决引导学生经历从特殊走向一般;重视教学设计的"预设",更关注课堂教学中的"生成".

通过以上的问题设置,学生的思维一直在运行着,而且是在积极地运行.这样的教学设计既复习了基本知识,又训练了学生的思维,可谓一举两得.根据学生的发展水平、认知方式和其所具有的生活经验开展教学设计,使数学学习的过程成为学生全面和谐发展的过程.

"每个孩子都是一朵花,只是花期不同而已.有的花开在春天,也有的开在别的季节.当人家的花在春天开放时,你不要急,也许你家的花是在夏天开;如果到了秋天还没有开,你也不要着急踩他两脚,说不定你家的这棵是蜡梅,开得会更动人.如果你的花到冬天还没开放,你也不要生气,没准你的花就是一棵铁树,铁树不开花,开花惊艳四方,且炫丽无比.真正的园丁不会在意花开的时间,只会默默耕耘,静待花开……"老师作为呵护儿童成长的园丁,我们要做到尊重每一种花的生长规律,默默耕耘,静待花开.我们只有做到了基于学生心理认知特点的教学,才能算"聪明地做事,做有价值的事".作为教师,我们时刻都应该记住,春天的花,夏天的花,秋天的花,都开不过心中的花.

第三节　理解教学,教育观指导下开展数学教学

理解教学主要指对数学教学规律、特点的理解.教学过程是以数学知识发生、发展过程为载体的学生的认知过程.数学是思维的科学,数学学科的特点决定了数学教学的特点和规律,只有遵循了这些规律、反映了这些特点,数学教学的质量和效益才能真正得到保证.

"关联数学"坚持教学相长,突出学生主体地位,注意构建个性化教学情境,促进学生全面、持续、和谐地发展.它不仅要考虑数学自身的特点,更应遵循学生学习数学的心理规律,强调从学生已有的生活经验出发,让学生亲身经历将实际问题抽象成数学模型并进行解释与应用的过程,进而使学生获得对数学理解的同时,在思维能力、情感态度与价值观等多方面得到进步和发展.

一、数学生活化,让学生学习现实的数学

数学是对客观世界数量关系和空间关系的一种抽象.可以说生活中处处有数学.因此,实施"关联数学"教学中,教师将学生的生活与数学学习结合起来,让熟知、亲近、现实的生活数学走进学生视野,进入数学课堂,使数学教材变得具体、生动、直观,使学生感悟、发现数学的作用与意义,学会用数学的眼光观察周围的客观世界,增强数学应用意识.

学生学习数学是"运用所学的数学知识和方法解决一些简单实际问题的必要的日常生活的工具".在教学中,每教学一个知识点,可以创设一些实际应用的情境,让学生感受生活中的数学,培养学生运用所学知识解决实际问题的能力.数学在生活中的应用是很广泛的,如教学三角形的稳定性后可以让学生解释一下:我们住的房子的屋顶为何要架成三角形的? 木工师傅帮同学们修理课桌为何要在桌脚对角处钉上一根斜条? 通过解释一些生活现象,使学生更深地感受数学与现实生活的密切联系.另外要让学生运用数学知识解决实际问题,如在统计的初步认识教学中,可让学生搜集自家几个月用水的情况,通过收集、整理、描述、分析数据,考虑家庭人口的多

少、老人和小孩等诸多因素,得出了自家用水是否合理的判断,并做出今后用水情况的决策.既渗透了环保的教育,又使学生感受到数学知识的应用.

　　数学教学与生活是密切联系的.在传授数学知识和训练数学能力的过程中,教师自然而然地注入生活内容;在参与关心学生生活过程中,教师引导学生学会运用所学知识为自己的生活服务.这样的设计,不仅贴近学生的生活水平,符合学生的需要心理,而且也给学生留有一些遐想和期盼,使他们将数学知识和实际生活联系得更紧密.让数学教学充满生活气息和时代色彩,真正调动起学生学习数学的积极性,培养他们的自主创新能力和解决问题的能力.

二、数学活动化,让学生学习动态的数学

　　新课程要求:教师是学生学习的合作者、引导者、参与者,教学过程是师生交往、共同发展的互动过程,课程变成一种动态的、发展的、个性化的创造过程.数学活动教学所关心的不是活动的结果,而是活动的过程,让不同思维水平的学生去研究不同水平的问题,从而发展学生的思维能力,开发智力.

　　实施"关联数学"教学,有意识、有计划地设计以学生探究为主的教学活动,引导学生体会数学之间的联系,感受数学的整体性,不断丰富解决问题的策略,提高解决问题的能力.

【案例 4-3-1】

设计以学生探究为主的教学活动

　　在"整式乘法"这部分内容教学中,设计如下活动:准备多个长方形和正方形卡片(如图 4-3-1):

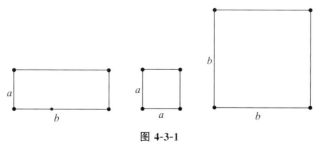

图 4-3-1

①教师任意写出一个关于 a 和 b 的二次式,此二次式需能分解成两个一次因式的乘积,且各项系数都是正整数,如 $a^2+2ab+b^2$;

②学生根据教师给出的二次式,选取相应种类和数量的卡片,尝试拼成一个矩形;

③讨论该矩形的代数意义;

④由学生随意选取适当种类和数量的卡片,拼接成不同尺寸的矩形,回答该矩形表达的代数公式.

学生在这一活动中,利用面积理解整式的变形,体会代数与几何之间的联系,领悟数形结合思想.

数学教学活动化,就是在数学教学过程中以学生探究为主,把互动式、多样化、个性化的学习方式融合在一起,以开展学生主体活动为基础,引导学生在活动中体验、在活动中感悟、在活动中求知、在活动中益智,从而全面落实三维目标的教学.实践证明:坚持数学教学活动化能大大激发学生探究欲望,活跃学生的思维,丰富学生的情感体验,培养学生的创新意识和实践能力.

三、数学问题化,让学生学习思考的数学

陶行知先生曾说:"好的先生不是教书,不是教学生,乃是教学生学,'学'字的意义,是要自己去学,不是坐而受教."[13]实施"关联数学"教学注重从学生实际出发,创设有助于学生自主学习的问题情境,引导学生通过实践、思考、探索、交流,获得知识,形成技能,发展思维,学会学习,促使学生在教师指导下生动活泼地、主动地、富有个性地学习.

【案例 4-3-2】

你想当经理吗?

在学完"二元一次方程组"一章内容后安排一节应用课,设计能让学生产生浓厚兴趣的场景入手,以简单地列二元一次方程解应用题为基础,提供层次各异的问题情境,由易到难,由简到繁,引导学生逐步升华思维,让学生自主探究有价值的数学,从而体现数学的真正价值.

一、创设问题情境

儿时的杰克就有一个美好的梦想,想当一位经理,那么同学们想当经理吗?现在杰克马上要参加一个招聘会,让我们用期待的目光伴随着杰克走进招聘现场,并一起来为他加油或出点子.

[设计意图]利用有趣的故事情境,让学生在好奇心的带动下自然地进入学习,他们会产生一种身临其境的感觉,自主接受和探索.

二、提出问题,自主探索,解决问题

逐步呈现该商场董事长对杰克进行考核题目.

第一关考题:现在商场想从厂家购进三种正热卖品牌的彩电:熊猫、长虹、康佳.商场计划拨款9万元从家电批发部购进50台电视机,已知该批发部有三种不同的电视机,价格分别为熊猫电视机每台1500元,长虹电视机每台2100元,康佳电视机每台2500元.若商场同时购进熊猫和长虹两种电视机共50台,恰好用去9万元,请问应购进这两种品牌电视机各多少台?

[设计意图]这是一道简单的二元一次方程组应用题,希望全体学生都能解决.

第二关考题:(变式一)若商场同时购进其中两种不同品牌电视机共50台,用去9万元,请你研究一下商场的进货方案.

[设计意图]引导学生分析,商场的进货方案是指进货对象及台数,其关键是进三种中的哪两种?

第三关考题:(变式二)若商场销售一台熊猫电视机可获利150元,销售一台长虹电视机可获利200元,销售一台康佳电视机可获利250元,在同时购进两种不同品牌电视机的方案中,为使销售完时获利最多(不考虑其他因素),你选择哪种进货方案?

[设计意图]考题难度逐步加大,无法独立完成的同学可以采用小组合作形式.

第四关考题:(变式三)若商场准备用9万元同时购进三种不同品牌的电视机50台.请你设计进货方案(即每种型号各进多少台).

[设计意图]引导学生思考:三元一次方程组只有两个方程,怎么解呢?

三、发现问题,拓展提升

你能对此商场的进货及销售情况提出一些其他问题吗?

[设计意图]活跃学生的思维,他们会有很多精彩的想法,老师给予及时的鼓励和评价,让学生继续对问题进行探索.

四、数学开放化，为学生提供自由发展空间

新教材新教法，相同的知识，不同的教法和设计思路，可以取得截然不同的效果.实施"关联数学"教学注重设置生动有趣乃至幽默的问题情境，调动学生的积极性和增强其参与意识；难度具有一定的梯度和层次性；问题串的设置，能自然地引发学生的探究欲望，当探究达到一定程度时，引入开放性问题，学生就能穿过茫茫领域寻求到另一片空间，即学生有了自己的创新.这样的教学设计不仅为教师搭建了一个自由展示的平台，也为学生提供了自主探索、积极思考、合作交流的时间和空间.

【案例 4-3-3】

利用不等关系分析比赛

在"利用不等关系分析比赛"（原人教版七年级下册§9.4课题学习）一节中，教材以体育比赛问题为载体，探究实际问题中的不等关系，从而体会利用不等式解决问题的基本过程.其中问题2已经给出了探究的主要步骤，教材对思考过程还做了一些分析提示，有利于学生更快地解决问题（这种教学方法适合中下生），同时这些提示也限制了学生的思维.

若将问题2做如下改造："有 A、B、C、D、E 五个队分在同一小组进行单循环赛足球比赛，争夺出线权.比赛规则规定：胜一场得3分，平一场得1分，负一场得0分，小组中名次在前的两个队出线，小组赛结束后，A队的积分为9分.你认为A队能出线吗？请说明理由."

让学生充分发表意见，在辩论中发现此问题不能一概而论，需要考虑其他队的情况，于是形成问题假设：

(1)如果小组中有一个队的战绩为全胜，A队能否出线？

(2)如果小组中有一个队的积分为10分，A队能否出线？

(3)如果小组中积分最高的队积9分，A队能否出线？

在讨论交流中形成问题、解决问题，在解决问题中自然涉及足球比赛的相关规则，如"什么是单循环赛？足球比赛的名次如何确定？"等问题.这样改造后的题目在背景中直接提出问题，则问题就有了一定的开放性，给学生以创新的空间，使学生更能品味课题学习的味道，有利于课后自己从其他背景中提出问题并尝试解决（这种教学方法适合层次较好的学生).教

学中,我们可以根据学生的实际情况进行不同的尝试,对不同学生可以提出不同的要求,以满足不同学生不同的需求.

设计开放性(在问题的条件、结论、解题策略或应用等方面具有一定的开放程度)的拓展题,意在培养学生的创新能力以及挑战自我的能力.适当提供需要学生合作交流来解决问题的活动,如设置探究课题、社会调查等,使学生经历多角度认识问题、多种形式表现问题、多种策略思考问题、尝试解释不同答案合理性的活动,以发展其创新意识和实践能力.课程改革的一个重要特征,那就是以学生的学习方式作为一个突破口,在灵活多样的学习方式中,倡导和凸显"自主、合作、探究"学习,使学生在玩中学、做中学、思中学、合作中学,以期让学生达到更好的发展.

总之,在教学过程中,教师应该充分利用学生的认知规律、已有的生活经验和数学的实际,转化"以教材为本"的旧观念,灵活处理教材,根据实际需要对原材料进行优化组合.从教学方法看,要坚持启发式,创设问题情境,激发学生积极思维,引导他们自己发现和掌握有关规律;教师要善于提出问题引导学生思考,所提出的问题不论是实际问题还是理论问题都应紧密结合教学内容,并编拟成科学的探究程序,使学生能形成一条清晰的思路;为发掘学生的创造力,应鼓励学生大胆猜想,敢于质疑,自觉地进行求异思维训练.另外,要特别重视学法指导,使学生学会自我学习、自我发展.从教学手段看,要重视观察和实验教学,努力提高学生的观察能力、实验能力和动手操作能力,培养他们严肃认真、实事求是的科学态度和科学习惯.还要尽量地使用先进的教学手段,增加教学的现代气息,使他们感受到现代科技成果对教学的促进作用.

第五章

实施"关联数学"的教学案例

实施"关联数学"教学贯穿以学生发展为本的教育理念,教学中立足整体、多元关联,把握数学知识的本质、把握学生认知的过程;创设合适的教学情境、提出合适的数学问题,引领学生体会知识关联、思想关联、方法关联、应用关联;启发学生思考,鼓励学生与教师交流、学生之间相互交流,培养学生理性思维,增强学生问题意识;让学生在思考和交流中、在掌握知识技能的同时,理解知识的本质,体会知识的形成过程;感悟数学思想,积累思维经验,注重思维方法的提炼过程、数学思想的感悟过程,发展数学核心素养.

第一节 "章起始课"课堂教学实践

数学教材每章内容都按"整体—部分—整体"的思路编写,每章开始均用反映本章主要内容的章前图和引言引入本章内容,使学生了解本章内容的概貌,了解本章的主要思想方法和学习方法,可供学生预习用,也可作为教师导入新课的材料.但在实际教学中具有统领全章作用的"章起始课"没有得到足够的重视.有些老师认为"章起始课"可有可无,只注重知识的传授和技能的训练,直接开门见山进入新课的教学;有些老师不能够深刻认识"章起始课"中蕴含的数学基本思想渗透、情感价值观等育人功能;也有老师由于课时安排紧张,会选择在整章教学任务完成后再借助章引言来进行系统的复习,虽然具有总结提升的作用,却也导致学生在章学习初期不能明确学习目标,甚至出现章知识学完后知识脉络依然不清的现象."章起始课"是全章起始的序曲,上好关键的章节第一课,能给学生一个良好的学习开端,使我们的教学收到事半功倍之效.带领学生见识了"森林",再去一棵棵地认识树木就轻松了.所以做好"章起始课"的研究和实践有重大意义.

实施"关联数学"教学强调:"章起始课"是数学教学内容的重要组成部分,具有一定的"宏观调控"性,为学生提供了学习章节知识的框架和基本线索,搭建了沟通章节知识的桥梁."章起始课"教学必须关注到:统揽全章、发挥"先行组织者"的作用,结构清晰、主题突出,有助于学生建立前后一致、逻辑连贯的学习过程.优质的"章起始课"可以让学生管中窥豹,理解一章甚至几个章节的框架结构,对相关章节的学习产生浓厚兴趣.上好"章起始课"强调知识的整体性、知识形成的逻辑性、体现章节核心数学思想、强调"四基"落实以及学生学习情趣的培养.

一、"章起始课"单元整体教学设计

实施"关联数学"教学中,注重数学的整体性,采用单元整体教学设计,编写单元绪论课导学案开展"章起始课"的教学实践.在教学中教师要对本单元知识进行全面了解,利用单元绪论课导学案先让学生自主预习整个单元内容,帮助学生了解本章学习的内容、地位和作用,引导学生结合预习内容尝试画出单元知识结构图.在自主预习的基础上,教师可以采用小组合作的方式让学生总结出单元学习目标,并划分出单元教学中的重点和难点;引导学生明确学习什么、怎么学习,从而使学生明确学习目标,明确学习方法,进而增强学习这一章的信心.下面以新人教版数学七年级下册第六章第一课时"实数"单元绪论课导学案为例,从整体性出发展示"章起始课"教学设计与实施.

【案例 5-1-1】

"第六章 实数"单元绪论课导学案

【学习目标】

(1)通读全章内容,全面了解整章的学习内容,将学习的主要内容画成知识结构简图,构建起一个粗略的知识框架,初步了解平方根、立方根、实数及有关概念之间的联系.

(2)初步确定本章学习目标,找出本章学习重点和难点,整理疑惑和困难,要注意加强知识间的纵向联系,采用类比的方法进行本章学习.

(3)通过对本章主要知识了解的过程中,初步体会类比思想、分类思想、数形结合思想在本章学习中的作用,提高自主学习能力、分析归纳能力、小组合作学习能力.

【知识链接】

(1)什么叫有理数? 有理数是怎么分类的?

(2)如何求一个有理数的相反数、倒数、绝对值?

(3)有理数与数轴上的点有什么关系?

(4)数的范围是怎样从正整数逐步扩充到有理数的? 随着数的不断扩充,数的运算有什么发展? 加法与乘法的运算律始终保持不变吗? 我们已学过有理数的哪些运算?

【自主学习】

通读整章教材内容,思考下列问题,写出答案:

(1)本章共有几节内容? 每一节的名称是什么?

(2)在"6.1"节中:

算术平方根的概念是什么? 平方根的概念是什么? 这两个概念的区别与联系是什么?

(3)在"6.2"节中:

立方根的概念是什么? 什么是开平方、开立方运算? 乘方运算与开方运算有什么关系?

(4)在"6.3"节中:

①无理数和有理数的区别是什么?

②实数是怎么分类的?

③实数与数轴上的点有什么关系?

④数的范围是怎样从正整数逐步扩充到实数的? 随着数的不断扩充,数的运算有什么发展? 加法与乘法的运算律始终保持不变吗?

(5)本章的内容与前面已学的哪些内容有联系?

(6)现在,你能将本章主要的知识点画成知识结构图吗? 先自己试一试!

【合作探究】

(1)先与同学讨论交流"自主学习"中第1至4题的答案,再修正你的本章知识结构简图,比一比:谁的图更合理?

(2)你能初步确定本章的学习目标吗? 与同学交流一下.

①了解算术平方根、平方根、立方根的概念,会用根号表示数的算术平

方根、_____根、_____根；

　　②了解开方与____互为逆运算，会用平方运算求非负数的算术平方根、平方根，会用_____运算求数的立方根，会用计算器求平方根和立方根；

　　③了解无理数和实数的概念，会对实数按照一定的标准进行分类，培养分类能力；知道_____与数轴上的点一一对应，渗透"数形结合"的数学思想；

　　④会求实数的相反数、倒数和绝对值，了解在有理数范围内的运算及运算法则、运算性质等在____数范围内仍然成立，能熟练地进行实数运算；

　　⑤能用_____数估计一个无理数的大致范围，形成估算意识，培养估算能力.

　　(3)你能说出本章学习的重点和难点在哪吗？学好重难点，你有哪些好办法？请与大家分享.

　　(4)对本章知识的学习，你还有存在什么困难和疑惑？

　　【展示提升】

　　试一试，展示你的劳动成果：本章"知识网络简图"、"学习目标"和"重难点"，说说你这样做的理由.

　　【归纳总结】

　　从知识、方法、情感态度等方面，谈谈你本节课的收获.

　　【课后作业】

　　细读课文第 39～44 页，完成"平方根、立方根(1)"的导学案.

　　利用导学案实施"关联数学"教学是学生在学案的引导和帮助下，以导学为方法，教师的指导为主导，学生的自主学习为主体，师生共同合作完成教学任务的一种教学模式.它是新教学模式下的新生事物，同时它又是"教"与"学"高效对接的纽带与桥梁.通过对"导学案"实施，学生能积极地去动脑、动手、动口，真正实现了从"学会"到"会学"到"乐学"的转变.教师要加强导学案优化设计研究，追求高效课堂.

二、发挥章引言的"先行组织者"作用

　　教材中的章前图和引言，是全章内容的引导性材料，是一章知识的生长点与归结点.好的引言，对于激发学习兴趣、加强基本思想教学、培养发现

和提出问题的能力等都有重要作用.实施"关联数学"教学中,注重发挥章引言的"先行组织者"作用,通过对章前图和引言表征的挖掘与延伸,从本章内容的引入、本章内容的概述、本章方法的引导等角度组织相关内容,结合具体内容以自然的方式引入,体现知识的整体性.下面以新人教版初中数学九年级下册第二十八章第一课时"锐角三角函数(1)"为例,发挥章引言的"先行组织者"作用分析"章起始课"教学设计与实施.

【案例 5-1-2】

"28.1 锐角三角函数(1)"章引言教学

图 5-1-1

如图 5-1-1,章引言从比萨斜塔纠偏的实际问题出发,研究用塔身中心线与垂直中心线所成的角来描述比萨斜塔的倾斜程度的问题,引出本章所要研究的主要内容.

从数学角度看,上述问题就是:已知直角三角形的某些边长,求其锐角的度数.对于直角三角形的边角关系,我们已经研究了什么,还可以研究什么? 本章在前面已经研究了直角三角形中三边之间的关系、两个锐角之间的关系的基础上,通过引进锐角三角函数建立了直角三角形中边与角之间的关系,使学生全面掌握直角三角形的组成要素(边、角)之间的关系,并综合运用锐角三角函数、勾股定理等知识解决与直角三角形有关的度量问题.

问题 1 比萨斜塔 1350 年落成时就已倾斜,其塔顶中心点偏离垂直中心线 2.1 米.至今,这座高 54.5 米的斜塔仍巍然屹立.我们用"塔身中心线与垂直中心线所成的角 θ"来描述比萨斜塔的程度,根据已测量的数据你能求出角 θ 的度数吗?

问题 2 在上述问题中,可以抽象出什么几何图形?上述问题可以抽象成什么数学问题?

问题 3 对直角三角形的边角关系,已经研究了什么,还可以研究什么?

本案例为了培养学生对数学内部联系性的认识,充分发挥章引言的作用,在章引言中通过类比与联系,构建全章的研究框架和整体思路,使学生感受将学的知识与已学知识的联系.数学的发展来源于实际需要或数学内部的需要.为了体现本章核心知识的自然性以及学习它们的必要性,注意从实际问题或数学问题出发,通过创设适当情境加以引入.

三、宏观设计,微观教学

实施"关联数学"教学坚持以学生发展为本的教育理念,追求数学育人的教学目标.教学中以引导学生从数学角度认识问题和解决问题为核心任务,以数学知识的发生发展过程和理解数学知识的心理过程为基本线索,为学生构建前后一致、逻辑连贯的学习过程,使他们在掌握数学知识的过程中学会思考;教师立足于宏观上对教材的系统解读,明白每一节课要达到什么目的,如何去服务于学段目标,实施宏观教学设计,开展微观课堂教学.下面以"同底数幂的乘法"教学设计与实施为例.

【案例 5-1-3】

"同底数幂的乘法"的宏观设计与微观教学

一、宏观认识,注重数学的整体性

代数学的根源在于代数运算,代数学要研讨的就是如何有效、系统地解决各种各样的代数问题.例如,用字母表示数,就要研究各种代数式的运算问题,如何进行代数式的加、减、乘、除、乘方、开方,运算的依据是什么,就要研究代数式的相等和不等,就要研究运算性质等.

引进字母表示数,导致算术跃进到了代数,从对具体数的计算进入式的运算,与算术中的整数和分数相对应,产生了整式和分式,研究它们的运算规律成为必要.数与式的基本运算有加、减、乘、除,人教版教科书在七上已经研究了整式的加、减,在八上第 14 章"整式的乘法与因式分解"着重讨论整式的乘法,并简略地涉及整式除法,第 15 章则讨论分式的运算."整式的乘法"运算顺序遵循:两个多项式相乘→用分配律转化为单项式的乘积之和→用乘法的交换律、结合律和幂的运算性质(指数法则)得到单项式的乘积.所以,多项式乘法的基础是单项式的乘法,而单项式的乘法又以幂的运算性质为基础."整式的乘法"的学习主线:同底数幂的乘法—幂的乘方—积的乘方—单项式的乘法—单项式乘多项式—多项式乘多项式—乘法公式.

代数中,各种各样的公式、法则等,都是用归纳法得到的,即从数字到字母、由低次到高次、由一元二元到多元,逐步归纳地发现,然后再用归纳法证明其正确性.这是一个完整的过程:归纳地去探究、发现,归纳地定义,然后再归纳地论证.本节课要学习的同底数幂的乘法法则,也是采用归纳的方式得到的.因此,教学中应有意识地提示学生,从具体数字的同底数幂出发,利用数的乘方的意义,发现其中的规律性,最终得到对任何数都成立的同底数幂的乘法法则,这个过程使用的是归纳法;在代数的学习中,自觉地使用归纳法,既能使我们更有效地发现各种代数公式、法则等,同时也是培养发现和提出问题的能力的重要契机.

第 14 章"整式的乘法与因式分解"首先介绍整式乘法的基础知识,包括幂的运算性质,即同底数幂的乘法、幂的乘方和积的乘方,单项式、多项式的乘法运算法则,乘法公式.本章还介绍和整式乘法方向相反的运算,即因式分解,本章介绍因式分解最基本的两种方法:提公因式法和公式法.由于整式除法的复杂和困难,课程标准没有对此内容提出要求,人教版教科书则只涉及运算所必需的同底数幂的除法,另举例说明了某些简单情形的单项式除以单项式、多项式除以单项式的整式除法问题,对一般的整式除法问题不做系统的讨论.

在"整式的乘除与因式分解"一章的教学中,要让学生熟练掌握幂的运算性质、单项式与单项式的运算性质,做到正确、迅捷,为顺利进行多项式的乘法和后面的分式运算做准备.因式分解是解析式的一种恒等变形,因式分解不但在解方程等问题中极其重要,在数学科学其他问题和一般科学研究中也具有广泛应用,是重要的数学基础知识,但因式分解历来是初中数学的教学难点,要研究克服这个难点的办法,让学生确实打好基础.

二、宏观思考,构建整体研究思路

幂的运算是学习整式乘法的基础,而同底数幂的乘法是幂的运算的基础.同底数幂的乘法的性质是以乘方的意义以及幂、指数、底数等有关概念为基础的,其实质是将同底数幂的乘法运算转化为指数的加法运算,这一过程蕴含着化归转化思想.本节课经历同底数幂乘法性质的探究过程,应用了从具体到抽象的研究问题的方法,为后续学习其他整式乘法公式等相关内容带来借鉴作用.

"同底数幂的乘法"是人教版八上第十四章的第 1 课时,通过内容分析,本节课需要重点关注两个问题:一是构建"先行组织者",使学生明确本章的学习主线;二是要让学生掌握"同底数幂的乘法法则",落实"有效、有系统地算".训练运算技能是代数教学的基本任务,本节课的"训练点"在两个方面:一是"用同底数幂的乘法法则进行计算",关键是解决"把不同底转化为同底",这是知识与方法的角度;二是运算习惯的培养,与"数感""符号意识"等相关,具体可以从"先观察,后计算""先定符号,再算绝对值"等方面着手.教学设计中,要加强内容分析,落实好知识的发生发展过程的教学,并加强代数研究方法的指导,渗透代数的基本思想,潜移默化地培养学生自觉从数学角度认识问题和解决问题.

学生已经学过整式的概念、加减运算,从"数式通性"的角度说,学习同底数幂的乘法的基础(即数的乘方)很牢固,因此,本节课的教学设计采用"从整体出发,逐渐分化",即从整式运算的整体出发,引导学生从宏观到微观,逐步寻找整式的乘法所需要的逻辑基础,将研究的问题具体化,进而构建整体研究思路,然后再按照知识的逻辑顺序逐步展开学习.这种方式引入课题,不仅能体现数学的整体性,有利于创新精神和实践能力的培养,数学的思维训练价值得到充分发挥,而且也与学生的认知准备相适应,更能体现学习的自主性,也更能激发学生的学习主动性.

三、宏观设计,课堂教学微观落实

(一)创设情境,引入新课

1.回顾联想,类比引申.

师:从本章的标题"整式的乘法与因式分解"看,这一章会研究什么内容,与前面学过的哪些内容有关?

生 1:研究"整式的乘法"和"因式分解".

生 2:"整式的乘法"与"整式的加减"有关.

生 3:"因式分解"与"因数分解"有关.

师:"整式的加减"又与前面学过的什么内容有关?

生:数的运算.

板书:整式的乘法→整式的加减→数的运算.

因式分解→因数分解.

师:对于数的运算,我们学习了哪些内容?是怎样学习的(学习路径)?

生 1:数的加、减、乘、除、乘方、开方运算及运算律.

生 2:先学数的加减运算,再学数的乘除运算,最后学数的乘方、开方运算.

师:关于整式及其运算,我们已经学习了哪些知识?

生:单项式及其次数的概念、多项式的概念、整式的概念,整式的加减运算等.

师:整式的加减运算,实质上在做什么?用了哪些运算律?为什么可以用这些运算律?

生 1:整式的加减运算实质是合并同类项.

生 2:整式的加减运算用了加法的交换律和结合律;因为整式中的字母也代表数,所以整式的加减可以用数的运算律.

师:类比数的运算,你认为接下来可以研究整式的什么运算?

生:整式的乘法、除法.

2.展开联想,积极探究.

探究活动:下面有四个整式,从中任选两个构造乘法运算:

$$a^2, a^3, a^3+ab, a+ab$$

(1)你能写出哪些算式?(只需列式,不要求计算);

(2)试着将你写出的算式分类,你认为整式乘法有哪几种类型?

合作学习:小组活动,构造出一些整式的乘法算式,并归纳出整式的乘法包括单项式乘单项式、单项式乘多项式、多项式乘多项式.

师:单项式乘多项式和多项式乘多项式的会有哪些步骤呢?

小组讨论,师生总结:多项式乘多项式可利用分配律先转化为单项式乘多项式,再转化为单项式乘单项式.

板书:多项式乘多项式→单项式乘多项式→单项式乘单项式.

师:上述三类整式的乘法,以单项式乘单项式为基础.那么单项式的乘

积的基本类型又有哪些呢?

小组讨论:结合刚才的探究活动,师生总结单项式的乘积的基本类型有 $a^m \cdot a^n$,$(a^m)^n$,$(ab)^n$ 三类.

师小结:两个多项式相乘,我们先用分配律把它转化为单项式的乘积之和来计算.单项式的乘积的基本类型是 $a^m \cdot a^n$,$(a^m)^n$,$(ab)^n$,只要我们知道了它们的运算法则,就可以用乘法的交换律、结合律以及这些法则进行单项式的乘法运算了.本节课就先来研究 $a^m \cdot a^n$.

(二)交流对话,探究新知

1.运用乘方的意义计算.

(1)$10^3 \times 10^4 = ($ $)($ $) = $ _____ $= 10^{(\ \ )}$;

(2)$a^3 \times a^4 = ($ $)($ $) = $ _____ $= a^{(\ \ )}$;

(3)$10^m \times 10^n = ($ $)($ $) = $ _____ $= 10^{(\ \ )}$.

2.通过对以上过程的观察,你能发现什么规律吗? 你能用一个式子来表达这个规律吗? 你能解释为什么 $a^m \cdot a^n = a^{m+n}$ 吗?

3.回顾法则的探究过程,我们经历了怎样的过程?

生 1:经历从具体数字运算到字母表示,即"从特殊到一般"的过程.

生 2:经历"观察—类比—抽象—概括"的过程.

4.诵读法则并思考:法则的条件和结论分别是什么?

生:条件:①乘法;②同底数幂.结论:①底数不变;②指数相加.

(三)应用新知,体验成功

1.【辨一辨】下列各式哪些是同底数幂的乘法?

①$x^3 \cdot x^5$;②$x \cdot x^3$;③$x^3 + x^5$;④$x^2 - x^2$;⑤$(-x)^2 \cdot (-x)^3$.

2.【试一试】计算下列各式,结果用幂的形式表示.

①$x^2 \cdot x^5$;②$a \cdot a^6$;③$2 \times 2^4 \times 2^3$;④$x^m \cdot x^{3m+1}$.

3.【判一判】下面的计算对吗? 如果不对,怎样改正?

①$x^3 \cdot x^5 = x^{15}$ (   )

②$x \cdot x^3 = x^3$ (   )

③$x^3 + x^5 = x^8$ (   )

④$x^2 \cdot x^2 = 2x^4$ (   )

⑤$(-x)^2 \cdot (-x)^3 = (-x)^5 = -x^5$ (   )

4.【做一做】

(1)填空：

①$x^4 \cdot ($ $) = x^6$；②$x^m \cdot ($ $) = x^{3m}$；③$a^{n+1} \cdot a^{(\ \ )} = a^{2n+1}$．

(2)计算下列各式，结果用幂的形式表示．

①$(-m)^3 \cdot m^5$；②$y^4 \cdot y^3 \cdot y^2 \cdot y$；③$(x+y)^3 \cdot (x+y)^2$；④$(x-2y)^2 \cdot (2y-x)^3$．

（四）梳理小结，盘点收获

今天我们发现、归纳并运用了一个新的法则．

(1)法则的内容是什么？

生：同底数幂乘法的运算性质：

同底数幂相乘，底数不变，指数相加．

即：$a^m \cdot a^n = a^{m+n}$（m，n 都是正整数）．

(2)我们是怎么发现和归纳这个法则的？

生：从具体数字的同底数幂出发，利用数的乘方的意义，发现其中的规律性，最终得到对任何数都成立的同底数幂的乘法法则．

(3)在运用法则过程中要注意什么？

生 1：指数相加而不是相乘；

生 2：负数、分数乘方加括号；

生 3：运算性质逆用要灵活；

生 4：指数不写是 1．

（五）延伸思考，提升层次

(1)填空：

①$(-x)(-x^3)(-x^3)(-x^4) = $_____；

②若 $x^{m-2} \cdot x^{m+3} = x^9$，则 $m = $____；

③若 $a^m = 7$，$a^n = 2$，则 $a^{m+n} = $_____；

④当 $x = -\dfrac{1}{6}$，$y = -\dfrac{1}{3}$ 时，$(x+y) \cdot (x+y)^2 \cdot (x+y)^3$ 的值为 _____．

(2)计算：

①$3 \times 27 \times 9 = 3^x$，求 x；

②$x^n \cdot x^{n+1} + x^{2n} \cdot x$．

(3)已知 $2^a = 3$，$2^b = 5$，$2^c = 30$，求 a、b、c 之间的关系．

(4)幂的乘方、积的乘方也是计算单项式乘单项式的基础，它们的法则又是如何呢？请同学们类比同底数幂乘法的研究路径和方法自主探究.

第二节　"新授课"课堂教学实践

实施"关联数学"教学积极探索"基于情境、问题导向、深度思维、全面参与"数学教学基本模式,注重知识关联、思想关联、方法关联、应用关联,在课堂教学中落实"四基""四能",培养学生数学核心素养.

"基于情境、问题导向、深度思维、全面参与"数学教学基本模式的教学核心是围绕内容创设教学情境,从情境中提出高质量数学问题,把"质疑提问"贯穿于教学的全过程,培养学生的问题意识、提高学生提出问题与解决问题的能力.该模式主要有四个教学环节:创设情境、提出问题、解决问题、反思应用.四个教学环节有内在联系:创设情境是前提,提出问题是核心,解决问题是目标,反思应用是归宿.在教学过程中,教师导学(启发诱导、矫正解惑讲授),学生学习(质疑提问、自主合作探索),教师引导学生经历创设情境(观察、分析)、提出问题(探究、猜想)、解决问题(求解、验证)、反思应用(总结、提升)等教学过程,基本模式教学流程图如图 5-2-1 所示.

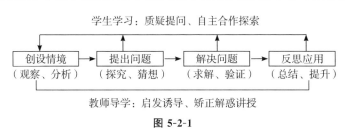

图 5-2-1

一、基于"关联数学"教学策略在课堂教学中的实践与思考

在本书第三章中提出实施"关联数学"的四条教学策略,下面结合"基于情境、问题导向、深度思维、全面参与"数学教学基本模式,以"6.3 实数

(第 1 课时)"教学设计与实施为例,分享"关联数学"教学策略在课堂教学中的实践与思考.

【案例 5-2-1】

"6.3 实数(第 1 课时)"教学设计与实施

教学环节一：创设情境,导入新课

问题 1：边长为 1 的正方形的对角线是多少呢?

追问：你是怎么得到的?

图 5-2-2

[师生活动]若学生答不出来.教师出示正方形图片(如图 5-2-2),提醒学生回顾本章第 6.1 节课本 P41 探究题:怎样用两个面积为 1 的小正方形拼成一个面积为 2 的大正方形? 这个大正方形的边长应该是多少呢?

按图 5-2-3 所示,很容易用两个面积为 1 的小正方形拼成一个面积为 2 的大正方形.

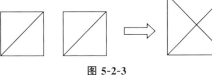
图 5-2-3

教师从 $\sqrt{2}$ 联想故事,介绍数学史和数系扩充,学生倾听,了解毕达哥拉斯及其学派,了解无理数产生的过程.教师与学生共同融入当时的历史事件中,了解真理和事实是不会被抹杀的.

问题 2：希伯索斯发现的到底是个什么数呢?

[设计意图]创设"边长为 1 的正方形的对角线是多少?"的问题导入新课,既能引导学生关注前后知识的联系,又让学生感受知识的发生发展过程,同时又为后面用数轴上的点表示 $\sqrt{2}$ 作铺垫.教师又从 $\sqrt{2}$ 联想故事,介绍毕达哥拉斯及其学派,让学生了解无理数产生的过程,挖掘数学知识的文化内涵,使学生感受丰富的数学文化的熏陶和科学精神,让学生开阔眼界、增长知识,增加探索知识的兴趣,由此导入本节课主题.

教学环节二：提出问题,探究新知

问题 3：$\sqrt{2}$ 与我们学过的数有什么关系?

请同学们先独立思考以下问题,再与小组同学交流意见.

(1)下面各数是有理数吗?

$3, -\dfrac{3}{5}, \dfrac{47}{8}, \dfrac{9}{11}, \dfrac{11}{90}, \dfrac{5}{9}, 0.1010010001\cdots$(相邻两个 1 之间 0 的个数逐次

加 1),π,$\sqrt{2}$

(2)什么是有理数? 有理数是怎样分类的?

(3)利用计算器,把上面的有理数写成小数的形式,你有什么发现?

(4)π 和 $\sqrt{2}$ 能用小数形式表示吗? 它们和 0.1010010001…(相邻两个 1 之间 0 的个数逐次加 1)有什么共同特征?

(5)什么叫无理数? 无理数与有理数有什么不同? 你能举出其他无理数的例子吗? 无理数常见表示方式有哪些?

(6)什么叫实数? 实数可以怎样分类,请你尝试写出来.

[师生活动]教师提出问题,学生独立思考,再小组同学交流意见,小组派代表回答问题.

教师引导学生观察,总结得出结论:任何一个有理数都可以写成有限小数或无限循环小数的形式;反过来,任何有限小数或无限循环小数也都是有理数.

学生思考、回答老师提出的问题后归纳:无限不循环小数叫作无理数,无理数还有很多,无理数也有正、负之分.目前无理数常见表示方式有三种:(1)化简后含有 π 的数,如 $-\dfrac{\pi}{5}$;(2)开方开不尽的数,如 $\sqrt{2}$;(3)无限不循环的小数形式,如 0.1010010001…(相邻两个 1 之间 0 的个数逐次加 1).

有理数和无理数统称为实数.学生思考,师生共同完善实数的分类.分类原则:不重不漏.

$$\text{实数}\begin{cases}\text{有理数} \quad \text{有限小数或无限循环小数}\\ \text{无理数} \quad \text{无限不循环小数}\end{cases}$$

$$\text{实数}\begin{cases}\text{正实数}\begin{cases}\text{正有理数}\\ \text{正无理数}\end{cases}\\ 0\\ \text{负实数}\begin{cases}\text{负有理数}\\ \text{负无理数}\end{cases}\end{cases}$$

[设计意图]通过把一些有理数转化成小数,与无限不循环小数作对比,为给出无理数概念作准备.

让学生回顾有理数的分类,既对有理数的正确判断提供依据,加强新旧知识联系,又为实数的分类作准备.

通过让学生参与无理数概念的建立和发现数系扩充必要性的过程,激发学生对数学学习的兴趣,培养学生初步的发现能力.

通过与有理数的比较,引入无理数和实数的概念,对实数进行分类,体会类比思想和分类思想,培养学生从多角度思考问题,为他们以后更好地学习新知识作准备,同时也能使学生加深对无理数和实数的理解,体验知识之间的内在联系,初步形成对实数整体性的认识.

巩固练习一:

1.判断下列说法是否正确?

(1)实数不是有理数就是无理数.

(2)无限小数都是无理数.

(3)无理数都是无限小数.

(4)带根号的数都是无理数.

(5)无理数一定都带根号.

(6)开方开不尽的数是无理数.

(7)$\dfrac{\sqrt{2}}{2}$是有理数.

2.把下列实数填在相应的集合里:

$-2.161661,2.16\overset{\cdot\cdot}{1},\dfrac{22}{7},-\sqrt{27},-1,\sqrt[3]{8},-\dfrac{\pi}{2},2.16166166661\cdots$(相邻两个 1 之间 6 的个数逐次加 1),0

有理数集合{ ⋯}

无理数集合{ ⋯}

正实数集合{ ⋯}

负实数集合{ ⋯}

[**师生活动**]教师出示练习,学生口答,并分析原因.

解题后师生共同小结:

(1)无理数需满足的条件有三个:①是小数;②是无限小数;③不循环.三个条件缺一不可.

(2)方法总结:正确理解实数和有理数的概念,做到分类不遗漏不重复.

[**设计意图**]通过对无理数概念和实数分类的练习与巩固,学生加深对无理数和实数概念的理解.

教学环节三:解决问题,深度理解

问题 4:我们知道,每个有理数都可以用数轴上的点来表示,那么无理数是否也可以用数轴上的点表示出来呢?你能在数轴上找到表示无理数 $\sqrt{2}$ 的点吗?

[**师生活动**]学生独立思考,尝试自己在数轴上表示,小组讨论交流;教师用多媒体动画演示.由前面问题 1 的引入,学生对借助正方形在数轴上表示 $\sqrt{2}$ 就容易理解了.

追问 1:你能在数轴上找到表示无理数 $-\sqrt{2}$ 的点吗?

提示:如图 5-2-4,以单位长度为边长画一个正方形,以原点为圆心,正方形的对角线为半径画弧,与正半轴的交点表示 $\sqrt{2}$,与负半轴的交点表示 $-\sqrt{2}$.

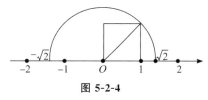

图 5-2-4

[**设计意图**]通过具体操作,让学生知道无理数 $\sqrt{2}$ 、 $-\sqrt{2}$ 也可以在数轴上表示.

追问 2:你能在数轴上找到表示无理数 π 的点吗?

提示:如图 5-2-5 所示,直径为 1 个单位长度的圆从原点沿数轴向右滚动一周,圆上的一点由原点到达点 O' ,点 O' 表示的数是什么? 由这个图示你能想到什么?

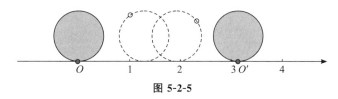

图 5-2-5

追问 3:你能在数轴上找到表示无理数 $-\pi$ 的点吗?

[**师生活动**]教师参与并指导实际操作,教师用多媒体课件演示圆滚动的过程.由图可知, OO' 的长是这个圆的周长 π ,所以 O' 点表示的数是 π ,由此可知,数轴上的点可以表示无理数 π ,也可以表示无理数 $-\pi$.由于学生知识水平的限制,他们不可能将所有无理数都用数轴上的点表示出来,将在以后的学习中学会表示其他无理数.通过解决问题 4 及 3 个追问后,教师帮学生梳理以下结论:事实上,每一个无理数都可以用数轴上的一个点表示出来,数轴上的点有些表示有理数,有些表示无理数.当数的范围从有理数扩充到实数以后,实数与数轴上的点是一一对应的,即每一个实数都可以用数轴上的一个点来表示;反过来,数轴上的每一个点都表示一个实数.

[**设计意图**]借助动画得出 $\sqrt{2}$ 和 π 的过程,找出数轴上的 $\sqrt{2}$ 和 π 的位置,体会无理数也可以用数轴上的点来表示,从而引发学生学习数学的兴趣,借助数轴对无理数 $-\sqrt{2}$ 和 $-\pi$ 进行研究,从形的角度,再一次体会无理

数;同时,也感受实数与数轴上的点的一一对应关系,学生从中体会数形结合思想.

追问4:数轴上两个实数怎样比较大小?

试用"夹值法"或计算器估算下列各数的值,按从小到大的顺序排列,并找到数轴上与之对应的点(如图5-2-6):

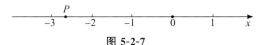

图 5-2-6

$\sqrt{2}$,-1.5,$\sqrt{5}$,π,3

归纳:在数轴上表示的数,右边的数总比左边的大.这个结论在实数范围内也成立.

追问5:你们还有什么方法可以比较两个实数的大小吗?

交流后归纳:两个正实数的绝对值较大的值也较大;两个负实数的绝对值大的值反而小;正数大于零,负数小于零,正数大于负数.

[师生活动]教师出示问题,学生思考后回答.教师关注学生中的不同思路,学生分别讲解.学生类比有理数比较大小的法则,很容易给出实数比较大小的法则.

[设计意图]通过追问,使学生进一步领会实数与数轴上的点成一一对应关系,理解有理数的大小比较方法在实数范围内也适用.

巩固练习二:

(1)如图 5-2-7,数轴上点 P 表示的数可能是(   ).

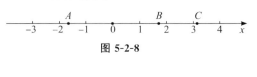

图 5-2-7

A.$\sqrt{7}$ B.$-\sqrt{7}$

C.-3.2 D.$-\sqrt{10}$

(2)如图 5-2-8,数轴上表示 $\sqrt{3}$ 的点是_____.

(3)如图 5-2-8,A,B,C 三个点都表示无理数,其中最小的无理数可能是点_____表示的数.

[师生活动]教师出示练习题,学生思考后逐一回答,并说明理由.

[设计意图]通过练习,使学生进一步领会实数与数轴上的点成一一对应关系.

教学环节四:反思总结,应用提升

问题 5:通过这节课的学习,你有哪些收获?

引导学生从以下方面思考:

(1)通过本节课的学习,你掌握了哪些新知识?

(2)本节课的学习与我们以前学过的哪些知识有联系?

(3)在本节课的学习中,你体会到了哪些数学思想方法?

[师生活动]学生思考后逐一回答,教师根据学生的回答可适当补充.本次活动中,教师应关注:

(1)学生对无理数和实数概念的理解程度;

(2)学生是否能够理性地倾听与思考;

(3)学生是否能够发现其中的数学问题,并有意识地运用所学知识解决;

(4)学生对知识的归纳、梳理和总结能力的提高;

(5)学生能否在本节知识的基础上主动思考,类比有理数的知识来学习实数.

[设计意图]使学生能回顾、总结、梳理所学的知识和数学思想方法,将所学的知识与已有的知识进行紧密联系,改善学生的学习方式.

布置作业:

1.必做题

课本第 57 页:习题 6.3 第 1、2、6、7 题.

思考:

(1)下节课我们应该继续研究实数的哪些内容呢?

(2)当数从有理数扩充到实数以后,相反数和绝对值的意义以及运算法则对于实数来说是否还适用呢?

2.选做题

(1)阅读课本 P58"阅读与思考",查阅有关资料,进一步了解无理数的发现过程,挖掘数学知识的文化内涵.

(2)思考:平面直角坐标系中的点与有序实数对之间也存在着一一对应关系吗?

[师生活动]教师布置作业,学生记录作业.

[设计意图]分层布置作业可满足不同层次的学生需求.学生通过课后完成作业巩固本节知识.提出的思考题富有启发性且具有探索意义,给学生留有继续学习的空间和兴趣,注重数学整体性,有利于培养学生思维和能力,培养学生数学核心素养.

本案例基于"关联数学"四条教学策略和"基于情境、问题导向、深度思维、全面参与"教学模式在课堂教学中的实践应用,突出体现以下四个方面:

(一)整体关联,注重数学教学整体化

本案例采用"基于情境、问题导向、深度思维、全面参与"教学模式,创设情境从"无理数的发现"出发,设计问题围绕本节课的核心内容"实数的概念、实数的分类、实数在数轴上的表示"开展教学,让学生经历知识发生发展过程.引导学生加强新旧知识联系,建构知识体系;类比已有学习经验,理解研究数学的基本套路.如通过与有理数类比的方法引入无理数、实数的概念,对实数进行分类,在数轴上表示实数,比较实数的大小;回顾拼图方法"把两个面积为 1 的小正方形拼成一个面积为 2 的大正方形,从而得到这个大正方形的边长为"引出"无理数的发现"的故事,又为后面用数轴上的点表示无理数作铺垫.又如教学环节四:从"新知识、新旧知识联系、数学思想方法"三个方面引导学生思考总结,突出知识关联、思想关联、方法关联;作业设计中提出的思考题富有启发性且具有探索意义,给学生留有继续学习的空间和兴趣.教学中注重渗透单元整体思想,体现数学整体性,有利于培养学生思维和能力,培养学生数学核心素养.

(二)情境关联,注重数学教学情境化

本案例注重从学生认知水平和亲身感受出发,创设学习情境,调动学生主动参与的积极性.如创设"边长为 1 的正方形的对角线是多少?"的问题导入新课,让学生感受知识的发生发展过程,同时又为后面用数轴上的点表示实数作铺垫;通过介绍毕达哥拉斯及其学派,让学生了解数系扩充和数学史,感受人类认识新概念的艰辛和数学发展的过程,感受丰富的数学文化的熏陶和科学精神,提高学生学习数学的兴趣.又如学生在有理数章节中已经学习了有理数可以用数轴上的点表示,所以在教学中充分发挥学生的主体意识,让学生主动参与学习活动,除了让学生看课件动画演示外,让学生动手实验操作,感悟知识的生成、发展和变化,自己探索得到结论——实数与数轴上的点的一一对应关系,从而培养学生自主探索的学习方法.

(三)本质关联,注重数学教学深度化

本案例从整体上把握教学内容,突出数学本质.数学知识的教学注重让学生对所学知识的理解,体会数学知识之间的关联.注重知识背后的数学思想、方法的贯通,引导学生进行学习内容逻辑线索的梳理,在课堂中落实"四基""四能",培养学生数学素养.如教学环节二:引导学生类比有理数的学习,引入无理数和实数的概念,对实数进行分类,了解分类原则,体会类比思想和分类思想,从学生最近发展区出发,学生能较好理解和掌握相关知识;经历从有理数扩充到实数的过程,体会数系扩充的重要性,发展数感;在形成实数概念的过程中,初步体会"无限"的思想.如教学环节三:通过在数轴上表示实数,经历实数与数轴上的点建立一一对应关系,认识无理数的几何意义,体会数形结合的思想,加强几何直观教学,培养学生空间想象能力.先让学生回忆有理数范围内数的大小的比较方法,体会在实数范围内这些比较两个数大小的方法依旧成立,在比较的过程中让学生体会一个很重要的数学思想:转化思想.

(四)问题关联,注重数学教学思维化

本案例围绕核心内容在学生思维最近发展区内设计 5 个问题开展教学,通过适当追问深度理解相关概念,问题反映内容的本质,有层次性,有可发展性,注意情境与问题的有机结合;设计开放性问题引领学生体验知识的形成过程,感受前后知识的有机联系.通过问题导向培养学生的逻辑思维,增强问题意识,提高学生发现问题、提出问题、分析问题与解决问题的能力.

二、基于逻辑推理素养的关键教学点设计与思考

在初中数学教学过程中,某知识内容范围内存在一个根本的或核心的教学点,它在教学过程起到"奠基、示范、归纳、引领、启迪"的作用,我们把这样的教学点称为关键教学点.从"知识"层面上看:关键教学点是学生在知识结构体系构建过程中,那些与前面知识联系紧密,对后续学习具有重大影响的数学知识、技能.从"策略"层面上看:关键教学点是在探索数学知识过程中,对学习方法引导、问题探究与发现有示范作用的一些具体操作模式、技巧.从"素养"层面上看:关键教学点是对学生终身受益的数学能力、思想.

推理是数学的基本思维方式,也是人们学习和生活中经常使用的思维方式.培养推理能力的实质是培养逻辑思维能力,是数学教育的一个重点,

是发展学生的逻辑思维能力的保障,是提高人的素质的基石.因此,开展基于逻辑推理素养的关键教学点实践研究有着重要的意义和价值.

实施"关联数学"教学注重关键教学点的研究,下面以人教版八年级上学期《§13.3.1 等腰三角形(第 1 课时)》为例,谈谈基于逻辑推理素养的关键教学点设计与思考.

【案例 5-2-2】

"等腰三角形的性质"教学设计与实施

一、选为关键教学点的理由

(一)知识技能层面

本节内容是在学生已经学习了三角形、全等三角形和轴对称的有关知识的基础上,进一步研究特殊的三角形——等腰三角形,研究等腰三角形的底角、底边上的中线、顶角平分线、底边上的高所具有的性质.它不仅是对前面所学知识的综合应用,也是后面研究等边三角形等轴对称图形的预备知识,同时也是今后证明线段相等、角相等及两直线垂直的重要手段.因此本节课具有承前启后的作用.

(二)数学能力层面

等腰三角形是学生学完轴对称之后研究的第一种轴对称图形,本节课的研究方法是今后学习其他轴对称图形的典范.利用轴对称研究图形性质是一种重要和常见的方法,将图形的变化与图形的性质有机结合,利用图形的变化得到图形的性质,再通过推理证明这些结论,推理论证在培养逻辑思维能力方面起着重要作用.本节课在学生探索和证明等腰三角形的性质的过程中,经历实验、观察、猜想、归纳、推理、证明的认识图形的全过程,完成好由实验几何到论证几何的过渡,既让学生体会研究几何图形的思路与方法,又实现提升学生推理意识和推理能力的目的.

(三)数学思想层面

借助等腰三角形的轴对称性发现等腰三角形的性质,并获得添加辅助线的方法,然后利用三角形全等的方法来证明,体会轴对称在研究几何问题中的作用,领悟转化思想在学习数学中的价值,培养逻辑思维.在探索等腰三角形性质活动中,让学生在反复比较的过程中发现等腰三角形共同的、本质的特征,感受认识事物由特殊到一般的归纳发现过程,培养学生抽象概括能力,体会归纳推理(合情推理)在发现问题、提出问题中的重要作用.让学生真正理解"三线合一"的含义,引导学生将性质2分解为三个命题并逐一证明,体会分类思想和等腰三角形性质2的内容实质,发展逻辑思维能力.

二、基于逻辑推理素养的教学策略分析

(1)在探究发现"等腰三角形性质"活动中,学生已有对轴对称图形性质的认知基础,通过操作、观察、猜想、归纳等活动,让学生体会合情推理,总结出等腰三角形的性质.

(2)在证明"等腰三角形性质"活动中,学生经历知识"再发现"过程及发现等腰三角形性质的基础上,经过推理证明等腰三角形的性质,将证明作为探索活动的自然延续和必要发展,发展演绎推理能力,感受证明的必要性、证明过程的严谨性以及结论的确定性.

三、基于逻辑推理素养的教学过程设计

(一)创设情境,引入新知

问题1:三角形是轴对称图形吗?

追问1:什么样的三角形是轴对称图形?

追问2:满足什么条件的三角形是等腰三角形?

追问3:等腰三角形有哪些性质?

[设计意图]从学生已学内容引入课题,激发学生的学习兴趣,让学生感到数学的整体性,理解数学知识之间的联系,培养逻辑思维.

(二)动手操作,探究性质

问题2:请你准备一张长方形的纸,怎么剪出一个等腰三角形? 试一试.

【活动1】如图5-2-9,把一张长方形的纸板按图中虚线对折,并剪下阴影部分,再把它展开,所得到的三角形是什么三角形? 为什么?

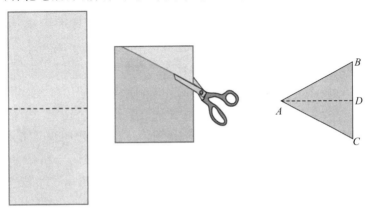

图5-2-9

问题 3：仔细观察自己剪出的等腰三角形纸片，你能发现这个等腰三角形有什么特征吗？

找一找：如图 5-2-10，把剪出的等腰三角形 ABC 沿折痕对折，找出其中重合的线段和角填在表 5-2-1 中相应位置.

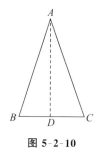

表 5-2-1

重合的线段	重合的角

图 5-2-10

追问：剪下来的等腰三角形纸片大小不同、形状各异，是否都具有上述所概括的特征？

【活动 2】在一张白纸上任意画一个等腰三角形，把它剪下来，折一折，上面得出的结论仍然成立吗？由此你能概括出等腰三角形的性质吗？

[设计意图]让学生经历剪、折、画、量等直观方法，探究发现等腰三角形的性质，经历由特殊到一般的过程，在反复验证的过程中发现等腰三角形的性质，体会合情推理，培养学生的抽象概括能力和思维能力.

（三）逻辑推理，证明性质

问题 4：利用等腰三角形的轴对称性，通过实验操作的方法，我们发现并概括出等腰三角形的性质 1 和性质 2.对于性质 1，你能通过严格的逻辑推理证明这个结论吗？

(1)你能根据结论画出图形，写出已知、求证吗？

(2)结合所画的图形，你认为证明两个底角相等的思路是什么？

(3)如何在一个等腰三角形中构造出两个全等三角形呢？

从折纸、剪纸的过程中你能获得什么启发？

追问 1：你还有其他方法证明性质 1 吗？

追问 2：你能用类似证明性质 1 的方法证明性质 2 吗？

追问 3：性质 2 可以分解为哪三个命题？请你证明"等腰三角形底边上的中线也是底边上的高和顶角平分线".(另外两个命题的证明课后完成.)

追问 4：在等腰三角形性质的探索过程和证明过程中，"折痕"和"辅助线"发挥了非常重要的作用，由此你发现等腰三角形是什么图形？

追问 5：等腰三角形的性质有什么作用？

[设计意图]经过演绎、推理、证明等腰三角形性质,使得推理证明成为学生观察、实验、探究得出结论的自然延伸,发展学生演绎推理能力.在运用不同的方法证明性质 1 的过程中提高思维的深刻性和广阔性,形成有论据、有条理、合乎逻辑的思维品质;引导学生把性质 2 分解成三个命题进行证明,加深学生对性质 2 的理解,体会命题证明的完整过程,提高证明命题的能力,掌握推理的基本表达形式.追问 4 让学生理解等腰三角形的轴对称性,并体会它在探索和证明等腰三角形性质的过程中的重要作用;追问 5 让学生理解探究等腰三角形性质的意义,在以后的证明和计算中自觉地加以运用,培养发现问题和提出问题、分析问题和解决问题的能力.

（四）应用性质，巩固新知

练习 1　填空：

(1)已知△ABC 中,AB=AC,∠A=36°,则∠B=＿＿＿°；

(2)已知△ABC 中,AB=AC,∠B=35°,则∠A=＿＿＿°；

(3)已知等腰三角形的一个内角为 80°,则它的另外两个内角的度数分别是＿＿＿＿＿.

练习 2　如图 5-2-11,△ABD 是等腰直角三角形(AB=AD,∠BAD=90°),AC 是底边 BD 上的高,标出∠B,∠D,∠BAC,∠DAC 的度数,并写出图中所有相等的线段.

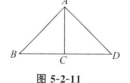

图 5-2-11

师生活动：学生回答,相互补充,说明理由.

[设计意图]加深学生对等腰三角形性质的理解,增强知识的应用意识.

练习 3　如图 5-2-12,在△ABC 中,AB=AC,点 D 在 AC 上,且 BD=BC=AD,求△ABC 各角的度数.

师生活动：学生独立解答,相互交流,教师适时点拨.

[设计意图]用设未知数的方法求出等腰三角形角的度数,体现方程思想,让学生初步体会用代数的知识来解决几何问题.

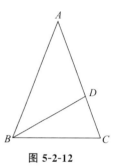

图 5-2-12

（五）反思总结，能力提升

教师和学生一起回顾本节课所学主要内容,并请学生回答以下问题：

（1）本节课学习了哪些主要内容？

（2）等腰三角形有哪些性质？我们是怎么探究和证明等腰三角形的性质的？

（3）到今天为止,你学到了哪些证明线段相等或角相等的方法？

师生活动：学生自主小结,教师适时点评、补充.

[**设计意图**]通过小结,梳理本节课所学内容和探究方法,加深学生对等腰三角形性质的理解,养成及时小结、反思的良好习惯.

（六）课后作业

（1）判断下列说法是否正确：

①在 $\triangle ABC$ 中,若 $AB = AC$,则 $\angle A = \angle B$.（　　　　）

②等腰三角形的角平分线、中线、高相互重合.（　　　　）

[**设计意图**]本题主要考查学生对等腰三角形性质的理解.

（2）若等腰三角形的底角为 $50°$,则它的顶角为＿＿＿＿＿°;若顶角为 $50°$,则它的底角为＿＿＿＿°.

[**设计意图**]本题主要考查学生对等腰三角形性质及三角形内角和的理解.

（3）等腰三角形的一个角为 $20°$,它的另外两个角为＿＿＿＿;等腰三角形的一个角为 $100°$,它的另外两个角为＿＿＿＿＿.

[**设计意图**]本题主要考查等腰三角形的性质、三角形内角和定理及分类讨论的思想.

（4）已知：如图 5-2-13,$AB = AC,AD = AE$.求证：$BD = CE$.

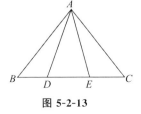

图 5-2-13

[**设计意图**]本题主要让学生体会：在证线段相等时不一定要证全等,条件允许时,用等腰三角的性质来证明更简便.

（5）如图 5-2-14,在等腰三角形 ABC 中,$AB = AC$,点 D 为 BC 的中点.

①猜想一下：点 D 到两腰的距离 DE 与 DF 相等吗？

②如果 DE,DF 分别是 AB,AC 上的中线或 $\angle ADB$、$\angle ADC$ 的平分线,它们还相等吗？

③如果将点 D 沿 AD 由 D 向 A 运动到 D',那么点 D' 到两腰的距离还相等吗？试说明理由.

[**设计意图**]本题3个小题进行变式训练,主要考查等腰三角形的性质,角平分线的性质定理、全等三角形

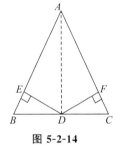

图 5-2-14

的判定与性质.

(6)已知等腰三角形一腰上的中线将三角形的周长分为 9 和 15 两部分,求这个等腰三角形的底边长和腰长.

[设计意图]本题主要考查等腰三角形的性质,三角形的周长、分类讨论思想和方程思想.

本案例抓住培养逻辑推理素养的关键问题,让学生经历剪、折、画、量等直观方法,探究发现等腰三角形的性质,经历由特殊到一般的过程,在反复验证的过程中发现等腰三角形的性质,体会合情推理;在探索结论、猜想等腰三角形性质的基础上,经过推理证明等腰三角形性质,使得推理证明成为学生观察、实验、探究得出结论的自然延伸,发展学生演绎推理能力.通过观察与思考、操作与探究、猜想与证明等活动,学生完整体验合情推理和演绎推理的全过程,实现提升学生推理意识和推理能力的目的.培养学生逻辑推理核心素养,就是要培养学生能够发现问题、提出问题、分析问题和解决问题的能力.教学中教师要创设蕴含合情推理元素的问题情境,让学生在解决问题的过程中,体验合情推理和演绎推理的全过程,经历发现问题、提出问题、分析问题和解决问题的全过程并内化为推理能力.

三、类比教学,方法关联

"类比是伟大的引路人."波利亚曾这样形容类比推理.在数学教学过程中,我们常常会有"似曾相识"的感觉,而且在不同分支、不同领域中会感到某种类似的成分.如果我们把这些类似进行比较,加以联想的话可能出现许多意想不到的结果和方法,这种把类似进行比较、联想,由一个数学对象已知特殊性质迁移到另一个数学对象上去,从而获得另一个对象的性质的方法就是类比法.类比法不仅是一种以特殊到特殊的推理方法,也是一种寻求解题思路,猜测问题答案或结论的发现方法.类比方法在数学教学中应用非常广泛,对培养学生数学兴趣和思维能力有显著作用.

实施"关联数学"教学中,重视引导学生用类比方法把知识和技能从原有的已知对象转换到未知对象中,使学生在自主探究中体会类比的魅力.下面以"旋转的概念与性质"教学为例.

【案例 5-2-3】

"旋转的概念与性质"教学设计与实施

环节一：创设情境，回顾复习

课件展示平移、轴对称、旋转三种变换的生活实例，引导学生回顾平移与轴对称的相关知识．

[设计意图]调动学生学习的积极性，激发学生的学习兴趣；让学生感受数学与生活的联系，认识研究图形旋转的价值．

（一）平移的概念与性质

（1）将一个图形整体沿某一直线方向移动 ＿＿＿＿＿＿＿＿，图形的这种移动，叫作平移．

（2）平移的两要素：平移的 ＿＿＿＿＿＿＿＿，平移的 ＿＿＿＿＿＿＿＿．

（3）平移的性质：

①平移前、后的两个图形 ＿＿＿＿＿＿＿＿；

②连接两组对应点的线段 ＿＿＿＿＿＿＿＿＿＿＿＿＿．

（4）如图 5-2-15，平移 $\triangle ABC$ 得到 $\triangle A'B'C'$，使点 C 移动到点 C'，则：

①$\triangle ABC$ 与 $\triangle A'B'C'$ 形状和大小有什么关系？＿＿＿＿＿＿＿＿＿ ＿＿＿＿＿＿＿＿．

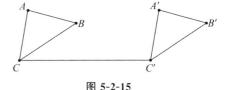

图 5-2-15

②$\angle BCA =$ ＿＿＿＿，$\angle BAC =$ ＿＿＿＿，$\angle CBA =$ ＿＿＿＿．

③线段 AB 与 $A'B'$，BC 与 $B'C'$，AC 与 $A'C'$ 有什么关系？＿＿＿＿＿＿ ＿＿＿＿＿＿＿＿＿＿＿＿．

④连接 AA'，BB'，则线段 AA'，BB' 与线段 CC' 有什么关系？＿＿＿＿＿ ＿＿＿＿＿＿＿＿＿＿＿．

（二）轴对称的概念与性质

（1）把一个图形沿着某一条 ＿＿＿＿＿＿＿折叠，如果它能够与另一个图形重合，那么就说这两个图形关于这条 ＿＿＿＿＿＿＿（成轴）对称，这条 ＿＿＿＿＿＿＿叫作对称轴，折叠后重合的点是对应点，叫作对称点．如图 5-2-16，$\triangle ABC$ 与 ＿＿＿＿＿＿＿关于直线

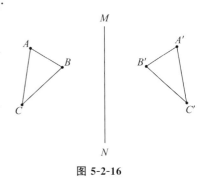

图 5-2-16

MN 成轴对称,_____是对称轴.

(2)轴对称的主要决定因素是_____.

(3)轴对称的性质:

①轴对称前、后的两个图形_____;

②连接对应点的线段被对称轴_____.

(4)如图 5-2-17,四边形 $ABCD$ 与四边形 $EFGH$ 关于直线 MN 对称.

①A,B,C,D 的对称点分别是_____,线段 AD,AB 的对应线段分别是_____,$CD=$_____,$\angle CBA=$____,$\angle ADC=$_____.

②连接 AE,BF,则 AE 与 BF 平行吗?为什么?

③若 AE 与 BF 平行,能说明轴对称图形对称点的连线一定互相平行吗?

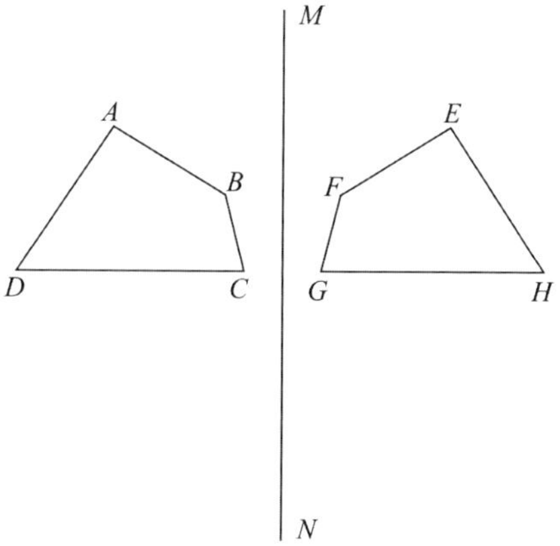

图 5-2-17

④延长线段 BC,FG 交于点 P,延长线段 AB,EF 交于点 Q,你有什么发现吗?

[设计意图]利用导学案引导学生回顾平移、轴对称的概念与性质;小组交流导学案课前完成"自主学习"部分的内容,总结"平移、轴对称的概念与性质"的研究内容与研究方法;培养学生的自主学习能力、小组合作学习能力和探究精神.

环节二:提出问题,自主探究

问题1:你能再举出一些旋转的例子吗?你能给旋转下定义吗?

[设计意图]明确研究旋转运动的必要性,为抽象出图形的旋转概念做准备.

(1)旋转的概念:把一个平面图形绕着平面内某一点 O 转动一个角度,叫作图形的_____,点 O 叫作_____,转动的角叫作_____.如果图形上的点 P 经过旋转变为点 P',那么这两个点叫作这个旋转的_____.

(2)旋转的三要素:旋转_____,旋转_____,旋转_____.

[设计意图]引导学生类比平移、轴对称的概念的研究内容与研究方

法,引导学生探究旋转的概念;通过课件展示从实例抽象出几何图形,让学生感受到点、线段、三角形分别绕一点按某个方向旋转一个角度的过程,从而尝试给旋转下定义;引导学生抓住旋转变换概念中三个关键词"定点、方向、角度"进行分析,使学生进一步认识旋转变换概念的本质,抓住旋转变换的三要素.在这个过程中学生经历了直观感知、抽象概括、形成概念、剖析概念四个环节,积累了数学活动的经验.

环节三:合作提升,解决问题

问题2:结合平移与轴对称的学习,你认为我们应该从什么角度研究"图形的旋转"的性质? 可以研究哪些性质? 应该如何研究这些性质?

[设计意图]让学生先明确研究的方向,再进行具体研究.

1.如图5-2-18,$\triangle ABC$ 绕点 O 按逆时针方向旋转得到$\triangle A'B'C'$.

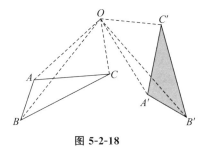

图 5-2-18

(1)在这个旋转过程中,旋转中心是_____,旋转角是_____,点 A,B 对应点分别是_____.

(2)请你仔细观察图形,认真思考后回答下面问题:

①$\triangle ABC$ 与 $\triangle A'B'C'$形状和大小有什么关系?

②线段 OA 与 OA',OB 与 OB',OC 与 OC'有什么关系?

③$\angle AOA'$,$\angle BOB'$与 $\angle COC'$有什么关系?

④连接 AA',则线段 AA'的垂直平分线必过哪个点? 线段 BB'和CC'也会有类似的结论吗?

2.根据第1题发现的结论,请你归纳旋转的性质:

(1)旋转前、后的图形_____.

(2)对应点到旋转中心的距离_____.

(3)对应点与旋转中心所连线段的夹角等于_____.

3.如图5-2-19,$\triangle ABC$ 为等边三角形,D 为$\triangle ABC$内一点,$\triangle ABD$ 经过旋转后到达$\triangle ACP$ 的位置,则:(1)旋转中心是_____;(2)旋转角度是_____度;(3)$\triangle ADP$是_____三角形.

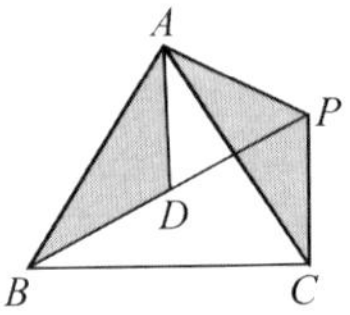

图 5-2-19

[设计意图]采用小组合作探究,小组派代表发言,其

他同学补充,教师及时点评,师生共同小结.类比平移、轴对称的性质的研究内容与研究方法,引导学生探究旋转的性质;设计动手操作、猜想验证、归纳总结等活动,同时借助多媒体课件动画演示,让学生感受从点的旋转到图形的旋转,从特殊到一般,经历观察、归纳、猜想、验证的数学学习过程,发展学生的合情推理能力和抽象概括能力.

环节四:引导发展,巩固提升

请你阅读下面材料,然后回答问题:

如图 5-2-20,把△ABC 沿直线 BC 平行移动线段 BC 的长度,可以变到△ECD 的位置.

如图 5-2-21,以 BC 为轴把△ABC 翻折 180°,可以变到△DBC 的位置.

如图 5-2-22,以 A 点为中心,把△ABC 逆时针旋转 90°,可以变到△AED 的位置.

像这样,其中一个三角形是由另一个三角形按平移、翻折、旋转等方法变成的,这种只改变位置,不改变形状和大小的图形变换,叫作三角形的全等变换.

如图 5-2-23,在正方形 ABCD 中,点 E 是 AD 的中点,点 F 是 BA 延长线上一点,$AF = \frac{1}{2}AB$.

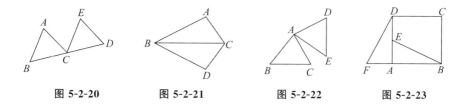

图 5-2-20　　　图 5-2-21　　　图 5-2-22　　　图 5-2-23

(1)要使△ABE 变到△ADF 的位置,可以通过平移、翻折、旋转中的哪一种方法来实现?

(2)指出线段 BE 与 DF 之间的关系,并说明理由.

[**设计意图**]学生独立完成"拓展提升"中的题目,展示个别学生解答过程,教师适当点评,师生共同总结解题思路与注意点,帮助学生进一步理解旋转的概念与性质,理解平移、轴对称、旋转都是全等变换,学会运用平移、轴对称、旋转的概念和性质解决简单的实际问题.

环节五:反思总结,成效评价

(1)请根据内容提示填表 5-2-2.

表 5-2-2　图形变换

图形变换名称	概　念	要　素	性　质
平　移			
轴对称			
旋　转			

(2)平移、轴对称、旋转都是全等变换(即不改变图形的_____和
_____).

(3)请你总结一下本节课研究问题的过程.

(4)研究"图形的旋转"的概念的基本步骤是什么?

(5)"旋转的性质"指什么? 我们是如何研究的? 你认为可以用这些性质解决哪些几何问题?

[设计意图]引导学生总结本节课的主要内容,体会类比的学习方法;通过表格对比平移、轴对称、旋转的相同点和不同点,帮助学生进一步形成图形变化的知识体系;帮助学生建立知识间的整体认识,发现联系,关注联系,使学习更系统;引导学生进行研究方法总结,使学生在学会数学知识的同时,学会数学地认识和解决问题的方法,真正体现"学会学习"的育人目标.

本案例通过类比平移和轴对称去研究旋转,向学生渗透类比是发现解决问题方法的重要途径,同时渗透获得定义的一种思想方法——从具体实例中归纳概括本质属性.通过类比平移、轴对称的概念与性质的研究内容、研究方法,引导学生探究旋转的概念与性质,培养学生的自主学习能力、小组合作学习能力和探究精神.教学中既要落实基础知识,又要培养学生能力,将学习过程与学生发展终极目标进行整合,有利于实现学生的成长和发展.本案例类比教学从五个方面突出方法关联.

(一)课题引入的方法

关于课题引入,时下流行的是"情境引入",往往展示一些现实情境,并要求学生举出生活实例,然后从中抽象出研究的对象,再提出学习任务.大部分版本的教材也是按照这样的思路编写的.章建跃教授在一篇文章中曾

经提出,对"从现实引入"的更全面认识,应从数学知识的发生发展过程需要来考虑,这个"现实"既可以是"生活的现实",也可以是"数学的现实".这里,生活的现实应该是学生熟悉的,是与当前学习内容紧密相关的,而且要尽量避免人为编造;"数学的现实"是在数学知识发展过程中自然而然地提出的问题.随着数学学习的不断深入,学习内容的抽象程度不断提高,更应强调从数学知识发展的逻辑必然性中提出问题.本案例的引入综合考虑了"生活的现实"和"数学的现实",让学生感受数学与生活现实相关联,又注重类比学习方法的指导.每节课都可以有不同的引入方式,但不同的引入方式能反映不同的教学观,产生不同的教学效果.在"理解数学,理解学生,理解教学"的基础上开展教学设计和课堂教学的实践研究,是一项长期的任务.

(二)概念的形成过程

平移、轴对称和旋转三种图形变换都是现实生活中广泛存在的现象.本案例从生活中的旋转现象抽象出旋转的定义,让学生真正体验到数学来源于生活.开课伊始,通过欣赏漂亮的图片,让学生直观形成了知识的表象,为新课教学做了良好铺垫.教学中利用课件动画演示,引导学生先利用荡秋千(点的旋转)、刮水器(线的旋转)探索旋转的三要素,再上升到图形的旋转(面的旋转),学生知识的建构由浅入深,循序渐进,引导学生观察、分析、归纳,由感性认识上升到理性认识,自然地突破了教学的重难点.鼓励学生用简洁的语言概括旋转的特点,在学生头脑中形成旋转的概念,最终抽象出旋转的定义;引导学生抓住旋转变换概念中三个关键词"定点、方向、角度"进行分析,使学生进一步认识旋转变换概念的本质,抓住旋转变换的三要素.在这个过程中,学生经历了直观感知、抽象概括、形成概念、剖析概念四个环节,积累了数学活动的经验.

(三)性质的探究方法

本案例利用课件动画演示进行旋转变换的实际操作演示,帮助学生理解旋转的定义及性质;精心设计探究活动,通过亲自动手操作、观察猜想、独立思考、合作交流等活动探究、发现、归纳旋转的性质,注重学生对所学知识的理解;通过恰当的例题、习题,将复杂图形的旋转最终归为点的旋转;引导鼓励学生积极思考,激发好奇心,将题目进行变式拓展,引导学生从不同的角度、从不同的层次进行分析问题、解决问题,从而突破难点.在探索旋转性质教学中,学生经历动手操作、猜测验证等数学活动,始终以一个探索者、发现者的角色投入学习活动,学得高效、学得深入,学得兴奋.学生获得知识必须建立在自己思考的基础上,只有亲身参与教师精心设计的教学活动,才能在数学思考、问题解决、情感态度等方面得到发展.学生对知识的理解巩固还需要多次经历类似的活动,因此教师设置一些相应的数学问题是十分必要的.利用数学性质学习过程的探究经历是提高学生探究能力的重要途径.我们可以在创设探究情境、探究载体、探究方法、探究途径等方面加以努力,针对不同类型的数学性质特点,创设丰富多样的探究情境,以提高学生的探究兴趣和积极参与的热情,让每一个有探究价值的数学性质的学习都成为学生经历知识的发生、发展的过程,从而潜移默化地提升学生的探究能力.

(四)小结的方式方法

本案例通过表格对比平移、轴对称、旋转的相同点和不同点,引导学生总结本节课的主要内容,体会类比的学习方法;帮助学生进一步形成图形变化的知识体系,建立知识间的整体认识,发现联系,关注联系,使学习更系统.

在初中数学课堂教学中,课堂小结这一环节对整节课能起到"收口""点睛"的作用.它不仅可以帮助学生掌握具体的知识技能,还可以促进认知结构体系的形成和完善、新知识模块的建立和掌握、解题技能和思想方法的提炼优化等.但实际教学中教师对课堂小结还没有引起足够的重视,频频出现"通过这节课,你学到了什么? 有什么收获?"等流于形式的课堂小结.本来这样的小结也无可厚非,只要教师引导得好,把时间恰当地留给学生进行归纳总结,也是很好的课堂小结,但由于教师留给学生课堂小结的时间太短太少,导致课堂小结就成了学生简单总结知识点的过场戏.我觉得好的课堂小结是教师和学生对一节课的高度梳理和概括的重要环节,是发现后继问题,是前后知识纵横联系的必要阶段,它能把学生学到的零散知识进行数学建构,内化到学生自身的知识系统中去.因此,数学教师要高度重视数学课堂小结,让课堂小结也精彩起来.在新的课程标准中,课程目标包括知识与技能、过程与方法、情感态度与价值观的三位一体的综合目标.因此,在进行课堂小结时,也应该紧扣目标达成进行小结.数学教师进行课堂小结设计时可重点关注以下几方面内容:①对本节新知识的梳理,对定义、定理、法则、性质等知识内容进行简单的梳理,形成一个知识网络;②对本节课所渗透的数学思想及方法进行总结梳理,这是深化学生思维的重要内容;③对本节课进行纵横的综合联系,抒发学习感受;④在数学习题课、讲评课及某些新授课中,对于经典的数学习题的小结也非常重要.比如:一题多解、一题多变、经典的生活背景题目等.总之,只要教师把数学课堂小结重视起来,利用课堂小结,让学生梳理知识,体验过程与方法,就能升华学生思维,达到画龙点睛的精彩效果.

(五)能力培养的方法

本案例将平移、轴对称和旋转三方面内容整合在一起,通过类比平移、轴对称的概念与性质的研究内容、研究方法,引导学生探究旋转的概念与性质,培养学生的自主学习能力、小组合作学习能力和探究精神.探索旋转性质的环节,引导学生通过动手画图并借助多媒体课件动画演示,从点的旋转到图形的旋转,从特殊到一般,经历观察、归纳、猜想、验证的数学学习过程,发展学生的合情推理能力和抽象概括能力.三角形绕点旋转的作图环节,充分发挥了学生思维的多样性,由组内交流互补完成了对旋转中心不同位置的分类,使学生经历分类的过程,体会分类的方法.

第三节　"复习课"课堂教学实践

"复习"一词在《现代汉语词典》的解释为"重复学习学过的东西,使巩固".复习就是重复,因为重复才能巩固和熟练.复习又不能机械重复,因为机械重复容易让学生感觉枯燥,从而丧失兴趣,会把能力培养降格为技能训练,从而扼杀学生的创新意识.因此,复习需要重复而又不能重复,应复而不重.复习课既要帮助学生回顾和整理知识,对所学知识能获得一个系统化、网格化、螺旋式的整合和提升,同时又要引导学生学会运用知识,提炼思想方法,提高学生综合能力,培育数学核心素养.

实施"关联数学"复习教学以建立知识联系和发展学生数学素养为教学立意,以问题串的形式呈现预设的教学过程,帮助学生在问题的引领下回忆和运用知识,建立相关知识的联系,形成完整的认知结构;以知识为载体,以问题为抓手、以探究为方法,让学生在经历提出并解决问题的探究过程中感悟数学解题策略,提炼数学思想方法,提升问题解决能力,发展数学核心素养.

一、"基于情境、问题导向、深度思维、全面参与"复习教学模式实践

实施"关联数学"教学在复习教学中也积极探索"基于情境、问题导向、深度思维、全面参与"数学教学基本模式,基础知识系统化、基本技能自动化、基本思维策略化、基本题型模式化、基本思想大众化.

下面以"二次函数专题复习"为例,展示"基于情境、问题导向、深度思维、全面参与"的教育教学模式在中考复习课的教学实践.

【案例 5-3-1】

"二次函数专题复习"教学设计与实施

教学环节一:创设情境,建构知识体系

实物投影展示个别学生思维导图,互相交流评价,引导学生梳理二次函数相关知识点,建构知识体系.

【设计意图】课前学生自制思维导图,上课展示个别学生思维导图,互相交流评价,引导学生梳理二次函数相关知识点,建构知识体系,展示知识关联.

教学环节二:创设情境,梳理基础知识

1.由数到形

(人教版九上数学 P47 第 5 题改编)请研究二次函数 $y=x^2-2x-3$ 的图象及其性质,并尽可能多地写出有关结论.

【设计意图】引导学生由数想形,结合具体函数复习二次函数的图象和性质;开放性问题,有利于培养学生发散性思维,同时可以满足不同层次的学生需求.

思考方向:

(1)图象的开口方向;　　(2)顶点坐标;

(3)对称轴;　　(4)图象与 x 轴的交点;

(5)图象与 y 轴的交点;　　(6)增减性;

(7)最大值或最小值;　　(8) y 的正负性;

(9)方程 $x^2-2x-3=0$ 的解;　(10)图象的平移;

(11)对称抛物线;

(12)图象与 y 轴的交点关于对称轴的对称点坐标；

......

2.由形到数

问题1:如图5-3-1,观察该二次函数图象,你能获得哪些信息?

【设计意图】由形想数,让学生看图说话,再次复习二次函数的主要性质,凸显知识之间的内部关联;设置开放性问题,引发学生发散性思考,引导学生将"零散、机械、单一和肤浅"的认知"连成线",也为后面复习与探究奠定基础.

问题2:如图5-3-1,你能求出二次函数表达式吗?

追问1:为什么?

追问2:若不能,请你添加一个条件,使得二次函数表达式能够求出来.

追问3:若添加条件 $B(3,0)$,你能用不同方法求二次函数表达式吗?

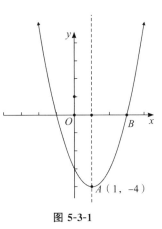

图 5-3-1

【设计意图】由于图中所给的条件信息并不完整,引发了学生的认知冲突,又为接下来将问题具体化,即"添加条件,解决问题"埋下伏笔.通过引导性追问,将问题逐步分解,后退至学生认知可及之处;通过师生共同探究发现了新问题——需要添加条件,进而分别用三种表达形式解决问题,由此加深了学生对"待定系数法"及二次函数三种表达式意义的理解.

教学环节三:提出问题,尝试探究

问题3:如图5-3-2,设抛物线 $y=x^2-2x-3$ 与 y 轴交于点 C ,作直线 BC 交对称轴于点 D ,你能提出什么问题?

【设计意图】这是学生熟悉的情境,与前面的问题也有关联,让学生尝试自己提出问题、解决问题;这又是一个较开放的问题,学生可从不同角度提出诸如"点 C ,点 D 坐标是什么?""直线 BC 的解析式是什么?""二次函数值大于一次函数值时 x 的取值范围是什么?""△OBC 的周长为多少""△OBC 的面积为多少"等问题.在求△OBC 面积时要求线段长,必须知道点的坐标,从而引出求图

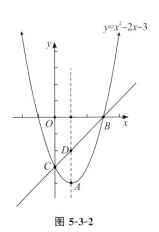

图 5-3-2

形面积的方法:先求点的坐标,再表示或求线段长,强化了线段长与坐标转化的通性通法.而这个方法不局限于二次函数,对所有函数都适用,实质是将"形"的问题与"数"的问题互相转化.

问题4:如图5-3-3,连接AB,AC,你又能提出什么问题?

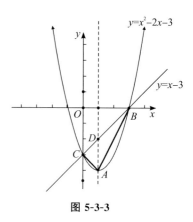

【设计意图】在问题3的基础上,学生容易提出"求$\triangle ABC$的周长、面积""求四边形$OBAC$的面积"等问题.求$\triangle ABC$的面积时,学生可从不同的角度寻求不同的解法,既可先判定$\triangle ABC$是直角三角形,再求面积;也可以用不同的割补方法求面积.求出$\triangle ABC$、四边形$OBAC$的面积后,教师及时对坐标系中的图形问题进行方法点拨:(1)研究路径:函数$\longleftrightarrow$点的坐标$\longleftrightarrow$线段长度

图 5-3-3

$\longleftrightarrow$三角形面积、四边形面积;(2)求斜线段的方法是"化斜为直";(3)不规则图形面积可以割补或转化.这个过程就是将学生内在活动经验显性化并形成方法和策略,同时也为后面教学环节做铺垫.

教学环节四:拓展关联,深化探究

问题5:如图5-3-4,当点P在第四象限抛物线上运动时,你能得到什么结论?

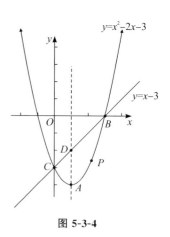

【设计意图】从定点研究到动点研究,在问题4的启发下,若连接CP,BP,如图5-3-5,可继续研究$\triangle BCP$,因为点P是动点,所以$\triangle BCP$的形状、面积会发生变化.由$\triangle BCP$的形状会发生变化可联想$\triangle BCP$何时出现特殊三角形,由$\triangle BCP$的面积会发生变化可联想$\triangle BCP$面积何时出现最大值.此时学生会提出如下问题:①当$\triangle BCP$为等腰三角形时,求点P的坐标;②当$\triangle BCP$为直角三角形时,求点

图 5-3-4

P的坐标;③当$S_{\triangle BCP}=S_{\triangle OBC}$时,求点$P$的坐标;④求$\triangle BCP$面积的最大值.

在求$\triangle BCP$最大面积时,引导学生分别将问题转化为"求二次函数最值"的代数法,"直线与抛物线相切"的几何法,通过不同方法的关联,让学生掌握求三角形面积最值的基本方法.同时渗透数学思想方法:求图形面积最值时,将几何问题通过建立函数模型转化为函数问题解决,体现了建模思想;对图形形状和关系的研究体现了分类思想.

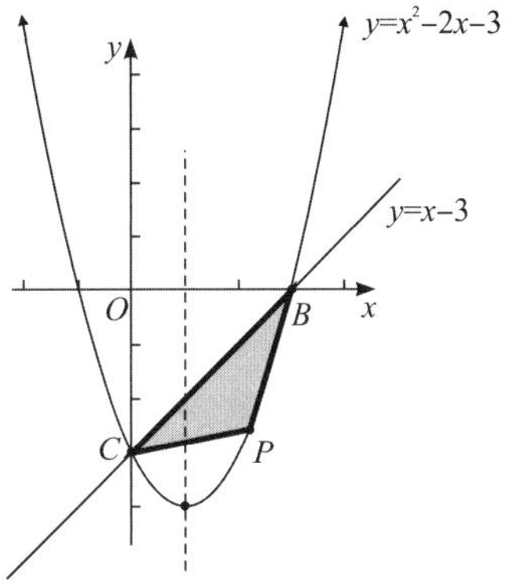

图 5-3-5

在探究 $\triangle BCP$ 的面积最大的问题时,学生根据已有经验,如图 5-3-6,过点 P 作 y 轴的平行线 PQ 交 BC 于点 Q,利用割补法可用 PQ 表示 $\triangle BCP$ 的面积,显然,当 PQ 最大时 $\triangle BCP$ 的面积也最大.求 $\triangle BCP$ 最大面积也可以引导学生作 BC 的平行线 l,类比直线与圆的位置关系,当直线 l 与抛物线只有一个公共点时 $\triangle BCP$ 面积最大.此时,过点 P 作 $PE \perp BC$ 于点 E,则当 PE 最大时 $\triangle BCP$ 的面积也最大.进一步引导学生发现 $\triangle BCP$ 的面积可以用 PQ 表示,也可以用 PE 表示.

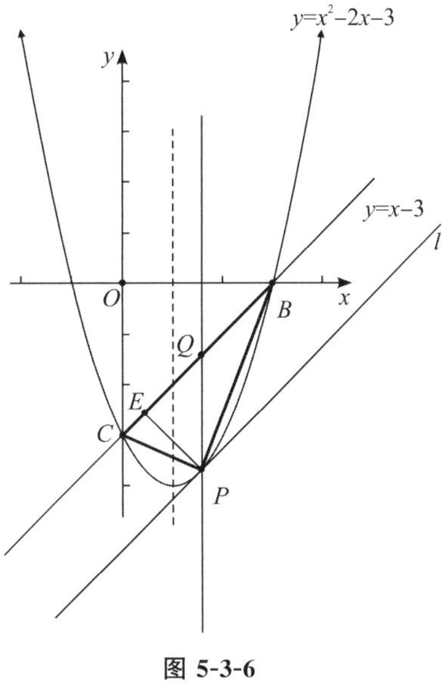

追问:PQ 与 PE 之间有关联吗?

【设计意图】通过教师设疑、追问、引导,由 $\triangle BCP$ 面积的两种求法可以发现 PQ 与 PE 之比等于 BC 与 OB 之比,即

$$S_{\triangle BCP} = \frac{1}{2}CB \cdot PE = \frac{1}{2}OB \cdot PQ \Rightarrow \frac{PQ}{PE}$$

$$= \frac{CB}{OB}.$$

图 5-3-6

因为直线 BC 已确定,所以 PQ 与 PE 之比是一个定值.这个过程,实现了学生对问题的认识由模糊到清晰、活动经验由低级到高级的飞跃.

当然该环节的教学要根据学生实际课堂表现灵活安排、合理取舍,教学中可利用几何画板动画演示点 P 的运动轨迹,让学生直观感受 $\triangle PBC$ 形状、面积的变化,对特殊三角形和面积取得最大值时点 P 所在的位置.

教学环节五:反思总结,提升运用

课堂小结:(引导学生从以下三方面进行思考)

(1)本节课我们复习了哪些知识？

(2)你学到哪些研究数学问题的思想方法？

(3)哪些能力得到提升？

【设计意图】通过3个问题引导学生对相关知识、方法和思维形成清晰的脉络，感悟知识关联、思想关联、方法关联，将经验结构化，有利于今后学习运用，进一步升华了活动经验、提升了思维品质，发展了数学核心素养.

本案例基于数学核心素养的教学，特别重视情境的创设和问题的提出.数学核心素养是在特定情境中表现出来的知识、能力和态度，只有通过合适的情境才有利于学生感悟和形成，设计情境和提出问题的目的是启发学生思考，设计情境和提出问题的根基是数学内容的本质.

（一）教学目标的达成

(1)本案例是二次函数复习课，在充分了解学生已有认知的基础上，整体把握知识之间的内在联系（思维导图绘制与展示交流），设置问题串引导学生理解数学知识的产生背景与形成过程、掌握数学知识的来龙去脉，即从哪里来、怎么来的，往哪里去、怎么去的.

(2)采用"基于情境、问题导向、深度思维、全面参与"数学教学模式，利用一课一图的形式，在问题驱动下（本节课从课本习题改编题入手，由数想形、由形想数，共设置5个问题4个追问），通过整体关联、经验助力，达成了学生积极思维、建构知识体系，提升学习能力的目的；通过点拨、引导，激活已有的知识经验、方法经验和思维经验，进而积累新的经验、形成新的能力，培养数学核心素养.

（二）重难点的突破

(1)本案例用一条主线（一课一图，一图五问）把复习的内容有机地串联起来，使知识间的联系更加紧密，突出反映二次函数的本质.以问题解决为载体，通过数学知识间的内部关联突破难点、建构新知、渗透思想、促进理解、提升能力，从而发展学生核心素养.

(2)贴近学生最近发展区设计问题串，给学生独立思考的时间，问题设计从易到难、层层递进，教师的设疑、追问、引导，揭示出知识、方法之间的关联，学生的思维品质得到了显著提升，实现了学生对问题的认识从模糊到清晰、活动经验由低级到高级的飞跃.

（3）课堂上大多数问题都是学生在探究过程中自主发现问题、自主提出问题、自主分析问题和解决问题，提升思维品质，落实课标"发现问题、提出问题、分析问题和解决问题"的能力要求，教师担当了引导者、组织者和参与者的角色.

（三）教学过程设计的思考

"基于情境、问题导向、深度思维、全面参与"数学教学模式的四个环节互相联系.创设情境是提出数学问题的基础，同时所提出一个好问题又可以作为一个新的数学情境呈现给学生；提出问题与解决问题形影相伴、携手共进；解决问题的过程中也可以发现和提出新的数学问题；应用数学知识解决实际问题本身就是一个解决数学问题的过程；在数学知识的应用过程中还可以提出有意义的数学问题，而一个好的数学应用问题本身又构成一个好的数学情境.简而言之，"基于情境、问题导向、深度思维、全面参与"数学教学就是以创设情境为基础，以数学问题为纽带的启发式教学.下面主要从情境创设、问题设计、整体关联三方面谈教学设计的思考.

1.情境创设的思考

本案例创设数学情境从两个角度入手：①思维导图的绘制、展示与交流：引导学生建构知识体系，培养学生总结、梳理能力；②课本习题改编题的使用：从学生熟悉的问题入手，引导学生从数到形，从形到数两个角度梳理二次函数的主要性质，利用"一课一图"展开教学，突出二次函数本质，符合学生认知过程，也为后面教学环节做铺垫.

2.问题设计的思考

（1）在学生思维最近发展区内以问题引导，激活已有活动经验.

学生已有的数学活动经验，可能会促进学生更加高效地积累新的、更高层次的数学活动经验，快速地理解掌握新的知识.因此，激活学生已有数学活动经验的过程显得尤为珍贵.本案例在复习二次函数基本知识时，教师给出图 5-3-1，学生观察图象，通过自主回顾与检索，自然复习了二次函数的基本性质，激活了二次函数的已有经验，为后续的拓展提升奠定认知基础.问题 3"作直线 BC 交对称轴于点 D，你能提出什么问题？"学生借助已有探究经验，提出了求"点 D 的坐标""直线 BC 的解析式""二次函数值大于一次函数值时 x 的取值范围""$\triangle OBC$ 的面积"等等.无论是新授课还是复习课，如果教师能够激活学生已有经验，就能使学习过程充满乐趣、渴望、想象和体验，为继续学习做好充分的心理和知识准备，进而达到事半功倍的效果.

(2)探究点拨,使学生从模仿过渡到自主提问

问题 2 老师提问:图 5-3-1 中给出顶点坐标能不能求二次函数表达式?分析不能原因后顺势添加了一个条件,并用三种方法求出函数表达式,让学生有了"柳暗花明又一村"的感觉,确定二次函数表达式条件的经验得到了进一步积累.从问题 2 到问题 3、问题 4,引导学生从模仿过渡到自主提问.

(3)反思运用,突出数学本质,发展数学素养

"数学活动经验很多都是内隐的.教学中,应当努力使隐性的活动经验显性化,才能将经验转化为可观察的、可落实的、可检测的数学能力."教师通过引导学生将问题拓展、将知识方法结构化,升华已有数学活动经验.在问题 4 中,学生尝试求出△ABC 的周长、面积后,教师及时对坐标系中的图形问题进行方法点拨:①研究路径:函数←→点的坐标←→线段长度←→三角形周长、面积;②求斜线段的方法是"化斜为直";③不规则图形面积可以割补或转化.这个过程就是将学生内在活动经验显性化并形成方法和策略.在探究△BCP 的面积最大的问题时,引导学生用两种方法表示△BCP的面积后追问:PQ 与 PE 之间有关联吗? 从而发现 PQ 与 PE 之比等于BC 与 OB 之比.通过问题拓展,学生思维得到有效训练,已有经验得到升华.在小结提升环节,教师通过 3 个问题引导学生对相关知识、方法和思维形成清晰的脉络,将经验结构化,进一步升华了活动经验、提升了思维品质、发展了数学核心素养.

3.以整体关联揭示数学本质

郑毓信教授说:"数学是外部力量与内部因素相互作用的结果."[14]这句话揭示了数学关联的本质.所谓"整体关联",就是整体把握知识之间的内在联系,理解数学知识的产生背景与形成过程、掌握数学知识的来龙去脉,即从哪里来、怎么来的,往哪里去、怎么去的.这就需要教师居高临下,高观点下理解前后学习内容的逻辑关系.这节课从知识、方法、思想、运用四个角度体现了"整体关联".

(1)知识关联,基础知识系统化

通过环节一、环节二的设计引导学生关联了二次函数的所有性质,这些都凸显了知识之间的内部关联.在环节四中,当学生用两种不同方法求出△BCP 面积的最大值后,教师适时追问:"PQ 与 PE 之间有关联吗?"学生在积极思考后发现:当 PQ 最大时△PBC 面积也最大,得出了由线到面的

关联,再适时引导探究 PE 最值与△PBC 面积的最值关系,进而体会 PE 的最值与 PQ 的最值之间的关系.初中数学中研究函数离不开图象.在解决图形问题时,通常需要勾股定理、三角形相似、三角函数等知识,所有这些知识都在二次函数背景下有了关联.通过问题引导,巧妙地揭示出知识、方法之间的关联,学生的思维品质得到了显著提升.

(2)方法关联,基本技能自动化

在求二次函数关系式时,引导学生回顾求一次函数关系式的方法,进而通过类比得出,求二次函数关系式也要寻找点的坐标,两者在待定系数法上发生了关联;二次函数和一次函数的交点坐标的求法是转化为方程组求解,两者在方程模型上发生了关联;二次函数与一次函数的函数值结合图象比较大小,两者在由"数"转"形"上发生了关联.在求△OBC 面积时要求线段长,必须知道点的坐标,从而引出求图形面积的方法:先求点的坐标,再表示或求线段长,强化了线段长与坐标转化的通性通法.而这个方法不局限于二次函数,对所有函数都适用,实质是将"形"的问题与"数"的问题互相转化.在求△BCP 最大面积时,引导学生分别将问题转化为"求二次函数最值"的代数法,"直线与抛物线相切"的几何法,通过不同方法的关联,让学生掌握求三角形面积最值的基本方法.所有这些,充分彰显了方法的关联.

(3)思想关联,基本思想大众化

在整个教学过程中,注重数学思想方法的渗透.如函数问题结合图象研究,如两个函数值的大小比较、线段长与点的坐标的转化、图形面积问题等,体现了数形结合思想;求图形积最值时,将几何问题通过建立函数模型转化为函数问题解决,体现了建模思想;对图形形状和关系的研究体现了分类思想;从一般函数图象研究到具体函数的研究体现了由一般到特殊的思想;从研究定点问题到研究动点问题体现了由特殊到一般的思想;等等.

(4)运用关联,基本思维策略化、基本题型模式化

本案例通过问题导向,引导学生用所学的知识、思想方法解决问题,学以致用;同时对解决问题的思想方法及时总结升华形成新的经验、策略,有利于后续学习,体现运用关联.如在问题 4 中,学生求出△ABC、四边形 $OBAC$ 的面积后,教师及时对坐标系中图形问题进行方法点拨,这个过程就是将学生内在活动经验显性化并形成方法和策略;又如在课堂小结中,引导学生对相关知识、方法和思维形成清晰的脉络,感悟知识关联、思想关联、方法关联,将经验结构化,有利于今后学习运用.总之,教师在教学中,不

能只着眼于问题之间的外部联系与形式特征,以形式化的、外在的、表面的东西掩盖数学知识、方法、思想之间内在的、整体的逻辑关联,必须以问题解决为载体,通过数学知识间的内部关联突破难点、建构知识体系、渗透数学思想、促进学生理解,进而培养学生核心素养.

二、多元关联,有效指导,培养学生核心素养

多元智能理论认为每个人的智力都有独特的表现方式,每一种智力又都有多种表现形式.因此,教育教学应当注重智能开发的广泛性,为学生创造多样的、展现各种智能的情景和多样化的选择,为每个学生激发潜能、充分发展提供更多的可能.应该树立一种信念:每个学生都具有在某一方面或某几方面的发展潜力,只要为他们提供了适合的教育,加上他们个体的努力,每个学生都能学好,每个学生都能进步,每个学生都能成才.

受多元智能理论启发,实施"关联数学"教学注重引导学生从不同角度展开联想建构知识网络,解题教学注重一题多解、一题多变、多题归一,开展多元关联,有效指导,培养学生核心素养.下面以"旋转专题复习(方法指导课)"为例.

【案例 5-3-2】

"旋转专题复习(方法指导课)"教学设计与实施

教学环节一:创设情境,导入主题

同学们:大家好! 欢迎进入数学课堂.停课不停学,在家快乐学! 为热爱学习的同学们点赞! 现在请你伸出大拇指,给自己点个赞吧!

今天我要给大家上旋转专题复习方法指导课.先给大家分享三句话:

第一句话:教育就是当你走出校门后,把学校里学的知识全部忘记,剩下的东西才是教育.(爱因斯坦语)

第二句话:课本教材的知识难免会被遗忘,但善于思考、精益求精的习惯将是一生的财富.

第三句话:真正决定人生高度的,是你的思维方式!

数学是培养理性思维的学科.让我们从"联想"开始吧.

[设计意图]用名人名言提高学生对思维重要性的认识,激发学生兴趣,培养学生理性思维,有利于发展学生数学核心素养.

教学环节二:提出问题,有序联想

屏幕上出现两个字"旋转",你由这两个字可以联想到什么?(充分发挥你的想象力)

从不同角度联想会有不同的答案.

如从语文角度想:这两字怎么写?怎么读?含义是什么?……

(百度查到)语境不同,读音不同:

(1)旋转(xuán zhuàn):绕一个轴转动,车轮在旋转.如:让我们的每个日子,都像飞轮似的旋转起来.

(2)旋(xuán)转(zhuǎn):在平面内,把一个图形绕点 O 旋转一个角度的图形变换叫作旋转.如:旋转角度.

如从生活角度想:儿童乐园内有很多旋转的实例:如风车、荡秋千、摩天轮……美丽的图案设计……

如从数学角度想:

……

屏幕逐次显示如下画面(图5-3-7):

语境不同,读音不同:
1.旋转(xuán zhuàn):绕一个轴转动,车轮在旋转.如:让我们的每个日子,都像飞轮似的旋转起来.
2.旋(xuán)转(zhuǎn):在平面内,把一个图形绕点O旋转一个角度的图形变换叫作旋转.如:旋转角度.

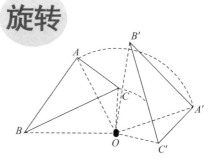

图 5-3-7

[设计意图]以"旋转"为中心词,引导学生从不同角度开展有序联想,拓展思维,培养能力.

教学环节三:多元关联,解决问题

对于九年级的学生还可以联想以下问题:

问题1:回顾九上"旋转"这一章学了哪些内容,有什么收获?

(1)联想书本目录:

追问:各节内容主要学习了什么呢?

(2)联想本章知识结构图:

(3)联想"旋转"与相关章节的关系:(PPT上逐次显示相关思维导图)

①旋转与平移的关系;

②旋转与平移、轴对称的关系.

[设计意图]引导学生梳理知识,建构知识体系.

问题2:马上要参加中考了,中考是如何考查"旋转"这部分内容的?

(一)关注课标要求

"图形的旋转"课标教学要求:

(1)通过具体实例认识平面图形的旋转.探索它的基本性质:一个图形和它经过旋转所得到的图形中,对应点到旋转中心距离相等,两组对应点分别与旋转中心连线所成的角相等.

(2)了解中心对称、中心对称图形的概念,探索它的基本性质:成中心对称的两个图形中,对应点的连线经过对称中心,且被对称中心平分.

(3)探索线段、平行四边形、正多边形、圆的中心对称性.

(4)认识和欣赏自然界和现实生活中的中心对称图形.

"图形的旋转"中考考试要求见表5-3-1.

表 5-3-1 "图形的旋转"中考考试要求

知识点	需求
平面图形关于旋转中心的旋转的认识	了解
平面图形关于旋转中心的旋转的基本性质:一个图形和它经过旋转所得的图形中,对应点到旋转中心距离相等,两组对应点分别与旋转中心连线所成的角相等	理解
中心对称、中心对称图形等的概念	了解
中心对称、中心对称图形的基本性质:成中心对称的两个图形中,对应点的连线经过对称中心,且被对称中心平分	理解
线段、平行四边形、正多边形、圆的中心对称性质	理解
自然界和现实生活中的中心对称图形	了解

[设计意图]引导学生关注"图形的旋转"课标教学要求和中考考试要求,明确学习目标.

(二)关注中考

福建省近三年中考对"旋转"的考查情况见表 5-3-2.

表 5-3-2　福建省近三年对"旋转"的考查情况

题号	分值	知识点	难易程度	实测平均分
2017,5	4	对称图形的判断	易	3.57
2017,10	4	图形的旋转	中等	2.44
2018,21	8	图形的旋转与平移、平行线、等腰直角三角形、相似三角形	中等	3.74
2018,25(2)②	6	中心对称、一次函数、二次函数、角平分线	难	0.03
2019,3	4	对称图形的判断	易	3.64
2019,21	8	图形的旋转、直角三角形、等腰三角形、等边三角形、三角形内角和、平行四边形	中等	3.91

重点分析 2017 年福建省中考第 10 题:

10.(4 分)如图 5-3-8,网格纸上正方形小格的边长为 1,图中线段 AB 和点 P 绕着同一个点做相同的旋转,分别得到线段 A'B'和点 P',则点 P'所在的单位正方形区域是(　　)

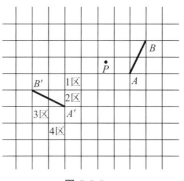

图 5-3-8

A.1 区　　　　B.2 区

C.3 区　　　　D.4 区

[分析]本题考查旋转的概念和性质,实考得分率偏低,难点是"旋转中心"是未知条件,习惯从"旋转中心"入手进行解题的同学会出现不知所措.若能想到旋转性质就能顺利解题.由"旋转的性质 1:对应点到旋转中心的距离相等"可知:连接对应点的线段的垂直平分线必过旋转中心.因此,连接 AA',BB',分别作 AA',BB'的中垂线,两直线的交点即为旋转中心,由图可知,线段 AB 和点 P 绕着同一个点逆时针旋转 90°,点 P 逆时针旋转 90°后所得对应点 P'落在 4 区.

引导学生审题,逐步形成如下分析结构图(图 5-3-9):

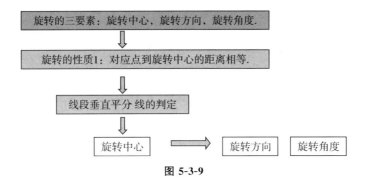

图 5-3-9

重点分析 2018 年福建省中考第 21 题:

21.(8 分)如图 5-3-10,在 Rt△ABC 中,∠C = 90°,AB = 10,AC = 8.线段 AD 由线段 AB 绕点 A 按逆时针方向旋转 90° 得到,△EFG 由△ABC 沿 CB 方向平移得到,且直线 EF 过点 D.

(1)求∠BDF 的大小;

(2)求 CG 的长.

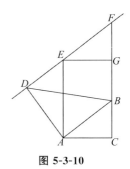

图 5-3-10

[分析]从考生答题情况看:

第(1)题难度值 0.63,说明大部分学生能掌握几何基础知识,能较好地解答简单的演绎推理题;

第(2)题难度值 0.30,表明还有相当多学生无法读懂复杂图形,找不到有用的几何元素间的对应关系及推理线索.

解题关键:读图、析图;寻找条件与结论之间的关系.

引导学生审题从已知条件出发逐次出现分析结构图:

分析 1　∠C = 90° ⇒ Rt△ABC

分析 2　线段 AD 由线段 AB 绕点 A 旋转 90° ⇒ 等腰直角△DAB

分析 3　△EFG 由△ABC 平移得到 ⇒ $\begin{array}{l}△EFG≌△ABC\\ AB /\!/ EF, AE /\!/ CF\end{array}$

[启示]要强化对几何图形直观认识,特别是对复杂几何图形的分析处理策略;应注重几何推理过程规范性的书写.

重点分析 2019 年福建省中考第 21 题:

21.(8 分)在 Rt△ABC 中,∠ABC = 90°,∠ACB = 30°,将△ABC 绕点 A 顺时针旋转一定的角度 $α$ 得到△DEC,点 A,B 的对应点分别是 D,E.

（1）当点 E 恰好在 AC 上时，如图 5-3-11，求 $\angle ADE$ 的大小；

（2）若 $\alpha=60°$ 时，点 F 是边 AC 中点，如图 5-3-12，求证：四边形 $BEDF$ 是平行四边形.

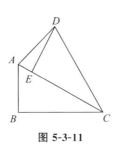

图 5-3-11

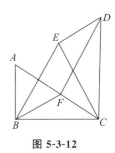

图 5-3-12

［分析］本题考查图形的旋转、直角三角形、等腰三角形、等边三角形、三角形内角和、平行四边形的判定等基础知识，考查运算能力、推理能力、空间观念与几何直观，考查化归与转化思想.

考生典型错误：逻辑思维较混乱；书写不规范；知识有缺漏；推理意识不强.

［解题思路分析］

第（1）题解法一分析：引导学生审题并逐次出现解题思路分析结构图：

如图 5-3-11，$\triangle ABC$ 绕点旋转得到 $\triangle DEC$

$\Rightarrow \triangle ABC \cong \triangle DEC$

$\Rightarrow \angle ACB = \angle DCA = 30°$

$\Rightarrow AC = DC$

$\Rightarrow \angle CDA = \angle CAD = \dfrac{1}{2}(180° - \angle DCA)$

$\qquad\qquad\qquad = \dfrac{1}{2} \times (180° - 30°)$

$\qquad\qquad\qquad = 75°$

$\therefore \angle ADE = \angle CDA - \angle CDE$

$\qquad\qquad = 75° - 60°$

$\qquad\qquad = 15°$

第（1）题解法二分析：如图 5-3-11，利用旋转的性质得 $CA = CD$，$\angle ECD = \angle BCA = 30°$，$\angle DEC = \angle ABC = 90°$，再根据等腰三角形的性质和三角形内角计算出 $\angle CAD$，从而利用互余和计算出 $\angle ADE$ 的度数；

第（2）题解法一分析：引导学生审题可逐次出现解题思路分析结构图：

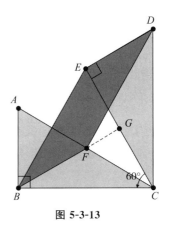

图 5-3-13

如图 5-3-13,延长 BF 交 CE 于点 G.

$\triangle ABC$ 绕点旋转得到 $\triangle DEC$

$\Rightarrow \triangle ABC \cong \triangle DEC$

$\Rightarrow DE = AB$

F 是 Rt$\triangle ABC$ 斜边 AC 上的中点 $\Rightarrow BF = AF$

$\left. \begin{array}{l} \angle ACB = 30° \\ \angle ABC = 90° \end{array} \right\} \Rightarrow \angle BAC = 60°$

$\triangle ABF$ 为等边$\triangle$ $\Rightarrow \angle AFB = 60° = \angle GFC$

$\begin{aligned} \angle ECA &= \angle ECB - \angle ACB \\ &= 60° - 30° \\ &= 30° \end{aligned}$

$\begin{aligned} \therefore \angle CGF &= 180° - \angle GFC - \angle GCF \\ &= 180° - 60° - 30° \\ &= 90° \end{aligned}$

$\Rightarrow BF \perp CE$

第(2)题解法二分析:

如图 5-3-12,利用直角三角形斜边上的中线性质得到 $BF = \dfrac{1}{2}AC$,利用含 30°的直角三角形三边的关系得到 $AB = \dfrac{1}{2}AC$,则 $BF = AB$,再根据旋转的性质得到 $\angle BCE = \angle ACD = 60°$,$CB = CE$,$DE = AB$,从而得到 $DE = BF$,$\triangle ACD$ 和 $\triangle BCE$ 为等边三角形,接着证明 $\triangle CFD \cong \triangle ABC$ 得到 $DF = BC$,然后根据平行四边形的判定方法得到结论.

[设计意图]引导学生关注福建省近三年中考题,了解中考对"图形的旋转"的考查方向、考查题型、考查分值等信息,提高复习的针对性、有效性.

教学环节四:反思归纳,总结提升

(一)三年福建省中考启示

考题特点:

(1)三年福建省中考对"旋转"这部分内容考查题型有选择题、解答题;

(2)分值在 8~14 分;

(3)不同层次难度的题都有出现,解答题往往与其他知识点综合在一起考查;

(4)重点知识重点考查;

(5)注重对数学本质的考查.

(二)中考复习应对策略

(1)建构知识体系:注重知识梳理,前后关联,建构知识体系.

(2)理解数学本质:理解重要概念、性质的本质,注重逆向思维和拓展思维训练,知识迁移、思想感悟.

(3)增强应用意识:推理论证要步步有据,规范书写格式;加强图形的分解与组合训练,提高识图、析图能力;注意总结基本图形和常见模型,做到知识融合、方法变通.

(4)加强解题反思,注重落实五层次:

①怎样做出来的?想解题采用的方法.

②为什么这样做?想解题依据的原理.

③为什么想到这种方法?想解题的思路.

④有无其他方法?哪种方法更好?想多种途径,培养求异思维.

⑤能否变通一下而变成另一习题,想一题多变,促使思维发散.

当然,如果发生错题,更应进行反思:错误的根源是什么?"吃一堑,长一智",不断完善自己.

课后作业

必做题:

(1)做思维导图:以"旋转"为中心词,梳理知识,建构知识体系;

(2)完成福建省 2018 年第 21 题、2019 年中考第 21 题(要求一题多解、尝试一题多变,多题归一,加强解题反思).

选做题:

(1)福建省 2018 年中考第 25 题;

(2)关注省外中考题.

[**设计意图**]分析总结三年省中考对"图形的旋转"的考查情况,提出中考应对复习策略;课后作业分层布置满足不同层次学生需求,必做题引导学生及时巩固当天的复习方法,学以致用;注重培养学生理性思维和自主学习能力,发展学生数学素养.

本案例基于培养学生核心素养的复习教学,引导学生从不同角度展开联想建构知识网络,多元关联,有效指导.如环节一,创设情境,兴趣关联;环节二,有序联想,生活关联;环节三,问题设置,中考关联;环节四,总结提升,方法关联.

(一)从近三年省中考卷指导中考备考

中考考试改革背景下,复习备考要从题型训练回归课程中重点内容的本质理解上来,重视学生"四基""四能"的发展,它是发展学生素养的途径."题海无涯而知识有涯."因此,复习备考不要仅是盯着试题形式,更需要引导学生回归知识结构,以及基于知识结构的问题构成结构,唯有从此出发,才可以以不变之知识应形式万变之试题.

(二)疫情之下的教学启示

利弊共生总相伴,挑战机遇在应对.

趋利避害思对策,办法总比问题多.

优势:节约路上时间;尽显学生为主、自主性选择性强;有计划、能自律的孩子学习效率更高.

契机:教师珍惜当"主播"的机会,与时俱进,改进教学方式;激发了网络辅助学习资源的系统化开发与建设,逐年迭代,精品备考课程资源必有所成,系统化设计和构建校本复习备考精品资源.

聚焦:学会"自律",学会"学习",围绕"主题引导式的自主学习"灵活构建课程,培养学生自主学习.

需要:备课组通力合作,发挥备课组每位教师所长;针对性答疑解惑,一惑一微课;基于学情分层提供学习支持型资源、网络优质资源共享.

(三)考前复习备考建议

(1)注重学习方法指导,引导学生进行知识梳理,建构知识体系,注重培养自主学习能力.

(2)课堂教学要聚焦关键问题,清晰且深刻地剖析讲解,打通学生理解障碍;讲主题知识生发之根,发展之脉,为学生提供知识组织的结构框架;例习题讲解要讲透,既要一题多解、一题多变,发散思维,又要注重多题归一,抽象出思维模式,思维方向比求解步骤重要.

(3)关于作业任务,不能仅是考题,还需要提供指向深度学习类任务.如必做题第1题是联系比较性任务,引导学生关联成网,促进知识结构化;必做题第2题是应用实践性任务,引导学生掌握数学化方法,积累数学化经验.

三、"三点一线"突出"关联数学"教学

复习课的内容是学生已学过的,如何让学生感受到旧的知识也有新的内容,做到"温故而知新"?"温故"是对已学知识的再学习,"知新"要求在温故基础上形成新的认识,对原有知识及其关联内容有新理解,对数学思想方法进行抽象和应用,积累数学活动经验.

实施"关联数学"复习教学采取"三点一线"策略,发展学生数学核心素养."一线"是指从"四基""四能"到"三会"的教学主线;"四基"指基础知识、基本技能、基本思想、基本活动经验;"四能"指发现和提出问题的能力、分析和解决问题的能力;"三会"指会用数学眼光观察世界,会用数学思维分析世界,会用数学语言表达世界;"三点"指"生长点""关联点""延伸点".教学过程中,教师抓住知识的本质,创设合适的教学情境,启发学生思考,善于找准"生长点",构建"关联点",拓展"延伸点",引导学生从数学的角度观察、思考、表述,让学生在掌握所学知识技能的同时,感悟数学思想方法,积累思维和实践的经验,形成和发展核心素养.下面以"直角三角形中考专题复习"为例谈基于数学核心素养的复习教学突出"关联数学"教学.

【案例 5-3-3】

"直角三角形中考专题复习"教学设计与实施

环节一:创设情境,梳理知识

问题 1:如图 5-3-14,已知△ABC 中,∠$C=90°$,你能得出哪些结论?

追问:你能按类别写出结论吗?

【设计意图】引导学生按类别分别从角、边、边角关系写出直角三角形的性质(两锐角互余;勾股定理;锐角三角函数),梳理直角三角形的基本性质.要求按类别写结论,渗透分类思想,有利于培养学生思维的严谨性.

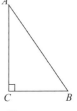

图 5-3-14

环节二:提出问题,尝试探究

问题 2:在图 5-3-14 中,若 $AB=10$,你能求出△ABC 的面积吗?为什么?

追问:你能再添加一个条件求出△ABC 的面积吗?

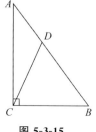

[预设答案]

法一:添 $BC=6$,则由勾股定理求得 $AC=8$,则 $\triangle ABC$ 的面积等于 24.

法二:添 $\angle A=45°$,因 $AB=\sqrt{2}BC$,则 $AC=BC=5\sqrt{2}$,则 $\triangle ABC$ 的面积为 25.

法三:添 $\angle A=30°$,则 $BC=\dfrac{1}{2}AB=5$,于是 $AC=5\sqrt{3}$,则 $\triangle ABC$ 的面积为 $\dfrac{25}{2}\sqrt{3}$.

【设计意图】由于题目所给的条件不够,引发了学生的认知冲突,又为接下来将问题具体化,即"添加条件,解决问题"埋下伏笔.通过引导性追问,将问题分解后退至学生认知可及之处;通过师生共同探究发现了新问题——需要添加条件,进而分别从不同角度添加条件解决问题,由此加深了学生对"勾股定理""含特殊角的直角三角形""锐角三角函数"的理解.问题 2 以求三角形面积为"生长点",通过添加条件关联勾股定理、特殊直角三角形,由不同解法拓展延伸到直角三角形重要性质、锐角三角函数,渗透一般与特殊思想.

环节三:拓展关联,深化探究

问题 3:如图 5-3-15,已知 $\triangle ABC$ 中,$\angle C=90°$,$AB=10$,$BC=6$.若点 D 为 AB 边上任意一点,则线段 CD 的取值范围是多少? 为什么?

[预设答案]当点 D 与点 A 重合时,CD 取得最大值,此时 $CD=8$.

当 CD 是 AB 边上的高时,CD 取得最小值,此时利用等面积法 $S_{\triangle ABC}=\dfrac{1}{2}\times6\times8=\dfrac{1}{2}\times10\times CD$,求得 $CD=4.8$

图 5-3-15

(也可以用相似三角形或锐角三角函数求 CD),所以 $4.8\leqslant CD\leqslant8$.

追问:点 D 还有哪些特殊位置值得研究,这时 CD 的长又是多少? 为什么?

[预设答案]中线与角平分线.

(1)当 CD 为 AB 边上的中线时,$CD=\dfrac{1}{2}AB=5$;

(2)当 CD 为角平分线时,学生若遇到困难,要适当引导.

如图 5-3-16,过点 D 分别作 AC,BC 的垂线段 DE,DF,垂足分别为

E，F，则 $DE=DF$，此时 $\triangle CDE$ 为等腰直角三角形，$CD=\sqrt{2}\,DE$.

设 $DE=DF=x$，则 $S_{\triangle ABC}=\dfrac{1}{2}\times6\times8=\dfrac{1}{2}\times8x+\dfrac{1}{2}\times6x$，则 $x=\dfrac{24}{7}$，因此 $CD=\dfrac{24\sqrt{2}}{7}$.（也可以用相似三角形或锐角三角函数求 x.）

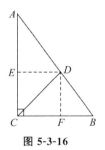

图 5-3-16

【设计意图】从求三角形面积到问题 3 中求 CD 的取值范围，为引出等面积法做了必要的铺垫，也体现数形结合的重要性，而后面求角平分线长度的设计既对这一几何基本法予以强化，同时也自然生成了建构方程模型的想法，伴随的几何变换思想也为问题 6 的解决搭好脚手架.开放性问题的设计、动点元素的渗透以及设问形式的变化，则赋予了本课的灵动与生机，也有效提高了课堂思维的含量.引导学生对条件中隐含的信息进行充分挖掘，在解题过程中加深理解以下内容：①等面积法、相似直角三角形或锐角三角函数解决问题的方法；②直角三角形斜边上中线等于斜边的一半；③角平分线性质.问题 3 以求 CD 的取值范围为"生长点"，关联到三角形的高，由不同解法拓展延伸到等面积法、相似三角形，渗透变与不变思想；通过追问关联到三角形的中线、角平分线，由不同解法拓展延伸到斜边中线性质、角平分线性质、等面积法，渗透一般与特殊思想、数形结合思想.

问题 4：如图 5-3-17，把图 5-3-16 中"$\angle C$ 的平分线"改成"$\angle A$ 的平分线 AG"，其他条件不变，则 AG 的长为多少？

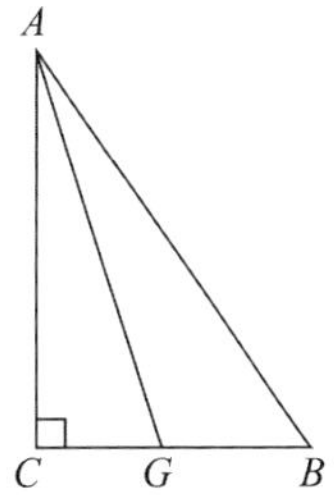

图 5-3-17

[预设答案]

法一：如图 5-3-18，过 G 作 $GH\perp AB$，垂足为 H，设 $GH=CG=x$，有 $S_{\triangle ABC}=\dfrac{1}{2}\times6\times8=\dfrac{1}{2}\times8x+\dfrac{1}{2}\times10x$，则 $x=\dfrac{8}{3}$，再由勾股定理求 AG 即可.

法二：如图 5-3-18，过 G 作 $GH\perp AB$，垂足为 H，设 $GH=CG=x$，因为 $HB=AB-AH=AB-AC=2$，$GB=6-x$，于是得 $(6-x)^2=4+x^2$，从求出 $x=\dfrac{8}{3}$，再由勾股定理求 AG.

【设计意图】问题 2 至问题 4 引导学生从角、边、重要线段入手梳理了

直角三角形的相关知识,同时进一步体验解决问题的方法:
①面积法在解题中具有普通性;②设元构建方程模型:利用
勾股定理构建方程模型也是重要的解题思路.当然,有时还
需要先通过(轴对称)变换,把条件聚集到同一个三角形中.
问题 4 以求 AG 长为"生长点",关联到角平分线性质,由不
同解法拓展延伸到等面积法、勾股定理,渗透数形结合思
想、方程思想.

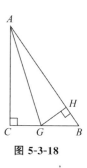

图 5-3-18

环节四:逆向关联,拓展思维

几何学习总是围绕定义、性质与判定展开,那如何判断一个三角形为
直角三角形呢?

问题 5:如图 5-3-19,已知 $\triangle ABC$ 中,CD 为 AB 边上
的中线,若 $AB=10$,$CD=5$,则 $\angle ACB$ 是直角吗? 请说
明理由.

[预设答案]

法一:因为 $AD=CD=BD=5$,故 $\angle A=\angle ACD$,
$\angle B=\angle DCB$,而 $\angle A+\angle B+\angle ACD+\angle DCB=180°$,
则 $\angle A+\angle B=90°$,故 $\angle ACB=90°$.

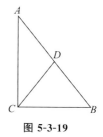

图 5-3-19

法二:如图 5-3-20,延长 CD 至 E,使得 $DE=DC$,连接 BE,可证
$\triangle ADC\cong\triangle BDE$,得到 $\angle A=\angle DBE$,所以 $AC\parallel BE$,再证 $\angle ACB$ 是
直角.

法三:如图 5-3-21,延长 CD 至 E,使得 $DE=DC$,连接 AE,BE,可证
四边形 $ACBE$ 是矩形,则 $\angle ACB$ 是直角.

法四:如图 5-3-22,以点 D 为圆心,5 为半径画圆,则 AB 为直径,故
$\angle ACB$ 是直角.

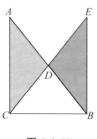

图 5-3-20

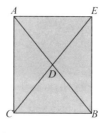

图 5-3-21

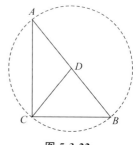

图 5-3-22

【设计意图】鼓励学生多种方法证明直角,总结直角三角形的 5 种判定方法:①两锐角互余的三角形是直角三角形;②利用平行线判定;③利用矩形判定;④利用圆周角判定;⑤一边上中线等于这边一半的三角形是直角三角形.多种判定方法的证明过程,体现直角三角形与等腰三角形、平行线、矩形、圆等内容之间互相依赖、相互转化的关系,为学生认识图形、把握问题本质创造了思维的载体.在证明"直角三角形斜边上中线性质"逆命题是一个真命题过程中,让学生领悟学习数学就是要知其然,更要知其所以然.问题 5 以判定 $\angle ACB$ 是否为直角为"生长点",关联到直角(直角三角形)的判定方法,由不同解法拓展延伸到等腰三角形、三角形内角和定理、全等三角形、矩形、圆,渗透转化思想,提炼倍长中线辅助线方法.

问题 6:若把问题 5 中的"$AB=10$"改为"$AC=8,BC=6$",其他条件不变,则 $\angle ACB$ 还是直角吗?为什么?

[预设答案]学生若遇到困难,要适当启发引导.

大家都知道三边长分别为 $6,8,10$ 的三角形用勾股定理的逆定理可以证明它是一个直角三角形,那么由条件能否构造出这样的三角形呢?

如图 5-3-23,延长 CD 至 E,使得 $CE=10$,连接 BE,则可证明 $\triangle ADC \cong \triangle BDE$,得到 $BE=AC=8$,进而证明 $\angle CBE$ 是直角.

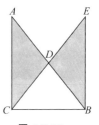

图 5-3-23

由 $\triangle ADC \cong \triangle BDE$ 可得到 $\angle A = \angle DBE$,所以 AC // BE,再根据"两直线平行,同旁内角互补"就能得到 $\angle ACB$ 是直角.

【设计意图】问题 6 是问题 5 的变式,拓展学生思维,进一步理解勾股定理的逆定理,得到直角三角形第 6 种判定方法;领悟把分散的条件通过(旋转)变换聚集起来,是几何证明中非常重要的策略.问题 6 以判定 $\angle ACB$ 是否为直角为"生长点",关联到勾股定理逆定理,由解法拓展延伸到全等三角形,渗透转化思想,提炼倍长中线辅助线方法.

环节五:反思总结,感悟提升

(1)本节课我们复习了哪些知识?尝试画出与直角三角形有关的知识结构图.

(2)你学到哪些研究数学问题的思想方法?

(3)哪些能力得到提升?

【设计意图】通过 3 个问题引导学生对相关知识、方法和思维形成清晰的脉络,将经验结构化,进一步升华了活动经验、提升了思维品质,发展数学核心素养.

环节六:布置作业,延伸拓展

1.必做题

(1)尝试画出与直角三角形有关的思维导图.

(2)将本导学案 6 个问题的解答过程写完整(关注一题多解、一题多变).

2.选做题

如图 5-3-24,在△ABC 中,∠C＝90°,AB＝10,BC＝6,点 D 为直线 BC 上任意一点,当 CD 等于多少时,△ABD 是等腰三角形?

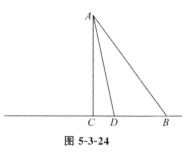

图 5-3-24

【设计意图】分层布置作业,满足不同层次学生需求.引导学生画思维导图,进一步梳理知识,建构知识体系;引导学生关注一题多解、一题多变,进一步感悟数学解题策略,提炼基本数学方法.选做题是问题 3 的变式拓展,进一步感悟直角三角形与等腰三角形的联系;用动点沟通图形联系的设计既体现了复习课的综合性要求,也为分类讨论、方程模型思想的运用与概括提供了逻辑通道;以 CD 要满足的条件为"生长点",关联到等腰三角形,由解法拓展延伸到中垂线、分类讨论,渗透分类讨论思想.

直角三角形是初中几何领域重要的一块内容.知识点众多,方法典型,与锐角三角函数、等腰三角形、全等三角形、相似三角形、矩形、圆等内容都有紧密联系.本案例采用"一图一课"主题式教学模式,运用"三点一线"的教学策略,突出"关联数学"教学,实现复习课的重要目标:让学生在梳理知识的同时,感悟数学解题策略,提炼基本数学方法,从而达到增长智慧的目的,发展学生核心素养.

(一)以联系为核心,建立认知结构,落实"四基"

本案例通过问题 1 引导学生回忆直角三角形的基本性质.设计问题 2 至问题 6,建立直角三角形与锐角三角函数、等腰三角形、全等三角形、相似三角形、矩形、圆等内容之间联系,梳理直角三角形其他重要性质,使得学生在问题解决的过程中不断唤醒相关知识的认识,逐步完善认知结构.通过一图一课、多次变式、有效追问、一题多解等形式,让学生在解决问题中体验分类思想、一般与特殊、数形结合、转化思想、方程思想等数学思想,帮助学生对核心概念和重要思想方法理解深化,学生在回忆和运用知识的过程中,既感受到知识之间的联系和区别,又感受到该领域内知识的整体性,积累活动经验.

（二）以探究为方法,培养理性思维,提升"四能"

本案例以直角三角形为载体,以问题为抓手、以探究为方法,在不断探索与研究的过程中,帮助学生整理和理解直角三角形的相关知识和方法.特别是问题2的追问,设计开放性问题,启发学生编制题目.这个问题起点低、入口宽,不同层次的学生都能进行思考及尝试解决;可以添加不同的条件,给予学生广阔的思维空间,体现了知识和方法的综合性.条件给出后,师生可以围绕添加的不同条件进行分析,激发学生思维的碰撞,引发学生的数学思考,有效落实学生为中心的教育理念.从一般到特殊,从条件不足到添加条件,是发现和提出问题的一种方式.学生不仅要寻找条件,还需要寻求分析问题和解决问题的方法,交流和比较解决问题方法的多样性和简洁性.教师引导学生合作交流能培养学生交流和表达的能力,形成评价和反思的意识.这样的学习过程均有利于发展学生的问题解决能力.

（三）以知识为载体,培养"三会",发展核心素养

发展学生的数学核心素养是数学课程目标之一,应贯穿在每节课的教学活动中.核心素养是在特定的情境中表现出来的知识、能力、态度,只有通过合适的情境才有利于学生感悟和形成.本案例基于直角三角形本质设计6个问题,让学生经历创设情境、提出问题、拓展关联、逆向关联、反思提升等环节,引导学生学会观察图形、发现问题和提出问题,学会理性分析,在探索思路中积累解题策略与方法,总结直角三角形的重要性质与判定方法,学会用数学语言表述结论,发展直观想象、逻辑推理和数学运算素养.

总之,从"四基"到"四能"再到"三会",展示出发展学生数学核心素养的一个明晰的教学线索,"四基"立足于打好数学学习基础,体现出基础性、整合性、结构性;"四能"立足于问题解决活动,体现出情境性、过程性、探索性;"三会"立足于行为养成,体现出实践性、创新性、发展性.基于数学核心素养的复习教学采用"三点一线"策略,提倡创设问题情境,以问题为导向,活动为载体,采用问题驱动式教学方式,立足于问题发现、提出、分析、解决

的全过程,在问题解决的过程中,引发、导引、深化学生的数学思考,促进学生数学核心素养的提高.

第四节 "活动课"课堂教学实践

"数学活动课"是以问题为载体,在教师指导下的学生自主学习活动,是帮助学生积累数学活动经验、培养学生应用意识与创新意识的重要途径.实施"关联数学"教学通过开展不同形式的"活动课"落实"综合与实践"领域的教学目标,引导学生加强对自然的了解、对社会的了解与参与,要求学生从生活、社会现实中提出问题,建立新的学习方式,培养创新精神和实践能力;结合问题情境,综合所学知识及生活经验,独立思考或与他人合作,经历发现问题和提出问题、分析问题和解决问题的全过程;感悟数学各部分内容之间、数学与生活实际之间、数学与其他学科之间的联系,加深对所学数学内容的理解;增强对数学的兴趣爱好,发展个性特长,陶冶情操品质,发展学生多方面的情感、态度和价值观,全面提高学生素质.实施"关联数学"教学重点研究的活动课主要有课题研究课、探究活动课、数学夏令营三种类型.

一、课题研究课

课题研究课包括制订方案、调查、访问、观察、实验、统计、信息收集与处理等.在开展此类实践的过程中,学生模仿研究的一般过程,尝试运用一般的研究方法和手段,体验研究的基本过程.通过研究性的实践活动,发展学生的问题意识、探究能力和创新精神,同时发展良好的价值观.根据普通中学新的课程改革方案,我从 2003 年 10 月开始参与实施综合实践活动课程,并进行大胆的实践与探索,努力推进综合实践活动课程常态化.综合实践活动课程充分体现以学生发展为本的理念,是以学生的直接经验或体验为基础而开发和生存的,是学生自主选择课题和主动探究的课程.这也是"关联数学"所提倡的教育理念.

实施"关联数学"教学借鉴综合实践活动的"综合运用知识,研究性学习"的思想,学习综合实践活动"设立专题,跨学科培养学生综合能力、探索性学习"的方法,结合数学学科特点和教学进度,指导学生开展课题研究,培养学生综合素质.在开展课题研究活动中,教师不仅仅是一个知识的传授者、规则的告诉者,更是一个"帮助者"与"合作者",重在参与其中,与学生共同研究,教学相长.因此,要提高教师指导的有效性.教师要设计指导方案,明确指导任务,落实具体的指导行为,增强指导的计划性.指导方案包括:学生活动的具体目标、过程与方法、资料与工具准备等.活动的准备阶段重点加强提出问题、形成主题、制订方案、资料、工具准备等的指导;活动的实施阶段重点加强活动情境、方法实践和搜集、处理信息的指导;活动的总结与交流阶段则重在结果、过程、体验以及表达与交流等方面活动总结的指导.下面以"家庭丢弃塑料袋数量统计与分析"课题研究为例,课题成员是2006届漳平三中学生:陈溦、罗怡瑾、陈霁云、李嘉虹、姚娅群、范子航、陈毓懿.

【案例 5-4-1】

家庭丢弃塑料袋数量统计与分析

一、活动主题的提出

走在公路上,公路两边人行道旁,常堆放着一些环保意识差的人们用塑料袋包装的垃圾(如图5-4-1中的图1);一阵大风刮过,绿化树上常常会"点缀"着一群"色彩斑斓"的家伙——塑料袋(如图5-4-1中的图2);穿梭在小巷里,垃圾袋的焚烧使人作呕的气味扑鼻而来,会给人们一种要远离的意愿(如图5-4-1中的图3);踏在江桥上,鸟瞰大江,或穿梭于河道两岸,"零零碎碎"的塑料袋漂浮在江河之上,翻

图1　　　　　　　图2

图3　　　　　　　图4

图 5-4-1

腾的臭味儿"徐徐上升"(如图5-4-1中的图4);……那数不尽的塑料袋引起的环保问题的画面,时时刻刻浮现在我们的脑海里.

为什么在我们的生活环境中存在着这么多的塑料袋呢? 带着这样的

疑惑,班上有几位对此问题感兴趣的同学成立了一个课题研究活动小组,专门就"家庭丢弃塑料袋情况引起的环保问题"进行调查,并确立调查对象:①本小组每个家庭每天丢弃塑料袋的数量;②变成垃圾的塑料袋的处理问题.

二、活动目的

(1)通过活动,了解家庭丢弃塑料袋的情况,学会查找、收集并简单处理资料的能力.

(2)学会制订计划,能主动参与研究活动,培养独立处理和解决实际问题的能力.

(3)通过调查数据的统计与分析,了解家庭丢弃塑料袋对环境的危害性,进一步认识到保护环境的重要性.

(4)通过课题组集体研究活动,培养团队意识,享受探究、合作、成功的喜悦.

(5)以不同的方式展示研究结果,在活动交流中学习、发现、反思和改进,培养学生的想象与思维能力.

三、活动过程

(1)设计一个调查统计表(如表5-4-1),记录自己家一周内每天丢弃的塑料袋数量.

表 5-4-1 调查统计表

(单位:个)

星期	陈澈	罗怡瑾	陈霁云	李嘉虹	姚娅群	范子航	陈毓懿	合计
一	3	3	3	3	2	3	4	21
二	3	2	2	4	3	2	1	17
三	3	4	3	2	5	1	3	21
四	2	1	3	2	4	1	2	15
五	4	3	4	5	3	2	1	22
六	3	2	2	1	3	5	1	18
日	3	5	2	4	2	0	2	18
合计	21	20	20	21	22	14	14	132

(备注:由于生活塑料袋大小不一,表中个数近似按面积为400平方厘米的塑料袋进行统计.)

(2)统计本小组一周内所有家庭每天丢弃塑料袋的总数量(如表5-4-2),并制作成统计图(如图5-4-2).

表 5-4-2　一周内所有家庭每天丢弃塑料袋统计表

	一天	一周	估计一年(365 天)
一个家庭丢弃塑料袋数量	约 2～3 个	约 19 个	约 949 个
一个小组丢弃塑料袋数量	约 19 个	约 133 个	约 6935 个

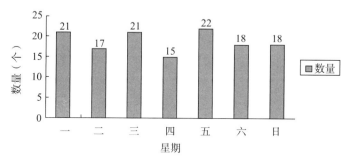

图 5-4-2　小组所有家庭一周内每天丢弃塑料袋数量统计

　　将小组成员统计的数据平均后,我们不难知道:一个家庭一年约丢弃塑料袋 949 个.而一个小组呢? 一年约丢弃塑料袋 6935 个(如表 5-4-2).

　　(3)根据所收集数据,估计全校同学的家庭在一周内、一年丢弃的塑料袋数量(如表 5-4-3).

表 5-4-3　估计全校同学的家庭丢弃的塑料袋统计表

	一天	一周	一年(365 天)
一个家庭丢弃塑料袋数量	约 2～3 个	约 19 个	约 949 个
全校同学家庭(2166 个)丢弃塑料袋数量	约 5632 个	约 39424 个	约 2055680 个

　　我们学校约有 2166 名学生,大概有 2166 个家庭,一天约丢弃塑料袋 5632 个,一周约丢弃塑料袋 39424 个,一年丢弃塑料袋约二百多万个,这可不是个小数目啊!

　　(4)统计本小组所有家庭一周内丢弃塑料袋全部铺开所占面积,估计全校同学家庭在一周内丢弃塑料袋全部铺开所占面积.

　　如图 5-4-3,把塑料袋剪开铺平,用尺子测量并计算:一个塑料袋一面约 400 平方厘米,那一个塑料袋展开后约 800 平方厘米.我们对丢弃的塑料袋全部铺开所占面积进行统计(如表 5-4-4,单位:平方米).

表 5-4-4　家庭丢弃的塑料袋全部铺开所占面积统计表

(单位:平方米)

	一天	一周	一年(365 天)
一个家庭	0.208	1.456	75.92
本小组所有家庭	1.456	10.192	531.44
全校同学家庭	450.528	3153.696	164442.72

塑料袋展开图

图 5-4-3

可以估计:一个城市、一个国家所有家庭在一周内、一年内丢弃的塑料袋全部铺开所占面积将是一个触目惊心的数目,对人类生存环境将造成多么大的危害啊!

(5)上网查找相关资料,咨询一些专业人士.

根据以上数据统计与分析,迫使我们不得不想去了解被丢弃的塑料袋又是怎样被处理的?

一是填埋.你知道吗? 填埋塑料袋会占用土地,且长时间不降解.(塑料袋在地下要埋 200 年才能腐烂,并且严重污染土壤)因此,混有塑料袋的生活垃圾也不适于堆肥,否则会影响农作物吸收养分和水分,而从垃圾中分拣出来的废塑料,因无法保证质量,其利用价值很低.

二是焚烧.现在所用的塑料袋主要成分为聚氯乙烯、聚乙烯、聚丙烯.焚烧塑料袋会产生一氧化碳等有毒气体和有害烟尘,又会造成对大气环境的污染.倘若那塑料袋含有苯乙烯等有毒成分,还严重危害人体健康.

另外,抛弃在陆地上或水体中的废塑料,不仅影响城市、风景点的整体美感,还会被动物当作食物吞入,导致动物死亡.

四、活动结果

经过几个月小组成员的共同合作后,我们调查的课题终于到了尾声.通过这次实践活动,我们初步学会了如何收集生活中的一些数据,并利用所学的数学知识与方法对所收集到的数据进行统计与分析;在整个活动过程中,我们既分工又合作,既学会了与他人合作交流,又意识到自己在集体中的作用.

通过这次课题小组的调查,我们得出了惊人的数据:一个家庭一天约丢弃塑料袋 2~3 个,一周约丢掉 19 个,一年约丢弃塑料袋 949 个.而一个小组呢? 一年约丢弃塑料袋 6935 个.我们学校约有 2166 名学生,大概有 2166 个家庭,一天约丢弃塑料袋 5632 个,一周约丢弃塑料袋 39424 个,一年丢弃塑料袋约二百多万个,这可不是个小数目啊! 从这些实际且具体的数据,让我们能更清楚、更具体地感受到"白色污染"的危害性有多大.

从所拍图片看:许多人都是随手乱扔用过的塑料袋,这样促使这些令人头疼的垃圾,更快、更好地迫害、污染我们唯一的地球;在大城市、旅游区、水体中、铁道旁散落的废塑料不仅给人们的视觉带来不良刺激,影响城市、风景点的整体美感,而且还会伤害到动物;塑料袋的焚烧所产生的有毒气体和有害烟尘,又会造成对大气环境的污染,甚至会严重危害人体健康.

五、收获体会

在这次实践活动中,我们尝试着自己制订活动计划,自己设计调查表,自己拍照,自己设计调查结果的展示等,充分发挥了自主探究的精神;通过调查统计、查询资料、收集信息,使我们收集、处理信息的能力得到锻炼;通过外出活动、同学间的讨论与交流、成果的汇报,提高了我们交流与合作的能力、分析问题与解决问题的能力.

通过这次活动,使我们充分地认识到环保问题的严峻.如果再这样不注意塑料袋的侵蚀及危害,我们相信,不出几年,整个国家、世界将会面临被"白色污染"吞灭和"白色污染"占领,世界将会成为"白色"的领域.

塑料袋的使用虽然给我们的生活带来了很大帮助,但它给我们的生活环境造成的危害更大.因此,为了保护环境,我们提出几种使用塑料袋的建议:

(1)塑料袋应当有偿使用.在目前,在塑料袋制品还不可能被大规模替代的情况下,在我国的环保标准只能局限于目前水准的情况下,通过有偿使用来相对减少塑料袋造成的污染,未尝不是无奈的选择.

(2)自备购物袋——少用或不用塑料袋.请自带购物袋上街购物,少领取商店给的塑料袋;重复使用已有的塑料袋;买菜时带上菜篮子或用过的塑料袋.

(3)增强环保意识与回收利用.我们倡议当前政府应在加强管理、制定有关政策法规,扶植有利于环保的企事业发展,提高人们环保意识和抓好舆论的正确导向前提下,借鉴国外的减量、回收再用、再生利用、降解材料的治理对策,采取防治结合的措施,使得塑料袋的使用既给人们带来方便,又有利于保护环境.

为了我们美好的家园,为了人类的生存,为了人类的安康,我们要自觉地呼吁环保的号召,人人争做"环保小卫士".让我们携起手来,共同创建一个美好的生活环境,还给子孙后代一个干净的地球.

在整个活动过程中,同学们能在老师的指导下有计划、有步骤地开展调查活动,积极参与、努力探索,多方收集材料,并利用所学知识与方法对调查数据进行统计与分析,能结合实际提出一些合理性建议.在活动过程中,小组成员间既分工又合作;既发挥了个人的特长,又体会到集体的力量;通过和老师、同学的交谈,学会与他人相处,提高语言表达能力和合作交流能力.通过这次活动,同学们经历了在现实生活中发现问题、解决问题的过程,不仅增长了社会见识、提高了自主探索能力和解决问题的能力,也进一步增强社会责任感和环保意识.

二、探究活动课

探究活动课以问题为载体,学生在教师指导下开展探究活动,尝试发现问题和提出问题,提高学生综合运用所学知识解决问题的能力,帮助学生积累数学活动经验、培养创新意识."综合与实践"是培养创新意识的重要载体,人教版教科书以"课题学习"和"数学活动"的形式安排这部分内容.这些内容源于实际生活,与本章所学内容联系十分紧密,具有活动性、综合性、探究性等特点,是提高学生数学学习兴趣、开启学生思维的极好学习材料,能帮助学生积累基本数学活动经验,给学生自己发现和提出问题、独立思考、归纳猜想等提供更大的空间.

实施"关联数学"教学加强探究、重视"综合与实践",通过探究学习这些活动内容,提高学生综合运用所学知识解决问题的能力,帮助学生积累数学活动经验、培养创新意识.在探究活动中,教师提供必要的指点和帮助,引导学生对探究性活动进行反思,不仅关注学生是否能用已有的知识去探究和解决问题,并更多地关注学生自主探究、与他人合作的愿望和能力.下面以"平面图形的镶嵌"为例说明.

【案例 5-4-2】

平面图形的镶嵌

环节一:创设情境,引出概念

用多媒体展示一组生活中的平面图形镶嵌的图案(如图 5-4-4),让学生感受身边的数学.

图 5-4-4

师：你见过的地板砖和墙面砖都有哪些形状？看到这些形状你有没有想过一些数学问题？这些图案有什么共同特征？

让同学们分组讨论、交流，总结出图案的共同特征：

生 1：这些图案是用一种或几种形状相同的图形组成的；

生 2：形状相同的图形大小也一样，是全等的图形；

生 3：用于拼接的图案都是平面图形；

生 4：拼接处没有空隙，没有重叠的现象；

生 5：铺成的图案把平面的一部分完全覆盖．

师："用形状、大小完全相同的一种或几种平面图形进行拼接，彼此间不留空隙、不重叠地铺成一片"，这就是数学上"平面图形的镶嵌"，又称为"平面图形的密铺"．这节课我们一起来进行数学活动"平面图形的镶嵌"．

师：结合刚才欣赏的美丽图案，你能说说对镶嵌的理解吗？

师生共同归纳理解平面图形镶嵌的概念：用形状、大小完全相同的一种或几种平面图形进行拼接，彼此间不留空隙、不重叠地铺成一片，叫作平面图形的镶嵌（或平面图形的密铺）．

师：在生活中，有许多图案是"平面图形的镶嵌"．你还能再举出一些身边的镶嵌图案吗？

【设计意图】通过生活中的图片欣赏和学生举例，让学生体会身边的数学，并通过实例使学生在头脑中逐步形成并理解平面镶嵌的概念．

环节二：探索规律、归纳结论

探究一：只用一种正多边形进行平面镶嵌的条件

1.小组分工协作拼接纸片，展示探究成果

①大小相同的正三角形　　②大小相同的正方形

③大小相同的正五边形　　④大小相同的正六边形

⑤大小相同的正八边形　　⑥大小相同的正十二边形

学生自主实践、小组分工协作,将探究成果进行展示(如图 5-4-5):

图 5-4-5

【设计意图】通过亲自动手操作,让学生体验平面镶嵌的过程,品尝成功的乐趣.对学生镶嵌图案的展示,教师给予积极评价,使学生感受到成功的喜悦.

2.引导学生探究镶嵌的条件

师:刚才同学们只展示了正三角形、正四边形、正六边形平面镶嵌的图案,用其他正多边形可以进行平面镶嵌吗?

生:通过拼图,发现只有正三角形、正四边形、正六边形可以进行镶嵌,其他的都不能进行镶嵌.

师:为什么只用一种正五边形不可以进行镶嵌? 正多边形进行平面镶嵌需要满足什么条件呢? 请认真填表(表 5-4-5),并归纳结论.

表 5-4-5　探究正多边形进行平面镶嵌需要满足的条件

正 n 边形	每个内角的度数 x	使用正多边形的个数 a	a 个内角的度数和与 $360°$ 的关系	$360°$ 与正多边形每个内角度数的整除关系	能否镶嵌
$n=3$					
$n=4$					
$n=5$					
$n=6$					

学生展开讨论,探究只用一种正多边形进行平面镶嵌的条件,发现能进行平面镶嵌的三种正多边形的每个内角都是 $360°$ 的约数.

结论:只用一种正多边形进行平面镶嵌的条件:$ax=360°$,x 表示正多边形的每一个内角的度数,a 表示正多边形的个数.

这种正多边形的一个内角的整数倍为 $360°$,它们是正三角形、正四边形、正六边形.如图 5-4-6 所示:

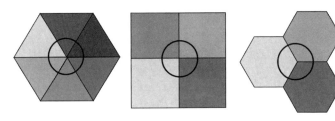

图 5-4-6

【设计意图】由学生通过拼图,猜想,概括出只用一种正多边形进行平面镶嵌的条件.探究正五边形为什么不能镶嵌是本节课的一个难点,通过填表,引导学生从 360° 与正多边形每个内角的度数的整除关系上探究,有利于理解平面镶嵌的条件.

探究二:只用一种任意多边形进行平面镶嵌的条件

请将探究一中的"正多边形"改为"任意多边形",它们可以镶嵌平面吗? 请动手试试,并与同伴交流.

展示学生拼接的结果(如图 5-4-7),并让学生探索发现镶嵌的条件.

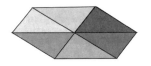 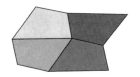

图 5-4-7

【设计意图】让学生在动手实验活动中探究任意三角形、任意四边形镶嵌的条件.

探究三:用两种正多边形进行平面镶嵌的条件

师:同学们通过动手操作、实验探究发现了只有正三角形、正四边形、正六边形可以进行平面镶嵌,那么如果选择两种正多边形进行镶嵌可以有哪些组合呢?

学生进行拼图实验,通过展示交流得到下面图案(如图 5-4-8):

图 5-4-8

师:这些组合镶嵌在各多边形的拼接点处,各内角的和有什么特征?

生:拼接点处各内角的和为360°.

师:运用刚才学过的镶嵌的数学原理,请同学们思考:用几个正三角形与正六边形可以进行平面镶嵌?

师生共同分析:设在一个顶点周围有 m 个正三角形,n 个正六边形的角,则要镶嵌成一个平面,有

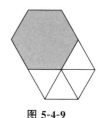

$60°m+120°n=360°$,解得 $\begin{cases} m=4, \\ n=1, \end{cases} \begin{cases} m=2, \\ n=2. \end{cases}$

学生根据上面的解又拼出新图案(图 5-4-9).

师:用正四边形和正八边形能否进行镶嵌?

学生通过计算 $90°m+135°n=360°$,得到 $\begin{cases} m=1, \\ n=2, \end{cases}$ 确定

图 5-4-9

一个正四边形和两个正八边形可以镶嵌,然后在小组合作中完成拼图(如图 5-4-10):

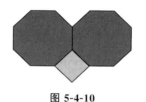

图 5-4-10

师:用两种正多边形进行平面镶嵌需要满足什么条件呢?请认真填表(表 5-4-6),并归纳结论.

表 5-4-6　用两种正多边形进行平面镶嵌需要满足的条件

两种正 n 边形的组合		进行镶嵌的多边形 个数 a、b	拼接点处内角的度数 和与 360° 的关系	拼图
组合一	$n=3$ 与 $n=$＿＿	$a=$＿＿;$b=$＿＿		
组合二	$n=3$ 与 $n=$＿＿	$a=$＿＿;$b=$＿＿		
组合三	$n=$＿＿与 $n=$＿＿	$a=$＿＿;$b=$＿＿		
组合四	$n=$＿＿与 $n=$＿＿	$a=$＿＿;$b=$＿＿		
组合五	$n=$＿＿与 $n=$＿＿	$a=$＿＿;$b=$＿＿		

结论:如果用两种正多边形进行镶嵌,在拼接点处的各内角的度数和一定等于360°.

> 用两种正多边形进行镶嵌的条件是:设 a,b 表示正多边形的个数,x,y 表示正多边形每个内角的度数,则 $ax+by=360°$.

生:根据上表我又可以拼出新图案(图 5-4-11):

师:同学们太强了.我们今天已研究了用两种正多边形进行平面镶嵌的条件是在拼接点处各内角的和等于 $360°$.请问用三种或更多种正多边形组合进行平面镶嵌的条件是什么?

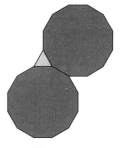

图 5-4-11

生:不管用多少种正多边形进行镶嵌,在拼接点处的各内角的度数和一定等于 $360°$.

【设计意图】让学生小组合作完成多边形的镶嵌的拼图,培养动手实践探索能力、小组协作的能力.引导学生由拼图得到的感性认识,思考正多边形进行平面镶嵌的条件,寻求解决问题的方法.应用平面镶嵌的原理,训练学生分析问题、解决问题、自主探究学习的能力.用镶嵌原理作为依据,探究多种组合镶嵌,体会理论来源于实践,用理论又能指导实践的研究问题方法.

环节三:当堂检测、学以致用

1.商店出售下列形状的地砖:①正方形;②长方形;③正五边形;④正六边形.若只选择其中某一种地砖镶嵌地面,可供选择的地砖有____.(填序号)

2.用两种正多边形镶嵌平面,不能与正三角形镶嵌的正多边形是(   ).

A.正方形   B.正六边形   C.正十二边形   D.正十八边形

【设计意图】检测本节课所学知识,让学生学以致用,巩固提高.

环节四:回顾反思、总结提升

1.本节课你学到了哪些知识?

(1)多边形能覆盖平面应满足的条件:拼接在同一个点的各个角的和恰好等于 $360°$;相邻的多边形有公共边.

(2)只用一种多边形进行平面镶嵌能够做到的有:任意三角形、任意四边形、正六边形.

(3)用两种正多边形可以平面镶嵌的已拼出如下组合:①正三角形与正四边形;②正三角形与正六边形;③正四边形和正八边形;④正三角形和正十二边形.

2.本节课你学到了哪些探究方法?

(1)动手实验从特殊多边形到一般多边形,从一种多边形到多种多边形的探索思路;

(2)体验从特殊到一般、从简单到复杂、数形结合等思想方法.

【设计意图】本环节由学生畅所欲言,谈本节课的收获与困惑,以及遇到问题时的解决方法.使学生养成反思学习过程的习惯,培养学生的概括归纳能力和语言表达能力.

环节五:作业布置,拓展延伸

必做题:

(1)用两种或两种以上平面图形设计一个美丽的镶嵌图案.

(2)利用课后时间,网上查看埃舍尔的图形镶嵌作品.

选做题:

(1)请你设计一个镶嵌作品参加年级优秀图案设计评选活动.

(2)探究足球表面的数学问题.

【设计意图】作业采用分层布置,体现了"人人学有价值的数学;人人都能获得必需的数学;不同的学生在数学上得到不同的发展".

"平面图形的镶嵌"作为数学活动的内容,安排在第十一章"三角形"的最后,体现了多边形及其内角和知识在实际生活中的应用.第十一章首先介绍了三角形的有关概念和性质,接着介绍了多边形的有关概念及其内角和、外角和公式.通过数学活动,学生可以经历从实际问题抽象出数学问题,建立数学模型,到综合运用已有的知识解决问题的全过程,从而加深对相关知识的理解,提高思维能力.数学活动可以弥补数学学科实践能力的不足,促进学生兴趣、个性、特长等自主、和谐地发展.

(一)基于理解教材的数学活动

(1)镶嵌作为数学学习的一项探究性活动,主要有以下两个方面的原因:①如果用"数学的眼光"观察事物,那么用正方形的地砖铺地,就是"正方形"这种几何图形可以无缝隙、不重叠地拼合.②几何中研究图形性质时,也常常要把图形拼合.比如,两个全等的直角三角形可以拼合成一个等腰三角形,或一个矩形,或一个平行四边形;又如,六个全等的等边三角形可以拼合成一个正六边形,四个全等的等边三角形可以拼合成一个较大的等边三角形等.

(2)各种平面图形能作"平面镶嵌"的必备条件,是图形拼合后同一个顶点的若干个角的和恰好等于 $360°$.

(二)基于学生发展的数学活动

苏霍姆林斯基说过："手和脑之间有着千丝万缕的联系,手使脑得到发展,使它更明智;脑使手得到发展,使它变成思维的工具和镜子。"[15]数学活动可以弥补数学学科实践能力的不足,促进学生兴趣、个性、特长等自主、和谐的发展.数学活动解放了学生的头脑、眼睛、嘴巴,留给学生一定的时间与空间,在培养学生的综合素质方面有着十分重要的地位和作用.数学活动是以学生为主体的探索性解决问题的活动,它在呈现形式上绝不是单纯的户外活动,它可以表现为课堂内的经历探索,也可以表现为课内外相结合,还可以是完全置身于社会这个大环境下的调查活动.数学活动中的每个环节都是彼此相连的,应该紧紧围绕一个主题展开.

(1)通过探究正三角形、正方形、正六边形乃至任意三角形、四边形以及多种正多边形能镶嵌平面的规律,理解多边形能铺满地面的理由,并能运用这几种图形进行简单的镶嵌设计.引导学生学以致用,体现应用关联,发展学生应用意识和能力.

(2)通过欣赏图片、动手拼、动脑想、相互交流、展示成果等活动,让学生经历从特殊多边形到一般多边形,从一种多边形到多种多边形的探索,归纳总结得出多边形能镶嵌平面的规律,发展合情推理的能力,运用数学知识解决问题的能力,形成解决问题的策略;指导学生学会观察事物,善于把握事物规律与本质的学习方法,通过自主探究、合作探究的学习方式,完成预期的学习任务,体验从特殊到一般、从简单到复杂、数形结合等思想方法,培养学生自主实践与探索能力.

(3)关注学生的情感体验,让学生在充分感受到数学美的同时,认识到数学来源于生活、应用于生活.让学生在数学实验过程中体验合作与成功的喜悦,增强学生对数学的好奇心和求知欲.

(三)基于理解学生的数学活动

本数学活动始终关注学生能否在老师的引导下,积极主动地按所给的条件进行思考、探究,能否在活动中大胆尝试并表达自己的想法.既关注学生的理解和掌握,更关注他们的学习过程和在数学活动中表现出来的情感与态度.

(1)通过对学生的反馈信息分析、判断,及时对课堂教学进行调控.探究遵循从简单到复杂,从特殊到一般,从实物到图形的原则开展活动.教师设置问题情境,提供有助于形成概括结论的实例,引导学生观察各种现象的显著特点并逐步缩小观察范围,把注意集中于某个中心点.从学生熟知的生活情境出发,让学生初步感知生活中的镶嵌.为了学生能更准确地理解镶嵌的概念、镶嵌的特点.我设置了三个疑问:①这些拼接的图案都是平面图形吗? ②拼接点处有空隙吗? 有重叠的现象吗? ③铺成的是一块还是一片呢? 学生在轻松的氛围中结合生活认知,在感官上认识镶嵌.

(2)探究正五边形为什么不能镶嵌是本数学活动的一个难点.为了有效解决学生的困惑,我给每个小组提供了主题明确、针对性强的实验报告表,引导学生从 $360°$ 与正多边形每个内角的度数的整除关系上探究.由于正五边形的每个内角是 $108°$,拼接三个的时候有空隙,四个的时候有重叠,因此正五边形不能单独镶嵌成一个平面图案.有了前面一系列活动做铺垫,学生能水到渠成地得出用一种正多边形镶嵌的条件,轻松愉快地解决了本节课的难点.

(3)学生已经初步掌握镶嵌的条件,并激发了对镶嵌探索的热情,让学生在动手实验活动中去探究任意三角形、任意四边形,并通过数学实验的方法发现多边形镶嵌的条件.

(4)本数学活动的内容要求较高,学生受到年龄、思维能力以及所学知识的限制,不能很好地将知识整理、归纳、抽象成数学模型.为此,我在课前为学生准备的三角形、四边形薄板上,特别注明了∠1、∠2、∠3、∠4,相等的边涂上同种颜色,这样可以引导学生把不相等的角和相等的边拼接在同一个顶点,保证实验比较顺利地得出多边形镶嵌的条件.

(5)为了弥补一个教师难以面对众多有差异的学生的不足,教学中请正确的小组对出现错误的小组进行帮助.在该环节中,我选取了正三角形与正六边形这两种正多边形镶嵌的应用实例,利用多媒体辅助教学,演示正三角形与正六边形不同的镶嵌图案.教学中,我没有将几种不同正多边形镶嵌的条件通过设问的方式提出来,而是通过对几种不同正多边形镶嵌的实例讲解,引导学生将多边形镶嵌条件自然地引申到几种不同正多边形组合镶嵌中来,让学生认识到多边形镶嵌的条件.

(四)基于发展应用意识和创新意识的作业设计

1.开展优秀图案设计评选活动

为提高学生学习数学兴趣,培养学生用所学知识解决实际问题的能力,组织学生开展平面镶嵌优秀图案设计评选活动.

下面展示部分学生（古金鹏、罗凯杰、张茗建、陈宇芊、李辰悦）优秀作品（如图 5-4-12、图 5-4-13 所示）.

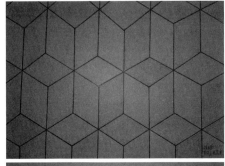

图 5-4-12　　　　　　　　　　　　图 5-4-13

2.探究足球表面的数学问题,关注学科关联

现实生活中,你有没发现什么实物由正五边形和正六边形组成?

足球的表面可以看成由正五边形和正六边形组成.引导学生用数学的眼光看足球:足球是什么形状? 足球的表面是由什么样的图形组成? 这些图形各有什么特征? 这些图形之间有什么关系? 足球表面分别有多少个这样的图形? ……

(1)一只用黑白皮块缝制的足球,黑皮块是正五边形,白皮块是正六边形,每个黑皮块周边缝了 5 个白皮块.

①已知整个足球表面上有 12 个黑皮块,求有几个白皮块;

②若是给出有 20 个白皮块,求黑皮块的个数;

③若是共 32 个皮块,求黑白皮块各多少.

(学生用算术法或方程法解决以上问题.)

(2)足球表面与平面图形的镶嵌一样吗?

足球由正五边形皮块(黑色)和正六边形皮块(白色)缝成.如果取下一黑两白两两相邻的三个皮块,能不能将这三块皮块连在一起铺平? 为什么？

通过以上问题的分析思考，学生对足球有更进一步的认识和了解：如足球都由 12 个黑皮块、20 个白皮块构成，多一个或少一个都不行；平面上的密铺和曲面上的密铺不同，它可能涉及一个更深奥的几何学.

(3)按照我们发现的规律，仿造图 5-4-14 中粘贴多边形的各边，小组合作，制作一个足球.

你会用折纸的方法得到正五边形和正六边形吗？

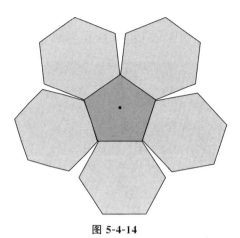

图 5-4-14

按照图 5-4-15、图 5-4-16 要求折纸，思考一下，将分别得到一个什么图形？

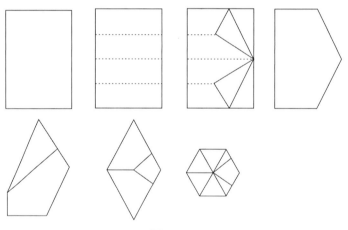

图 5-4-15

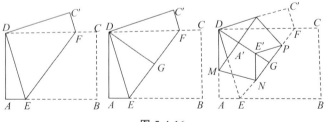

图 5-4-16

你有什么方法验证折叠出的图形是正五边形和正六边形？

引导学生将所学的线段和角的比较方法解决此问题.目前学生既可以用刻度尺和量角器量,说明线段和角的相等,也可以通过重合线段的一个端点或角的一条边,比较另一个端点或边的位置关系,说明线段和角的相等.这样既培养了学生用数学的意识和能力,也激发有兴趣的学生进一步思考:为什么这样折出的就是正五边形和正六边形,从而激活对数学学习的热情和兴趣.

通过制作足球活动,让学生经历图形的变化,初步感受立体图形和平面图形的关系;在小组动手制作足球的过程中,感受到数学学习的乐趣、数学学习的成功、小组分工合作的重要.

足球是学生感兴趣的运动项目,以足球为载体的探究学习体现了趣味性,学生乐意去实践这个探究学习.通过以上各环节的经历,学生体会到数学学习内容与实际的联系,学会用数学的眼光看待生活中的问题.在今后生活中会渐渐地建立生活和数学的联系,对于不同的问题,就会想到用数学的方法去解决;初步学会运用数学的思考方式去观察、分析现实社会,去解决日常生活中的问题,增强应用数学的意识和创新意识.

三、数学夏令营

数学夏令营本着"以人为本,为学生的一生发展做准备"的教育理念为指导,适应素质教育的需要,以"奥数教程"为教材,对学有余力的学生进行适当辅导,在原有知识内容方面加深加宽,要在把握奥数方向的基础上,充分了解各位学生的实际情况,有目的、有重点、有层次、有步骤地进行授课计划,最大限度地调动学生的积极性,以提高他们的自控能力和应用能力;最大限度发挥学生潜能,激发探究热情、体验成功的荣誉感;让每位学生都参与到学习活动中,为长远发展奠定坚实的基础.

【案例 5-4-3】

八年级暑假数学夏令营

一、确定教学目标和学习任务

1.教学目标

(1)让学生在学习数学过程中了解数学的价值,感悟数学思想方法,体

验数学知识之间的内在联系,初步形成对数学整体性的认识;

(2)让学生在学习数学过程中获得一些研究问题的方法和经验,发展思维能力,加深理解相关的数学知识;

(3)让学生在学习数学过程中通过获得成功的体验和克服困难的经历,增进学好数学和用好数学的自信心,发展各种能力,培养创新意识.

2.学习任务

(1)上课时要注重培养良好的学习习惯,积极思考,锻炼思维,自觉反思,提高能力;

(2)每天上交一篇学习数学的心得体会;

(3)夏令营结束时上交一篇课题活动报告.

二、调查分析学生对数学的认识

夏令营的第一节课,我对学生做了如下调查:

(1)你喜欢数学吗?

(2)数学给你什么样的印象?

(3)学数学有什么用?

(4)学了8年的数学,你学到了什么?

(5)数学在实际生活中的应用你知道多少?

通过调查发现:

(1)三分之二的学生喜欢数学,他们感受到数学的严谨、灵活、有趣;知道学习数学能锻炼人的思维;学习数学不仅学知识,还要提高能力;体会到数学与生活之间的联系;会用数学知识解决生活中的一些问题.

(2)发现学生以下几方面有待提高:数学的价值;感悟数学的基本思想和基本方法;运用数学的思维方式进行思考;发现和提出问题的能力,综合运用数学知识分析和解决实际问题的能力;创新意识.

三、加强学法指导,重视培养反思能力

教学中不仅指导学生看书、学例题,加强解题方法指导,同时指导学生及时进行学后反思,每天写一篇学习数学心得,培养学生反思能力.下面摘录部分学生的学习心得如下:

俞琳慧学习数学心得

夏令营马上就要结束了,在这短短的二十天里,学到了很多知识,交到了朋友,收获也很多.

数学这门学科,在我看来是最费脑子的.从前甚至有过抵触,心里侥幸

地认为反正以后的生活也用不着,没必要那么认真去学.但是现在我明白,数学并不是没用,只是在于你是否学透隐含在数学里面的思想方法.这是夏令营给我的启发.

学数学最重要的应该是思维.所以,现在对我来说首先要做的就是培养自己的思维能力,遇到难题不要急着找答案,开动自己的大脑去思考,等到题目越做越多,解题的经验也会积累起来,做题也会更得心应手.

希望今后我能在夏令营数学课的启发下,在学习的道路上越走越远!

陈健宇学习数学心得

转眼间,为期将近二十天的暑期夏令营就要结束了.虽说上课时间不长,但我还是学习到许多方法,有了许多感悟.

通过对几何的学习,让我更好地了解了世界上许多奇妙的组合构成;通过对代数的学习,我更加深刻地体会到抽象事物的神秘.原来我对稍微有些难度的几何题都会望而生畏,在夏令营学习之后,我终于知道:事在人为.只要你用心去做某一件事,那么没有什么难事能阻碍你.原来我对稍微复杂的代数式有一种"可望不可即"的态度,在夏令营学习之后,我才知道,敢于尝试是成功的开端,不敢写下第一个字母,永远都见不到最凝练、最富于思想意义的答案.

时间虽短,但我依然收获颇丰,不到二十天的暑期夏令营,给我们留下太多回忆,其所教予之方法,吾生受用不尽……

廖子康学习数学心得

首先,老师告诉我们要换一个角度欣赏、学习数学,要知道生活离不开数学,要学以致用;其次,掌握一些学习数学和解题的方法,有助于在学习过程中归纳分类,广开思想,解法多多益善,锻炼思维,提升思想.我学会了在学习的过程中回归生活,既加深理解,又体验生活.彻底改变了数学一直在我心目中的枯燥、脱离实际、只为考试的印象,让我切身体会到了数学的真实,有趣和实用.改变了态度,一切也随之改变.每一次反思,都会有新的收获、发现.知识并不是最重要的.更重要的是掌握方法,磨炼思维,改善态度.我还明白了要多动手,勤动脑.这不只是一种认真的态度,更是一种充满好奇的探索.

尹晗学习数学心得

转眼间,一中夏令营即将结束,从第一天写数学心得起,我们每个人都产生了极大的变化.

从最初的认为"数学是应付考试的工具"到现在认识到数学的重要性,我们都发生了巨大的转变,也学会了许多有效的解题方法.而每天的数学心得,则是对自己每天数学学习的反省,从中找到提升自己的方法.我们不再认为数学只是一种工具,而是一门与生活息息相关的学科.在这门学科中,必须要具备坚持不懈的精神,敢于发问和不迷信权威的品质和心态,要有严谨的治学态度,还要掌握从特殊到一般,类比思想等学习方法.

曹玥学习数学心得

在一中三个星期的夏令营学习,我有不少收获.

首先,对于数学的态度因班里很多优秀同学的影响而有所改变,他们对于数学有浓厚的兴趣,有孜孜不倦的钻研精神,灵活多变的解题思想,我应该向他们学习,在数学的学习上花更多的时间和精力.数学不是那么简单、浅薄的,数学的大海多姿多彩,变化莫测,值得我们去细细探索.

其次,我在数学方面的思考方法有了一些进步,例如,我总结出了一些思想、画辅助线的方法、遇到题目时的解题方向、对于难题的思考方式等等,这些对以后的学习应该会有帮助.

还有,数学老师常常从一个普通的故事或新奇的问题开始一堂数学课,让我认识到数学与生活中的实际问题的确有着千丝万缕的联系.用数学也可以破译生活的密码.

以后的学习中,我会更加努力地研究数学,去攀登更高、更美的山峰.

四、重视一题多解,发展学生思维能力

教学中重视例题改造、一题多解、学习反思等方式培养学生的思维能力.

案例1:《奥数教程》P15 例10 改造题:

请在下式的空格内填上一个整数,使得到的多项式能分解因式.

$x^3 - \square x^2 + \square x + \square$

鼓励学生用多种方法分解所得到的因式.

(陈健宇): $x^3 - 5x^2 - 12x + 36$

法一:

原式$= x^3 - 3x^2 - 2x^2 - 18x + 6x + 36$

　　$= x^3 - 3x^2 - 18x - 2x^2 + 6x + 36$

　　$= x(x^2 - 3x - 18) - 2(x^2 - 3x - 18)$

　　$= (x^2 - 3x - 18)(x - 2)$

　　$= (x - 6)(x + 3)(x - 2)$

法二：

原式$= x^3 - 5x^2 - 12x + 27 + 9$

　　$= x^3 + 27 - 5x^2 - 12x + 9$

　　$= (x + 3)(x^2 - 3x + 9) - (5x^2 + 12x - 9)$

　　$= (x + 3)(x^2 - 3x + 9) - (5x - 3)(x + 3)$

　　$= (x + 3)(x^2 - 3x + 9 - 5x + 3)$

　　$= (x + 3)(x^2 - 8x + 12)$

　　$= (x + 3)(x - 6)(x - 2)$

（张椿琪）法三：

原式$= x^3 - 6x^2 + x^2 - 12x + 36$

　　$= x^2(x - 6) + (x - 6)^2$

　　$= (x - 6)(x^2 + x - 6)$

　　$= (x - 6)(x + 3)(x - 2)$

（卢星呈）：$x^3 + x^2 + x + 1$

法一：

原式$= (x^3 + x^2) + (x + 1)$

　　$= x^2(x + 1) + (x + 1)$

　　$= (x + 1)(x^2 + 1)$

法二：

原式$= (x^3 + x) + (x^2 + 1)$

　　$= x(x^2 + 1) + (x^2 + 1)$

　　$= (x + 1)(x^2 + 1)$

法三：

原式$= (x^3 + 1) + (x^2 + x)$

　　$= (x + 1)(x^2 - x + 1) + x(x + 1)$

　　$= (x + 1)(x^2 - x + 1 + x)$

　　$= (x + 1)(x^2 + 1)$

法四：

设原式$=(x+A)(x^2+Bx+C)$

$=x^3+(A+B)x^2+(AB+C)x+AC(A、B、C$ 为常数$)$

对比原式,可得:$\begin{cases} A+B=1(1)\Rightarrow B=1-A\cdots① \\ AB+C=1\cdots② \\ AC=1\cdots③ \end{cases}$

将①代入②得:$A(1-A)+C=1\cdots⑤$

由⑤-③得:

$A(1-A)+C-AC=0$

$A(1-A)+C(1-A)=0$

$\therefore (A+C)(1-A)=0$

$\therefore A=-C$ 或 $A=1$

此时,$-C^2=1$,故舍去

当 $A=1$ 时,$B=0,C=1$

所以,原式$=(x+1)(x^2+1)$

法五:

当 $x=1$ 时,原式$=-1+1-1+1=0$,

根据因式定理:原式必有因式$(x+1)$

当 $x=\pm i$ 时,原式$=-i-1\pm i+1=0$(说明:此处已用高中数学

内容)

所以,

原式$=(x+1)[x+i(x-i)]$

$=(x+1)(x^2+1)$

案例2:8月7日张椿琪同学上交的学习心得中,提出一个疑难问题:

分解 x^7+x^5+1.

第二天上课时,我把这个问题抛给全班同学,很快就有学生提供解法.

(卢星呈)法一:用特殊值法借助计算器分解因式:

当 $x=10$ 时,

原式$=10^7+10^5+1$

$=10100001=111\times 90991$

$\because 111=10^2+10+1$

$90991=10^5-10^4+10^3-10+1$

所以,原式$=(x^2+x+1)(x^5-x^4+x^3-x+1)$

(张东霖)法二:用添项法分解因式:

$$原式=x^7+x^6+x^5+1-x^6$$
$$=x^5(x^2+x+1)+(1+x^3)(1-x^3)$$
$$=x^5(x^2+x+1)+(1+x^3)(1-x)(1+x+x^2)$$
$$=(x^2+x+1)[x^5+(1+x^3)(1-x)]$$
$$=(x^2+x+1)(x^5-x^4+x^3-x+1)$$

五、开展探究活动,提高综合应用能力

结合实际情境,让学生经历设计解决问题的方案,并加以实施的过程,体验建立模型、解决问题的过程,并在此过程中,尝试发现问题和提出问题;体验数学知识与实际生活的联系,加深理解相关的数学知识;通过获得成功的体验和克服困难的经历,增进应用数学的自信心.

(一)借用北京大学附属中学副校长张思明老师的成功案例,让学生感受数学与实际生活的紧密联系

案例 1　为所在小区设计一个最佳的邮政投递路线,或设计一个合理的保安巡逻路线.

思考建议:

(1)对你要研究的小区进行观察,收集必要的数据和信息(如平面图,楼的门洞的朝向,道路情况,小区的进出口位置等);

(2)复习必要的知识,如一笔画方法,最短邮路的画法等;

(3)画出小区的平面示意图(最好复印一下,以避免后面画坏时重画),在图上完成邮政投递路线的设计,使邮递员走的路线最短.

案例 2　用一张正方形的纸做一个无盖的长方体,怎样制作使得体积较大?

思考建议:

(1)无盖长方体展开后是什么样?

(2)用一张正方形的纸怎样才能制作一个无盖长方体? 基本的操作步骤是什么?

(3)制成的无盖长方体的体积应当怎样去表达?

(4)什么情况下无盖长方体的体积会较大?

案例 3　与自行车有关的问题

思考建议:

(1)用自己或同学的一辆自行车为观察对象,观察并解决下列问题:

①我观察的这辆自行车是什么牌子的?

②它的直径是_____厘米,轮子转动一周,在地面走过的距离是

_____厘米(精确到1厘米).

③自行车中轴的大齿轮盘的齿数是_____齿,后轴的小齿轮(飞轮)的齿数是_____,中轴的大齿轮被踏动一周时,后轴的小齿轮在链条传动下,不计算惯性将转动_____周(保留2位小数).

(2)如果你骑自行车上学,你能借助于自行车测量出从你家到学校的路程吗?请你设计一个测量方案,并尽可能地通过实际操作测量出从你的家到学校的路程.

(3)如果你(或你的朋友)的自行车是可以变速的自行车(如山地车、多飞轮的自行车),请你观察一下在这辆自行车上有几个(中轴上的)大轮盘,几个飞轮,它们都各有多少齿?记录这些数据.如果你骑车时每一秒脚蹬一圈,请你根据上面测量的数据计算出这辆自行车运行时最大的速度和最小的速度各是每小时多少公里?

(4)你认为对问题3中的自行车的各个齿轮的齿数安排得合理吗?你能发现或提出什么样的问题?如果有可能请你做设计改进的话,你会做什么?

(二)引导学生学以致用

你还能找到一个与数学有关的生活案例吗?尝试用所学数学知识解决相关问题.

同学们除了仿照上面的案例进行研究外,还从其他方面做了研究:银行存款利率、用计算器发现的数字规律、小区送奶的最短路线、切馅饼、关于科赫雪花的研究、测旗杆的高度、弹簧的应用、探究黄金分割律、小区住户有关用水用电量与价格情况调查、从数学角度对电脑游戏进行研究(关于LOL英雄"猩红收割者"——弗拉基米尔).

从课堂教学中学生的表现和学生上交的学习心得中可以看到:夏令营的数学课让每个学生都有较大的收获,学生的学习理念、学习方法有明显改善,学习能力明显提高.今后我将更自觉地加强理论学习,不断提高教育教学素养;充分利用专家的理论与成功经验指导教学实践,结合本校教学实际探索有效的教育教学方法,提高教育教学效果,同时提升教科研能力.

下面以林晓帆同学《自行车中的数学》为例展示夏令营期间的研究成果.

自行车中的数学

龙岩一中分校　林晓帆

自行车是生活中十分普遍的一种交通工具.它给我们的生活带来了方便和快捷,给我们的出行带来了方便.它可以载我们去想去的地方,也可以带我们完成梦想.不仅如此,自行车里也有许多的学问,有许多的数学问题,如果解决了这些自行车里的数学问题,就可以为自己的出行选择一种最方便的自行车,这样既方便快捷,又省时间.这平常的自行车里究竟隐藏着哪些数学问题呢? 我百思不得其解,就对这普通平常的自行车展开了研究.

我的研究过程是这样的:共分为了五个步骤.

第一步,先确定好自己的研究目标;

第二步,对自己研究的自行车,提出自己想要研究的问题;

第三步,针对自己提出的数学问题,展开探索研究,寻找解决方案;

第四步,针对自行车的种类,了解变速自行车的结构,研究变速自行车里的学问;

第五步,就是总结自己的发现.

确定的学习目标是:运用所学的知识解决问题;了解普通自行车和变速自行车的速度与其内在结构的关系,知道变速自行车能变化出多少种速度.

在研究过程中,我提出如下问题:①普通自行车蹬一圈,能走多远呢? ②变速自行车蹬一圈能走多远呢? ③变速自行车的速度搭配方法有哪些? ④如何才能使得自行车使用寿命更久?

通过探索研究,我发现前两个问题,一共可以用两种方法解答.第一种方法是直接测量,但是误差较大、不实用.第二种方法就是利用数学方法解答:因为自行车的车轮是圆形的,所以我们可以利用圆周长的计算公式,计算出车轮的周长;通过网络搜索,知道根据车轮的周长乘后车轮转的圈数,求出蹬一圈的距离;后车轮的圈数也就等于前齿轮齿数与后齿轮齿数的比,更详细地说,也就是车轮周长乘前齿轮齿数与后齿轮齿数的比,来计算蹬一圈车子走的距离.这样既准确,又便捷,而且也不易出差错.

由此有一个公式:蹬一圈走的路程＝车轮周长×(前齿轮齿数：后齿轮齿数).有了这个公式,以后计算自行车蹬一圈的距离就简单了.

自行车的分类,现在几乎家喻户晓.除了普通自行车以外,还有一种高级的自行车——变速自行车.对于变速自行车,我也了解了它的结构(有2个前齿轮,6个后齿轮).根据这个结构,可以组合出多少种速度呢? 对于这个问题,我又进行了深刻的研究,发现前齿轮数与后齿轮数如下:

表 5-4-1　前齿轮数与后齿轮数

前齿轮数	48			40		
后齿轮数	28	24	20	18	16	14

变速自行车一共有 2 个前齿轮,6 个后齿轮,利用数学搭配方法,2 个前齿轮可以与 6 个后齿轮分别相组合,2×6＝12(种),所以变速自行车一共可以搭配出 12 种速度.

为了调查第 4 个问题,我专门寻访了车店老板并进行网络搜索,知道了轮胎的保养是很重要的,整理了如何才能保养好轮胎的建议:①轮胎打气要适中,充气过足易爆胎,气不足又会使轮胎折裂,造成车胎提前报废;②不能将自行车放在烈日下暴晒或用水浸,否则轮胎容易老化变质;③车胎勿接近盐、酸、碱和油,给自行车零件加润滑油时,注意不要滴在轮胎上,否则会造成轮胎变质;④轮胎使用一段时间后,最好将前、后车外胎调换一下,并且车胎左右换向装,这样可以使外胎受力均匀,延长其使用寿命.其中第 4 个建议引起了我的注意,通过阅读说明书,知道了前轮的大概使用寿命为 11000 千米,后轮的使用寿命约为 9000 千米.那么应该在什么时候对调使用最好呢?

假设路面是绝对的无外在因素的影响,设全程为 1,则前轮平均每千米损坏 1/11000,后轮平均每千米损坏 1/9000.应尽使前后轮同时损坏,则平均每千米损坏:

(1/11000＋1/9000)/2＝1/9900

此时共可骑行 9900 千米.

设对调前行驶了 x 千米,对调后行驶了 y 千米,则可得到方程组:

$$\begin{cases} x+y=9900 \\ \dfrac{1}{11000}x + \dfrac{1}{9000}y = 1 \end{cases}$$

解得:$x=y=4950$

即行驶约 4950 千米时对调.

调查总结:

通过这次对《自行车里的数学》的研究,我得到了以下几点结论,现在我也为我的问题答案做一个总结,我基本上给每一个问题都做了一个公式:

(1)在计算自行车蹬一圈能走多远的问题的时候,不要盲目地去测量,因为这样既不准确又麻烦,数学求的是精简,要找一种简便准确的方法,只要记住一个公式:车轮周长×(前齿轮齿数÷后齿轮齿数)＝自行车蹬一圈的距离,就行了.

（2）"前齿轮转一圈，后齿轮转几圈？"这一类的问题解题公式是：前齿轮转的圈数×前齿轮的齿数＝后齿轮转的圈数×后齿轮的齿数.

（3）变速自行车的速度搭配方法，利用数学搭配即可.

（4）利用已有的数学公式可解决实际问题.

解决自行车里的数学这一类问题，主要靠记住公式，只要记住了公式，才能计算出结论.以前，有人认为，只要是大轱辘的自行车，一定比小轱辘的自行车跑得快.现在我可以很肯定地说："完全错误."只有通过计算得来的结论才是最终的结果，不要被视觉给迷惑，一定要去亲自实践.

通过这次对自行车里的数学的研究，我解开了自行车里的许多问题，对我也很有帮助.在这次观察发现中，不起眼的自行车里原来也蕴含着数学：因为牙盘转的圈数与车轮转的圈数相同，而牙盘的齿数和飞轮的齿数是成比例的，牙盘的齿数是飞轮齿数的 N 倍，那么牙盘旋转一圈飞轮就旋转 N 圈；所以牙盘转的圈数与牙盘齿数的积等于飞轮转动的圈数与飞轮的齿数的积.这看似小小的自行车，竟然也蕴含着这么大的学问，这么大的道理.这看似普通平常的自行车，不仅给我们提供了方便，而且也给了我们探索思考的空间.这次研究，也让我明白了一个道理：要留心身边的一景一物，无论做什么都要细心，数学就在我们身边.

这一次小课题研究，我用自己的方式，完成了这次研究任务.但是自行车里还有许许多多的学问，还等着我去研究、探索.如果我们解决了自行车里的数学问题，那么我们就可以在生活中加以运用.比如，如果要出远门，我们就可以从自行车里选出一辆最快捷的自行车，这样不仅便捷，还省时间.这就是研究自行车里的数学的益处.处处留心皆学问.我一定会继续努力，把结果实现得更好！

第五节　"讲评课"课堂教学实践

试卷讲评课是数学教学的一种重要课型，是复习课的继续和深化，通过对学生答卷情况的深入分析和评讲，帮助学生分析某一阶段的学习情况，查漏补缺、纠正错误、巩固双基，并且在此基础上寻找产生错误的原因，从中吸取失败的教训(包括听课、审题和做题的方法与习惯等等),总结成功的经验,从而完善学生的知识系统和思维系统,进一步提高学生解决问题的能力.同时,通过习题讲评还可以帮助教师发现自己教学方面的问题和不足,进行自我总结、自我反思、改进教学方法,最终达到提高教学质量的目的.

实施"关联数学"教学充分发挥试卷讲评课教学的激励、诊断、强化、示范功能,充分考虑学生的实际情况,体现学生是学习活动的主体.只有立足于学生的实际,激发学生学习的自主性、积极性,致力于学生的"最近发展区",进行有针对性的教学互动,才能提高教学的实际功效,促进学生有针对性地进行自我评价与提高,从而提高讲评的课堂效率和质量.具体做好以下几个环节:

一、统计错误频率

讲评效果的好坏取决于反馈信息的准确与否.讲评课不可能从头到尾面面俱到,而应有所选择,有所侧重,教师在每次阅卷应做好一些必要的数据记载.讲评前都要认真检查每位学生的答题情况,分析各题的错误率,细致诊断学生的解答,找出错误的症结,弄清哪些题目错得较多,错在哪里,学生需要何种帮助,等等.因此,通过反馈信息统计错误频率是上好讲评课的前提和基础.

习题反馈来源于两个方面:一是来源于学生,即把习题答案告诉学生,并编制一张疑难问题统计表,要求每个学生把习题中做错的题目和有疑难问题的题目统计上来,老师进行分析归纳;二是来源于教师,教师要认真批阅,在批阅的过程中,做好学生作答统计表,从中了解学生知识上和方法上存在的问题,做到心中有数.统计出错频率时,教师统计的方法既可以由教师本人查数,也可以让学生举手记数.记录统计的结果要详尽并使人一目了然.如:①列表法.教师按题目顺序列好一张表,把统计的结果记到表里;②记号法.在试卷上出错题号旁打上不同数量的星号或叉号等符号;③统计图法.学生试题出错程度通过统计条形图或折线图能较好地反映出来.这样在上讲评课时,既节约了时间又有针对性,提高了课堂效率.

当然,把习题编制好是反馈的前提,习题最好自己编选,这样既有针对性又符合学情.我们必须清楚哪些知识点学生爱出问题,哪些知识点学生掌握得较好,不同班级存在哪些实际的差距,在这样的背景下再进行选题和编题.在整个编制过程中,既要突出重点又要做到全面考查.在习题功能上要做到区分度、信度和难度的和谐统一,只有这样才能把学生的真实的成绩考查出来.

二、对错误原因、类型进行分析和反思

统计完学生的出错频率后,下一步就是查找每题错误的类型和根源.对于错误类型,教师翻翻学生的试卷不难归纳.教师要善于顺着学生的思路,"将心比心"地分析学生出错根源.有的学生的出错原因和教师所主观臆想的原因不相吻合,要尽可能多地了解学生对做错的题是怎样思考的,多问几个为什么学生会在这道题(这类题)上出错.找出学生在理解基本概念、基本规律上存在的问题,在思维方式上存在的缺陷,有时还需要教师的调查、访谈和交流,这样才能得出科学的结论,讲评才会击中要害.同时也只有集中了学生易错处和典型错例的分析,才能激发学生的思维,加强印象,从而提高课堂效果.

另外,教师也要对由于自己的教学而导致学生产生的错误进行反思.如知识的遗漏使学生没有形成知识链;知识的运用不够深入,使学生掌握得过于肤浅,而导致了错误;自己习惯给学生讲的某些题型的解题思路或许不够精彩和简要.对这类错误的出现,教师除了在讲评课上或今后的教学中及时弥补,还有吸取教训,努力完善自己的教学.

三、确定讲评的内容

讲评课一般以下列内容作为讲评重点:
(1)全班出错率较高、得分率较低的题目及相对应的知识点;
(2)具有典型性、针对性和综合性的题目;
(3)在以往的教学中已多次接触,多次矫正,但学生仍未掌握的难点;
(4)关系到后继学习的重点知识、重点技能;
(5)平时教学中疏忽的"教学盲区";
(6)学生卷面上有独到见解的题.
上述各项内容往往在同一习题中相互渗透、叠加.

四、确定讲评策略

如果说上面的几个步骤是"把脉",下面就要"开药方"了.经过上面的准备工作,教师对学生的试卷上的出现问题已然胸中有数,但还要对讲评方式和解题思路进一步优化,如普通题目、重点题目和难点题目都采用什么样的方式讲评,才能达到最佳教学效果等都应是此时考虑的内容,绝不能不假思索,随意讲评.

五、讲评要求

1.讲的要求

(1)要按序分类讲:所谓按序是指在安排讲题顺序时应打破题目的顺序,按照概念到规律、一般到特殊、由简单到复杂的顺序分析,要遵循认知规律,符合循序渐进的原则.所谓分类是指要杜绝推土机式的讲解,应把试卷中的题目分门别类,按知识或按解题方法或其他方法分开讲解,这样分析既能达到复习知识的目的,又能使学生在解题思想、方法、技巧方面有一个理性的认识.

(2)要讲知识结构:即要发挥教师的主导作用,通过分析题目,使学生对本章的重点、难点、易点的知识点有一个全面的认识.对整章的知识点纵横联系有一个网络性的理解,对知识点的认识要从点到面、再到体.

(3)要讲错因.教师要引导出错的学生说出出现错误时的心理,以暴露隐藏在学生思维深处的错因,进行答卷失误分析,帮助学生提高应试能力.

(4)要讲思路.讲试题题型的特点和解题的思路.要引导学生思考试题在考查哪些知识点,这些知识点之间有什么联系,解题突破口在哪儿,用什么方法解题最好.

(5)要讲方法.抓住典型题目,讲基本解题方法和技巧,引导学生突破已有的思维定式,敏锐抓住试题本质,排除干扰,速解、巧解,得出结论,解题要注重结果,更注重过程.

(6)要讲规律.即归类讲解,对某一类题目的解题方法进行高度概括和总结,总结出相对固定的解题规律,规范解题格式,真正使学生分析一道题,明白一个道理;纠正一道错题,会解一类题型.

(7)要讲变化.讲评中不能就题论题,要"借题发挥",善于将原题进行变形,对某知识点从多角度、多侧面、多层次和不同的起点进行提问.如可以对习题的提问方式进行改变(改一改);对习题所含的知识内容扩大使用范围(扩一扩);从某一原题衍生出许多新题目(变一变);也可把某一数据用其他数据代替(代一代);把习题因果关系倒过来(反一反);把几个题目组合在一起或把某一题目分解为几个小题(合一合,分一分)等.这种训练立足基础,不刻意求难,学生感到别开生面,饶有兴趣,从而达到举一反三的效果.解题的积极性就能调动起来,思维就能活跃起来.

2.评的要求

(1)要评成绩.调查发现学生在讲评课上最想了解到的是各分数段的人数和试卷中存在的主要问题,以便确定自己在班中的位次和答题中的主要失误所在.但不希望公布自己的具体分数和在班上的排名.因此,在评成绩时,不要逐个公布,只说明优等分数段的人数即可,以表扬、鼓励和鞭策为主,做到促先进带后进.同时,在分析学生成绩的进退时,应重相对名次的变化而轻实际得分的升降,以减少试卷难易不同的影响.对因学习态度不好而无明显进步甚至退步的学生要给以中肯的批评,做到激励与鞭策相结合.

(2)评知识,即公布各个知识点的得分率、失分率及失分原因,同时说明这个知识点在课标中的地位,让学生在分析、总结自己的作答情况时有一个参考标准.

(3)评能力,即分析题目到底考查了哪些能力,再分析失分原因:题目读不懂,阅读能力差,还是分析和应用能力差,从而找到能力缺憾所在.

(4)评方法,即评述同学们的解题方法并总结最优解题方法,让大多数学生体会到成功的愉悦,并看到自己的差距,这样讲评,评得学生心服口服,让学生从中体会到老师是在给他们"治病",使学生清楚自己知识和方法上到底还存在哪些问题.

需要指出的是把一系列的问题、错误摆明后,分析其错误根源,进行曝光不是目的,对出现问题的知识点和方法再巩固和再训练以求学生真正掌握才是最终目的.

六、再次反馈,巩固提高

讲评后,除了要求学生做好试题的订正工作并做好答错原因的分析和说明外,还要针对学生在考试中暴露出来的有代表性的共性问题,或者是教师及时根据讲评情况,再精心设计一些相应的逆思路题或变式题让学生再练习、再提高.不仅要做到考后一百分,而且要进一步深化所学的知识,牢固地掌握和运用所学知识.由于学生在基础、能力等方面存在差异,即使教师讲评后,让学生重做试卷,仍不能保证每一个学生都得满分,即使考试拿不到满分,若事后能获得满分,其收获是相同的,而对教师来说,这也是一个反思过程,通过这一过程可以了解教学效果,及时调整进度和方法.

试卷讲评课就是教师通过认真做好试卷分析,系统地收集各种数据,反映出学生在本阶段"学得如何""好(或差)到什么程度""主要存在什么问题",从而对学生在某阶段的学习情况给予确定;通过对学生答卷情况的深入分析和有针对性地评讲,可以起到激发兴趣、纠正偏差、预防错误、巩固基础、强化技能和提高思维能力的作用.讲评联系、诱导创新应该说是讲评课的最高境界,也是实施"关联数学"教学所追求的目标.一般的教师只能围绕一道题讲好题意、讲清思路、讲明方法,但要从一道题中跳出去讲联系、讲创新并非易事,因为它要求教师心中装的不是一道题,而是许多题,而且是同类题或变式题,教师通过讲一道题让学生掌握一类题,从一个知识点联系到整个知识网.通过教师的有启发式地讲评,激发学生的创新思维,使学生有创新地解题.下面以"七下期中试卷讲评"为例.

【案例 5-5-1】

七下期中试卷讲评

一、教学目标

(1)分析各个试题考查的目的,所覆盖的知识点及答题的基本情况;对学生容易失误的试题要多角度、多层面引导学生思考;培养学生自我评价、自我调整、自我完善的能力.

(2)指出解题中普遍存在的问题及典型的错误,分析出解题错误的主要原因及防止解题错误的措施,使学生今后不再出现类似的解题错误.通过查漏补缺,解决学习中存在的问题;注意知识的拓展深化,完善认知结构.

(3)帮助学生学会对一些较重要的、典型的题目通过多种不同思路的展示或从不同角度进行变式,总结具有规律性的解题思路与方法,使学生能够触类旁通,举一反三,提高学生分析问题、解决问题的能力,培养学生的创新精神和实践能力.

二、教学重难点

典型错误出错原因的剖析与纠错,典型题目解题思路探究与解题方法分析.

三、重难点突破措施

(1)统计各题的解答情况,特别是试卷中的典型错误;

(2)课堂调查与问卷调查相结合,分析出错原因;

(3)在错因分析、错题纠错、规范表述、反思提高、方法总结等环节上让学生积极参与,相互讨论学习,以充分体现学生学习的主体地位.

四、教学过程

(一)数据统计与成绩分析(PPT 展示,以下表格供参考,见表 5-5-1、表 5-5-2)

表 5-5-1　各分数段统计表

	1 班	2 班	年级
平均分			
最高分			
最低分			
及格人数			
优秀人数			
140～150			
130～139			
120～129			
110～119			
100～109			
90～99			
80～89			
70～79			
60～69			
50～59			
40～49			
40 分以下			

表 5-5-2　各题出错人数统计表

题号	1	2	3	4	5	6	7	8	9	10	11	12	13
出错人数													
题号	14	15	16	17	18	19	20	21	22	23	24	25	
出错人数													

　　本环节要求:教师要制定科学合理的评分标准,认真评阅试卷,统计成绩并重点分析以下几项:对学生得失分情况进行统计、汇总,确定讲评重点;分类统计各类题目的解答情况,对选择题和填空题应统计出错题目和人数、对解答题统计得分并计算各题的平均分和典型错误及新颖解法,确定重点讲评的题目;对错误较为集中的题目进行分析,找出错误根源,制定纠错措施.

　　(二)公布答案,学生纠正错误

　　本环节要求提前将试卷发给学生,首先要求学生进行自改,认真填写《错误原因分析表》(表 5-5-3),然后与同学交流考试得失,讨论解决问题的方法,剖析出错原因.

表 5-5-3　错误原因分析表

错误原因分析		题号	知识点	失分
知识点理解	_____和_____分不清			
	课堂上本来就没听懂			
	把以前做过的题直接套了进来			
	题型没见过,不知应该怎么做			
	不明白题目要考什么,没有思路			
	题意理解错			
	书写格式错			
应考心理	思路是对的,但计算错误			
	原来做对了,检查时改错了			
	想争取时间做后面的题目或检查			
	怕考不好,太紧张			
	觉得题目简单,没细看			
	时间没分配好,不够用			

（三）分类讲解：典型错误剖析纠正,通性通法,一题多解及解法优化,变式训练

本份试卷考查"相交线与平行线""三角形""平面直角坐标系"三章内容,主要涉及知识点有邻补角、对顶角、垂线及其性质、平行线的判定与性质、平移、与三角形有关的线段、三角形的内角和、三角形的外角和、多边形的内角和、多边形的外角和、平面直角坐标系的有关概念、坐标与图形位置等.

第 6 题：如图 5-5-1,把一块直角三角板的直角顶点放在直尺的一边上,如果∠1＝32°,那么∠2 的度数是(　　).

A.32°　　B.58°　　C.68°　　D.60°

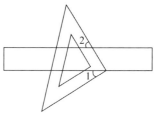

图 5-5-1

【分析】此题考查了平行线的性质与直角的度数.学生失误原因:没有充分挖掘题目隐含条件("直尺"隐含着"平行线"),有的学生不会把实物图抽象成几何图形.

【讲评】由学生自己分析原因,其他学生点评讲解、总结解题要点.

【变式训练】

（1）如图 5-5-2,有一块含有 45°角的直角三角板的两个顶点放在直尺的对边上.如果∠1＝20°,那么∠2 的度数是(　　).

A.30°　　B.25°　　C.20°　　D.15°

图 5-5-2

（2）一块直角三角板放在两平行直线上,如图 5-5-3 所示,∠1＋∠2＝_____度.

（3）把一直尺与一块三角板如图 5-5-4 放置,若∠1＝45°,则∠2 的度数为(　　).

A.115°　　B.120°　　C.145°　　D.135°

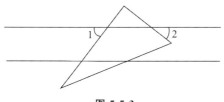

图 5-5-3

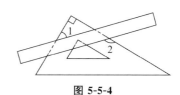

图 5-5-4

（4）如图 5-5-5，将三角板的直角顶点放在直尺的一边上，∠1＝30°，∠2＝50°，则∠3 的度数为（　　）．

A.80°　　　　　B.50°

C.30°　　　　　D.20°

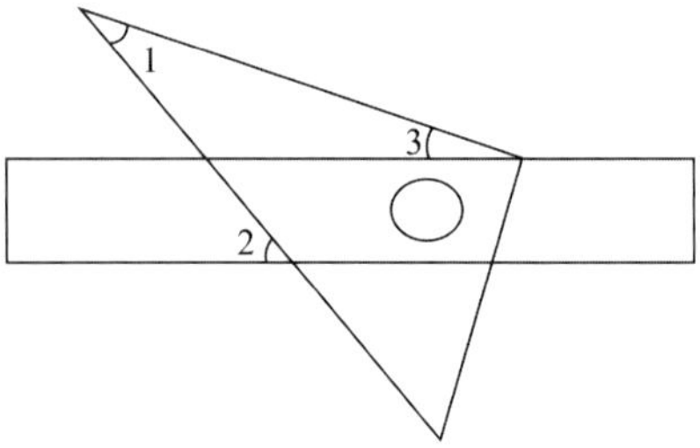

（5）将一个直角三角板和一把直尺如图 5-5-6 放置，如果∠α＝43°，则∠β 的度数是（　　）．

A.43°　　B.47°　　C.30°　　D.60°

【反思】三角板是同学们熟悉的画图工具．一副三角板有两个直角三角形，其中一个是等腰直角三角形，它的三个内角分别是 90°，45°，45°；另一个三角板的三个内角分别是 30°，60°，90°．教学中要引导学生根据教学进度逐步研究三角板上边、角间的关系，或旋转、叠放一种三角板，或将一个三角板置放于直尺（平行线）、另一个三角板（直角三角形）、正方形、平面直角坐标系中，通过三角板的平移或旋转，探求角度、线段长、线段关系、三角形形状、点的坐标、函数解析式、探求存在性等．

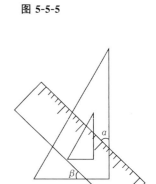

图 5-5-5

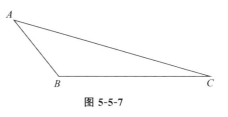

图 5-5-6

第 17 题：如图 5-5-7，画出钝角△ABC 中 BC 边上的高．

【分析】本题考查三角形高的概念，要求学生画钝角三角形的高．学生所画的图主要有如下失误（如图 5-5-8 至图 5-5-12）．通过分析原因，存在学生没有真正理解三角形高的概念，从而没能抓住画三角形的高的要领．

图 5-5-7

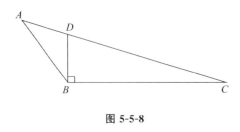

图 5-5-8

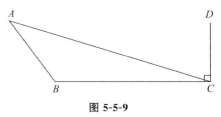

图 5-5-9

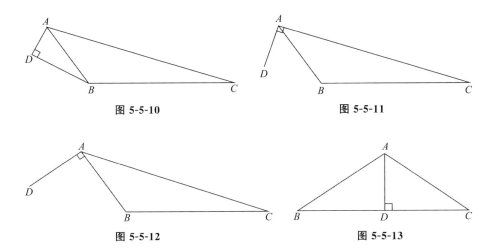

图 5-5-10　　　　　　　　　　图 5-5-11

图 5-5-12　　　　　　　　　　图 5-5-13

【讲评】讲清概念：如图 5-5-13，从△ABC 的顶点 A 向它所对的边 BC 所在直线画垂线，垂足为 D，所得线段 AD 叫作△ABC 的边 BC 上的高．从以上概念的表述中，引导学生结合图形分析概念中所包含的关键要素：过顶点 A；向对边 CB 所在直线画垂线；线段 AD．

为了使学生进一步理解画三角形的高的要领，可用"一过二靠三确定"概括画三角形高的步骤．"一过"：指三角板的一直角边要过顶点（点 A）；"二靠"：指三角板的另一直角边要与顶点所对的边（BC）所在直线重叠；"三确定"：指正确画出高（线段 AD，其中点 D 为垂足）．

【变式训练】如图 5-5-7，画出钝角△ABC 中 AB 边上的高．

通过分析学生画图出错原因，找到了学生学习的最近发展区，有针对性地采取相应措施，学生就能正确地画出各种三角形的高．

【反思】在三角形的高的教学中，教师应引导学生把握概念的关键要素，揭示概念的本质，从而抓住画三角形的高的要领，正确画出图形．注重培养学生动手画图能力．

第 22 题：如图 5-5-14，有一块三角形空地，要在这块空地上种上四种不同的花草，每种花草的种植面积必须相同，请你设计出两种划分方案供选择（要求画出图形并写出画图说明）．

【分析】在试卷答题中，学生主要有以下几种方案，如图 5-5-15 至图 5-5-19 所示．但答题中发现有些同学的两种方案属于同一思路，只是改变方向后的图形．为了拓展学生的思维，鼓励学生探索求异，培养学生的创新能力．在试卷讲评时，我鼓励学生开动脑筋，设计出更多的符合题目要求的不

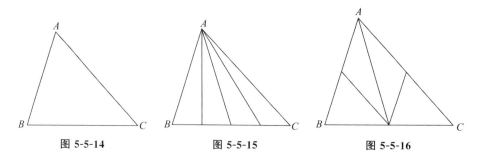

图 5-5-14　　　　　　　图 5-5-15　　　　　　　图 5-5-16

同思路的方案,并引导学生及时总结解题规律.给学生一个机会,学生给我很多惊喜!

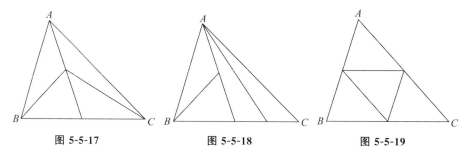

图 5-5-17　　　　　　　图 5-5-18　　　　　　　图 5-5-19

【探究过程】课堂上大部分同学都能积极思考,动手设计,分享成果.图5-5-20 至图 5-5-25 分别是杨宇、郑钰澄、刘俊芸、张雨霖、李承泽、李舸等同学设计的方案.

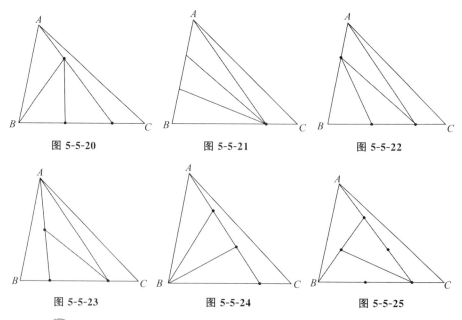

图 5-5-20　　　　　　　图 5-5-21　　　　　　　图 5-5-22

图 5-5-23　　　　　　　图 5-5-24　　　　　　　图 5-5-25

比较善于找规律的李舸同学认真观察以上图形并提出思考:按一定规律画图可以计算符合题目要求的方案共有多少种吧? 我一听好高兴,鼓励他课后用实际行动去验证自己的猜想.

詹铭、王哲昊、易仕豪等同学也不甘示弱,图 5-5-26 至图 5-5-29 是他们设计的方案.

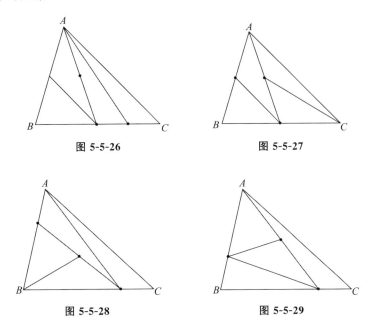

图 5-5-26　　　　　　　图 5-5-27

图 5-5-28　　　　　　　图 5-5-29

超前学习的王志远同学利用平行四边形的中心对称性和相似三角形的性质给出了两种让大家惊叹的方案,如图 5-5-30、图 5-5-31.在图 5-5-30 中,$S_{\triangle ADE}=S_{\triangle DBF}=\dfrac{1}{4}S_{\triangle ABC}$,而过点 O 的任一直线可以把平行四边形 $DECF$ 分成面积相等的两部分.在图 5-5-31 中,过点 A 作 $AD\perp BC$ 于点 D,在 AD 上依次取点 M,F,E,使得 $AM:MF:FE:ED=1:(\sqrt{2}-1):(\sqrt{3}-\sqrt{2}):(2-\sqrt{3})$,分别过点 M,F,E 作 $GH\parallel IJ\parallel PQ\parallel BC$ 交 AB 于点 G,I,P,交 AC 于点 H,J,Q,则 $S_{\triangle AGH}=S_{四边形GIJH}=S_{四边形IPQJ}=S_{四边形PBCQ}$.

平时不爱发言的陈锋银同学对设计方案表现出特别积极的态度,他总想设计一个与众不同的方案,通过多次尝试他设计了如图 5-5-32 所示的方案(图中点 G,E,H 分别为 AB,AD,AC 的中点,点 F 为 ED 的中点),第二天下课时间他兴高采烈地拿来给我看,通过分析发现所设计的方案没

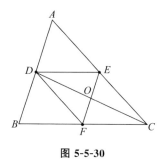

图 5-5-30

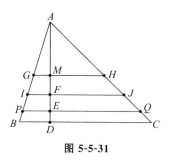

图 5-5-31

符合题目要求,为了鼓励他的积极性,我及时引导他思考如何对原方案做适当修改.其实图 5-5-32 与图 5-5-16 最接近,把这两个图同时放在图 5-5-33 中,通过比较发现:$S_{\triangle ADG} = S_{\triangle AGF} + S_{\triangle GFD}$,$S_{\triangle ADH} = S_{\triangle AHF} + S_{\triangle HFD}$,能否找到三角形分别替换 $\triangle GFD$ 和 $\triangle HFD$,使它们保持面积相等呢?(过点 D 分别作 $DM /\!/ GF$ 交 AB 于点 M,作 $DN /\!/ FH$ 交 AC 于点 N,则 $S_{\triangle MGF} = S_{\triangle GFD}$,$S_{\triangle FHD} = S_{\triangle FHN}$.)如图 5-5-33,$S_{\triangle AMF} = S_{\triangle ANF} = S_{四边形 MFDB} = S_{四边形 NFDC}$,新的一种方案又诞生了.

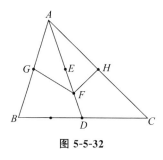

图 5-5-32

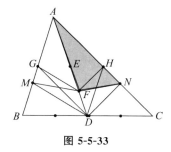

图 5-5-33

爱动脑筋的王志远看到图 5-5-33 的方案,又提出了新思考:是否可以通过 AD 上的某点作一条 BC 的平行线,利用相似三角形的知识设计出符合题目要求的方案呢?我很赞赏他的思考,鼓励他进一步研究验证.

第 23 题:如图 5-5-34,已知 $AB /\!/ CD$,探索图中 $\angle P$ 与 $\angle A$,$\angle C$ 的关系,并说明理由.

【分析】学生答题存在问题:部分学生不会作辅助线,部分学生辅助线表述不清楚,部分学生书写格式不规范或逻辑不清.

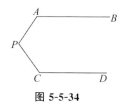

图 5-5-34

【讲评】引导学生分析,从已知平行线可以想到什么?从要找的结论又可以想到什么?鼓励学生用多种方法证明,并及时总结证明思路与解决问题的方法.

【变式训练】已知 $AB/\!\!/CD$,点 P 位置分别如图 5-5-35 至图 5-5-37 所示三种情况,继续探索图中 $\angle P$ 与 $\angle A$,$\angle C$ 的关系,并说明理由.(鼓励用多种方法证明)

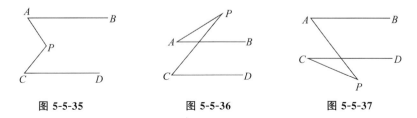

图 5-5-35　　　　　　图 5-5-36　　　　　　图 5-5-37

第 14 题:在平面直角坐标系中,点 D 在第二象限,它到 x 轴、y 轴的距离均为 2,则点 D 的坐标为_____.

【分析】在批改试卷时,发现本题的得分率不高.本题的解答涉及数形结合的思想,对于七年级学生要把这部分内容掌握好需要有一个适应过程.为了学生能尽快熟练这部分内容,也为了提高学生的学习效率和学习能力,在讲评试卷时,我让学生试着改变或调整题目中的条件和结论,编写出新题目并正确解答.

【探究成果】引导学生编写题目,培养学生的应变能力,学生的表现出乎我的意料.下面是刘沣逸同学整理在笔记本上的改编题:

(1)在平面直角坐标系中,点 D 在坐标轴上,它到 x 轴的距离为 7,则点 D 的坐标为_____.

(2)在平面直角坐标系中,点 D 在坐标轴上,它到 y 轴的距离为 7,则点 D 的坐标为_____.

(3)在平面直角坐标系中,点 D 的坐标为 $(3,3)$,它关于 x 轴的对称点的坐标为_____.

(4)在平面直角坐标系中,点 D 的坐标为 $(3,3)$,它关于 y 轴的对称点的坐标为_____.

(5)在平面直角坐标系中,点 D 的坐标为 $(3,3)$,它关于原点的对称点的坐标为_____.

(6)在平面直角坐标系中,点 D 的横、纵坐标相减为 0,则点 D 的坐标可能是_____.(写一个即可.)

(7)在平面直角坐标系中,点 D 的横坐标为 5,横、纵坐标相乘为 25,则点 D 的坐标为_____.

关联数学

(8)在平面直角坐标系中,点 D 到 x 轴的距离为 7,到 y 轴的距离为 8,则点 D 的坐标为_____.

(9)在平面直角坐标系中,点 D 在 x 轴上方,在 y 轴右侧,则点 D 的坐标可能是_____.(写一个即可)

(10)在平面直角坐标系中,点 D_1 横坐标为 -5,横、纵坐标相加为 -9,点 D 是点 D_1 关于 y 轴的对称点,则点 D 的坐标是_____.

刘沣逸同学的笔记本上对题目如何改编还进行分类说明,写出每个题目的正确答案,对答案不唯一的开放性题目还进行说明.

【教学反思】通过典型题目的剖析与讲解,达到总结、提炼通性通法的目的,以此提高学生对学科知识的整体把握.对典型题目的讲解要做到:一是讲解法的发现过程,如何读题、如何寻找解题的切入点、解法探索;二是讲如何规范表述解题过程;三是通过一题多解、一题多变、多题一解等手段,深入挖掘典型试题的潜在功能.积极引导学生参与到讲评过程中,尽量多地让学生发言,以暴露其思维过程,以对其他学生起到警戒、示范作用.具体的方法有:错误让学生"改"、思路和解法让学生"讲"、解题过程让学生"板演"、学生之间相互"批卷"和"讨论".

对试卷中的新题型和一题多解介绍给学生,使学生的解题思路更广阔.对试卷中出现的新思路、新解法、同一题目的不同解法及不同解法的优劣选择,不论是否合理和正确,教师都要给以恰当的评价,使学生能理解和尝试学习新思路.

(四)反思总结完成满分卷

没有反思,复习过程不会得到消化、复习效果不会得到巩固.总结的过程,就是学生认识水平和能力提高的过程.教师要善于引导学生反思、回顾和总结,概括本节课要点,归纳解题方法,并强调易错点.反思总结之后,要引导学生完成满分卷并进行二次批阅,重点学生面批面改.

习题做完之后,要求学生从五个层次反思,做错题集:

(1)怎样做出来的? 想解题采用的方法;

(2)为什么这样做? 想解题依据的原理;

(3)为什么想到这种方法? 想解题的思路;

(4)有无其他方法? 哪种方法更好? 想多种途径,培养求异思维;

(5)能否变通一下而变成另一习题,想一题多变,促使思维发散.

当然,如果发生错题,更应进行反思:错误的根源是什么?"吃一堑,长一智",不断完善自己.

（五）布置作业

讲评课的结束，并不是试卷评讲的终结，教师应利用学生的思维惯性，扩大"战果"，有针对性布置一定量的作业，进行巩固性练习.练习题的来源：对某些试题探索不同解法，或者进行多角度的改造，使旧题变新题，这样做有利于学生对知识和方法掌握的巩固提高，有利于反馈教学信息.

试卷讲评后还可以给学生提供各种机会，点燃学生思维的火花，让学生创造性地进行数学学习.引导学生考虑一题多解，引导学生一题多变，引导学生一题多用，这样，学生就可以多层次、广视角、全方位地认识数学问题.我们应坚信学生潜藏着巨大发展能量，坚信每个学生都可以积极成长，坚信每一位学生都能学好数学.在数学课堂教学中要大胆地给学生各种机会，尽量让学生进行创造、获得发展.

第六章

实施"关联数学"的教学评价

　　《数学课程标准》对评价的要求表述为:评价主要是为了全面了解学生的数学学习的过程,激励和改进教师的教学;应建立评价目标多元、评价方法多样的评价体系;对数学学习评价要关注学生的学习结果,更要关注他们学习的过程;要关注学生的数学学习水平,更要关注他们在数学学习活动中所表现出来的情感、态度、价值观,帮助学生认识自我,建立自信.实施"关联数学"坚持立德树人的政治方向,渗透数学的教育价值;理解评价,正解导向,倡导课堂教学评价多元化;合理设计和实施书面测验,开展教学评价,促进课堂教学效益提高,发展学生数学素养.

第一节　　在价值观指导下理解评价

　　教育评价事关教育发展方向,有什么样的评价指挥棒,就有什么样的办学导向.正确的评价"指挥棒",对促进学生身心健康、全面发展具有十分重要的意义.实施"关联数学"教学认真落实立德树人根本任务,树立科学的教育发展观、人才成长观、选人用人观.尊重学生的个体差异,关注多元关联,积极探索多元评价的策略与方法,以促进学生全面发展为目的,保护学生自尊心、自信心,体现尊重与爱护;注重引导学生自主积累、体验和感悟,从而激发学生的学习兴趣,营造轻松和谐的课堂气氛,全面提高课堂教学效益,发展学生数学素养.

一、评价主体多元化

课堂评价多元化充分关注课堂教学过程中师生多方面的体会和感受，使评价成为学生和教师认识自我、发展自我、管理自我、激励自我的一种手段.综合运用师生相互评价、学生自我评价、学生相互评价、家长评价等方式,对学生的学习情况和教师的教学情况进行全面的考查,使评价成为鼓励不同层次学生学习数学的催化剂.

(一)师生相互评价

平等,是增进情感、融洽关系的润滑剂.学生渴望同学之间的平等,更希望师生之间的平等.老师与学生互换角色,教师处在学生的位置上听学生评价,学生在受宠若惊之余,更多的是快乐,他们一定会抓住机会,好好地表现一番.

(二)学生自我评价

根据学习目标和要求,引导学生主动参与学习活动,积极开展自我评价,是培养学生自我意识和自主学习能力的重要途径,是促进学生实现真正的自主学习,达到"教是为了不教"的境界而采用的重要手段.如每章学习结束时,我要求学生以绘制本章思维导图的方式进行小结,及时复习巩固所学内容,归纳学到的知识和方法、学习中的收获、遇到的问题等.通过思维导图对学生的学习情况进行评价,或组织学生将自己的思维导图在班级展示交流,让学生通过这种形式总结自己的进步,反思自己的不足以及需要改进的地方,汲取他人值得借鉴的经验.

(三)学生相互评价

学生是学习的主体,教师应充分调动和发挥学生集体的力量,让学生参与评价,通过评价互相促进.学生间的相互评价,不仅有利于学生取人之长,补己之短,还可以锻炼自己的判断是非能力和口语表达能力,提高思考问题、分析问题的能力.如课堂练习可以让学生互相批改、互相评价,既能调动他们学习的积极性,又能巩固所学的知识,一举两得.

（四）家长参与评价

我和每个家长都加为微信好友,方便与家长及时交流联系,有时也可以把学生的作业、试卷发给家长看.对于学困生,只要有点滴的进步,我就发信息告诉家长,让家长来参与评价,再把家长的评价拿给学生看,学生看到父母的表扬和肯定,无比的开心,更加激励了他们学习数学的信心.

二、评价内容多元化

课堂评价必须兼顾学生的全面发展,肯定学生的优势智能,鼓励和带动学生开发弱势智能,使每个学生都得到成功的体验;要让每一个学生通过自主、合作和反思的过程,逐步掌握学习和认识社会的基本技能和方法.

（一）注重对学生学习过程中情感、态度和价值观的评价,落实核心素养中的责任担当意识

对学生学习的评价,既要关注结果,更要注重数学学习中的情感、态度和价值观的评价.因为端正的学习态度、良好的学习习惯、高涨的学习热情是学生健康学习的根基,是学生后继学习的动力.

（二）注重对学生各种能力发展情况的评价,落实核心素养中学会学习的能力

发展学生的各种能力,一定要结合知识的传授过程去进行;必须结合知识体系,有目的、有计划、有顺序、有层次地由低级向高级逐步地、全面地培养.如在课堂教学中,评价学生用数学知识解决生活实际问题的能力.数学不是一门孤立的学科,它来源于生活,同样又为我们的生活服务.在教学中,经常让学生用数学的思维来解决生活中的问题,可以培养学生们探索生活中数学问题的能力;让学生们收集生活中的数学信息,把学生们观察到的实际问题在课上进行交流,学生在课堂上的表现,能体现他们观察生活、感知生活中的数学问题的能力.

三、评价对象多元化

素质教育要求每个学生都在原有基础上得到最大可能的发展.因此,在

课堂教学过程中,我们就必须采用一些能尽可能让全体学生都参与的策略,要尽量避免和减少"少数学生争台面,多数学生作陪客"的形式,要把个别参与为主的组织形式,转变为由全体学生参与为主的组织形式,把"一刀切,齐步走"的组织形式,转变为因材施教、分层达成的组织形式,实现"人人都能获得良好的数学教育,不同的人在数学上得到不同的发展".

四、评价方法多样化

在数学课堂教学过程中,为使对学生学习状况的评价更加客观和公正,应采取多种方式,既应包括对学生书面作业情况的评价,也应包括通过观察、提问、交谈等方式对学生在动手实践、自主探索、合作交流等活动中的表现进行评价,这样可以让更多的学生体验成就感.

(一)语言表扬评价

对学生学习过程中的闪光点要及时肯定,即时评价能使学生学习过程中稍纵即逝的闪光点得到充分肯定,让学生感受到自我价值的存在.在课堂上对学生的不完整发言不做草率的评价,而是适当延时,用语言提示诱导,鼓励学生畅所欲言,重新梳理思路,经过一次或多次反馈后再评价,这样做有利于学生整理或完善自己的思维.例如"你再想想,换哪种表达的方式更准确一些呢?""你的思路正确,但是答案错了,再想想.""对某某同学的算法,你们还有什么看法呢?"等等,通过这样的延时评价给学生留出自我检查的空间和时间,让学生在不断争辩或自我反馈中明确认识,经历一个自悟自得的创新过程.

(二)物质奖励评价

对学生学习过程中的突出表现进行随机奖励小礼物,阶段总结表现优秀、进步显著者奖励学习用品或奖状.完成较好的作业分别盖"优秀""良好"等不同级别奖章.

(三)填写表格评价(表 6-1-1)

在实施多元评价时,最主要的是引导学生进行积极的自我反思,通过形式多样的自评引起学生对自己的学习态度、课堂表现、作业情况进行反思.

表 6-1-1　学生课堂表现情况评价表

项目	A 级	B 级	C 级	自我评价	同学评价	教师评价
认真	上课认真听讲,作业认真,参与讨论态度认真	上课能认真听讲,作业按时完成,有参与讨论	上课无心听讲,经常欠交作业,极少参与讨论			
积极	积极举手发言,积极参与讨论与交流,大量阅读数学课外读物	能举手发言,有参与讨论与交流,有阅读数学课外读物	很少举手,极少参与讨论与交流,没有阅读数学课外读物			
自信	大胆提出和别人不同的问题,大胆尝试并表达自己的想法	有提出自己的不同看法,并进行尝试	不敢提出和别人不同的问题,不敢尝试和表达自己的想法			
善于与人合作	善于与人合作,虚心听取别人的意见	能与他人合作,能接受别人的意见	缺乏与人合作的精神,难以听进别人的意见			
思维的条理性	能有条理地表达自己的意见,解决问题的过程清楚,做事有计划	能表达自己的意见,有解决问题的能力,但条理性差些	不能准确表达自己的意思,做事缺乏计划性、条理性,不能独立解决问题			
思维的创造性	具有创造性思维,能用不同的方法解决问题,独立思考	能用老师提供的方法解决问题,有一定的思考能力和创造性	思考能力差,缺乏创造性,不能独立解决问题			

我这样评价自己:

伙伴眼里的我:

老师的话:

说明:

1.本评价分为定性评价和定量评价两部分.

2.定量评价部分分 A、B、C 三个等级,分别表示"优秀""良好""待改进".

3.定性评价部分分为"我这样评价自己""伙伴眼里的我"和"老师的话",都是针对被评者作概括性描述和建议,以帮助被评学生的改进与提高.

(四)成长档案评价

学生成长档案袋评价的优点是可以反映学生一定时期数学学习的成长记录.可以让学生了解自己数学学习的成长轨迹,发现学习规律,反思不足,改进学习.

(五)非语言激励评价

评价本身就是一个学习的过程,在我们实施有效的语言评价的同时,一些非语言评价也能激励学生的学习.如学生遇到学习困难时,教师给予一个鼓励的眼神.把一些"学困生"的作业混入"优等生"的作业中一起展览等.通过非语言激励评价,可以拓展和丰富学生评价的方式.

(六)书面测验评价

书面测验是考查学生课程目标达成情况的重要方式,也是目前对学生学习进行量化评价的主要手段.合理设计和实施书面测验有助于全面考查学生的数学核心素养,及时反馈教学成效,不断提高教学质量.数学核心素养的评价及其体系的建立是一项具有挑战性的工作,任重道远.在考查和评价学生数学核心素养时,我们努力做到以下几个方面:第一,题目的情境要合理,符合现实生活、数学、科学情境实际情况,不能生编硬造.第二,考查内容应围绕数学内容主线,整体把握知识体系,聚焦学生对重要数学概念、定理、思想和方法的理解与应用;注重数学本质和通性通法,淡化解题技巧.第三,对思维品质的考查要求学生会思考.第四,研制开放性问题,考查学生的创新意识和思维过程.第五,对于开放试题,思维与结论一致是评价的重要原则.只要学生的思维和结论一致,作答的结果就应该判为正确,而不应拘泥于特定的解题方式和结论,这样可以鼓励考生从多角度思考问题、解决问题.如果考生分析得更加深刻,所得的结论更加精确,可以在试卷总分不变的限度内加分.

实施"关联数学"教学聚焦立德树人,关注价值引领,坚持能力立意与素养导向,对合理设计和实施书面测验积极探索与实践.以知识为基础,以数学思想方法为引领,以情境为载体,突出数学本质,渗透优秀传统文化和科技文化,关注数学知识的理解和解释,关注数学规则的选择和运用,关注数学问题的发现与解决,促进师生在教学方式、学习方式上的转变,助力推动中学素质教育.本章第二节至第六节分别从问题情境、数学本质、数学思想、数学应用、数学文化五个角度通过合理设计试题开展教学评价.

第二节　基于问题情境的教学评价

实施"关联数学"教学评价在合理设计和实施书面测验中,关注数学与生活现实、学习现实关联,通过合理创设问题情境,科学地设置一些以时政热点、生活实例、数学学习活动过程为情境的试题,考查学生运用所学知识和方法发现和提出问题、分析和解决问题的能力.

一、创设情境,考查数学基础知识和基本技能

对于基础知识和基本技能达成情况的考查,注重考查学生对基础知识的理解,对基本技能所蕴含的原理的理解,尝试设计出在实际情境中考查学生对知识形成过程的理解的试题.

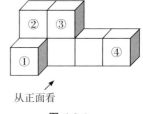

从正面看

图 6-2-1

例1　如图6-2-1,是由7个大小相同的小正方体堆砌而成的几何体,若从标有①、②、③、④的四个小正方体中取走一个后,余下几何体与原几何体的主视图相同,则取走的正方体是(　　　).

A.①　　　　B.②　　　　C.③　　　　D.④

【点评】本题创设堆砌小正方体的实际情境,考查学生对三视图的理解.

二、创设情境,考查数学基本能力

对于数学基本能力的考查,重视在新情境下考查学生的数学能力素养,尝试设计出能考查学生思维过程的试题.

例2　有一道题:"先化简,再求值:$\left(\dfrac{x-3}{x+3}+\dfrac{6x}{x^2-9}\right)\div\dfrac{1}{x^2-9}$,其中 $x=-\sqrt{2007}$".小亮同学做题时把"$x=-\sqrt{2007}$"错抄成了"$x=\sqrt{2007}$",但他的计算结果也是正确的,请你解释这是怎么回事.

【点评】本题的原型是学生学习生活中的情景,考查学生的运算能力和推理能力.要顺利地解答这个问题与完成一定的程序性解答任务有关,因此,利用计算题将这个问题设计成试题的做法具有一定的合理性.这道题的设计还表明,计算题的原型问题有时也与人们的日常生活紧密联系,如果能运用计算题将这些问题原型成功地编制成试题,则既能保证题目的效度,也能使试题显现出一些"人情味",使冰冷的中考饱含着温情.

三、创设情境,考查数学基本思想

对于数学基本思想的考查,重视创设情境,经历数学知识的发生、发展和应用的过程,考查对数学思想方法的领悟程度.

例 3 【阅读理解】

用 10 厘米×20 厘米的矩形瓷砖,可拼得一些长度不同但宽度均为 20 厘米的图案.已知长度为 10 厘米、20 厘米、30 厘米的所有图案如图 6-2-2 所示.

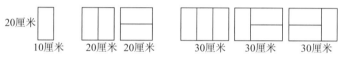

图 6-2-2

【尝试操作】

如图 6-2-3,将小方格的边长看作 10 厘米,请在方格纸中画出长度为 40 厘米的所有图案.

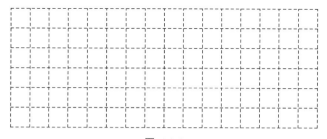

图 6-2-3

【归纳发现】

观察以上结果,探究图案个数与图案长度之间的关系,将表 6-2-1 补充完整.

表 6-2-1　图案个数与图案长度

图案的长度(厘米)	10 厘米	20 厘米	30 厘米	40 厘米	50 厘米	60 厘米
所有不同图案的个数	1	2	3	___	___	___

【点评】本题属于图形变化探索规律类题目,题目首先给出长度为 10 厘米、20 厘米、30 厘米的所有图案的设计思路,进而要求画出长度为 40 厘米的所有图案,然后探究图案个数与图案长度之间的关系;让学生经历了学习新知、应用新知解决问题的完整过程,系统考查了学生几何直观、动手操作、归纳类比、逻辑推理、实践应用等多种能力,体现对数形结合思想、特殊到一般思想、函数思想、分类与整合思想的考查.

第三节　突出数学本质的教学评价

实施"关联数学"教学在合理设计和实施书面测验中,以《数学课程标准》规定的培养目标的达成度为价值取向,注重本质关联,立足学科基础,关注思维过程,深度钻研教材,注重探究实践,着眼未来发展.

一、关注思维过程,体现数学本质

《数学课程标准》指出"应根据具体的教学内容""从学生实际出发""创设有助于学生自主学习的问题情境",让学生获得"基础知识、基本技能、基本思想方法、基本活动经验",不断提高学生"发现问题和提出问题的能力、分析问题和解决问题的能力".实施"关联数学"教学关注数学学习的完整过程,将思维过程或学生日常学习活动经验浓缩于试题中,在考查过程中重温学习过程,在学习过程中理解数学本质.

例 1　如图 6-3-1,点 P 是 $\overparen{AB}$ 与弦 AB 所围成的图形的外部的一定点,点 C 是 $\overparen{AB}$ 上一动点,连接 PC 交弦 AB 于点 D.

小腾根据学习函数的经验,对线段 PC,PD,AD 的长度之间的关系进行了探究.

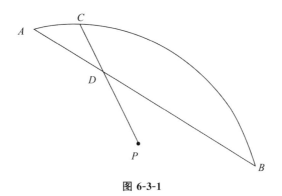

图 6-3-1

下面是小腾的探究过程,请补充完整:

(1)对于点 C 在 $\overgroup{AB}$ 上的不同位置,画图、测量,得到了线段 PC,PD,AD 的长度的几组值,见表 6-3-1.

表 6-3-1　PC、PD、AD 的长度

线段/厘米	位置1	位置2	位置3	位置4	位置5	位置6	位置7	位置8
PC	3.44	3.30	3.07	2.70	2.25	2.25	2.64	2.83
PD	3.44	2.69	2.00	1.36	0.96	1.13	2.00	2.83
AD	0.00	0.78	1.54	2.30	3.01	4.00	5.11	6.00

在 PC,PD,AD 的长度这三个量中,确定_____的长度是自变量,_____的长度和_____的长度都是这个自变量的函数.

(2)如图 6-3-2,在同一平面直角坐标系 xOy 中,画出(1)中所确定的函数的图象.

(3)结合函数图象,解决问题:当 $PC=2PD$ 时,AD 的长度约为_____cm.

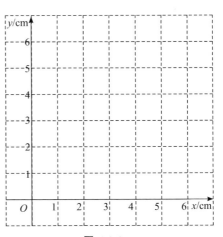

图 6-3-2

【点评】本题让学生在考场中重温了一遍函数学习的全过程.首先试题根据点 C 的不同位置带领学生画图、测量、列表,此时学生需要根据表格中的测量数据分析变量与变量之间的关系,从而判断自变量和因变量,初步确

定函数关系.这其中需要学生对函数的"唯一对应"的本质有深刻的理解,才能准确得出只能以 AD 为自变量.再经历描点和连线的过程,以及画出函数图象并利用函数图象解决问题的过程.学生再次经历函数这个数学对象的产生、发展和运用的全过程,将平时学习过程中需要一周来完成的内容与方法浓缩于一道题中,将函数的核心知识(函数概念)、函数本质的理解,以及函数的学习方法融合在试题中.考试过程变成了探索学习的过程.学生深度学习的能力、学生对数学对象的抽象能力和学生的数学建模能力等,在学生解题过程中获得激活和调用,在解题过程及结果中得到体现,体现了数学命题指向数学本质的价值导向.

二、深度钻研教材,挖掘数学育人价值

教材是课堂教学的基本蓝本,教师要明确"用教材教"和"教教材"的辩证关系,理解"用教材教"的深刻含义.实施"关联数学"教学认真研究教材,理解课程体系,明确初中数学相关板块内容蕴含的教育价值,深入挖掘教材中各知识板块的引例、例题和习题的教育功能,设计合理的教学方案和各类型试题,进行有针对性的教学,切实落实各板块教学内容的教育价值.

人教版教科书七年级上册第三章第四节"角的比较与运算"有安排一个"探究"栏目(内容如图 6-3-3).以课本探究题为背景,一副三角板的不同叠放方式可以得到不同的角度,借助图形的变化改变三角板的叠放方式,发挥三角板隐含的特殊直角三角形的性质,可以在教学不同阶段

图 6-3-3

从画图、求角度、求面积、求线段长等不同角度巧妙设计不同类型试题,考查学生对数学本质的理解、综合运用知识解决问题的能力.

(一)画图

例 2 一副三角板由一个等腰直角三角形和一个含 $30°$ 的直角三角形组成,利用这副三角板构成一个含 $15°$ 角的方法很多,请你画出其中两种不同构成的示意图,并在图上作出必要的标注,不写作法.

【点评】本题考查角的运算和设计方案能力.利用一副三角板中的角做"加减运算":$60°-45°$,或 $45°-30°$,或 $60°+45°-90°$ 等来得到 $15°$ 的角.本

题答案不唯一,属解题策略开放题,要求解题者设计解题方案.这类拼图组合,给出了一定的条件,但解决问题的办法需要学生自己来寻找.通常解决这类问题的方法不唯一.用现有的工具去解决问题,这在实际生产和生活中常会遇到.

(二)求角度

例3　一副三角板如图 6-3-4 所示叠放在一起,则图中∠α 的度数是(　　).

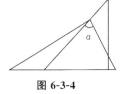

图 6-3-4

A.75°　　　　B.70°

C.65°　　　　D.60°

【点评】本题主要考查利用一副三角板中的角和三角形内角和定理求角度.

(三)求面积

例4　将一副三角尺如图 6-3-5 所示叠放在一起,若 $AB=14$ 厘米,则阴影部分的面积是_____平方厘米.

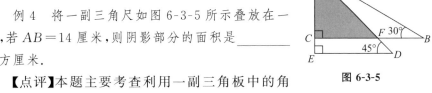

图 6-3-5

【点评】本题主要考查利用一副三角板中的角和特殊直角三角形的边角关系求直角三角形面积.

(四)求线段长

例5　小明将一副三角板按如图 6-3-6 所示的样子摆放在一起,发现只要知道其中一边的长就可以求出其他各边的长.若已知 $CD=2$,求 AD.

【点评】本题主要考查利用一副三角板中的角和特殊直角三角形的边角关系求线段长.

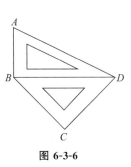

图 6-3-6

(五)综合题

例6　一副直角三角板叠放如图 6-3-7 所示,现将含 45°角的三角板 ADE 固定不动,把含 30°角的三角板 ABC 绕顶点 A 顺时针旋转 $α$($α$=∠BAD 且 0°<$α$<180°),使两块三角板至少有一组边平行.

(1)如图 6-3-8①,$α$=_____°时,$BC \parallel DE$.

(2)请你分别在图 6-3-8 图②、图③的指定框内,各画一种符合要求的图形(要求与图①不同),标出 α,并完成各项填空:

图②中 $\alpha=$ _____ °时,_____ // _____;图③中 $\alpha=$ _____ °时,_____ // _____.

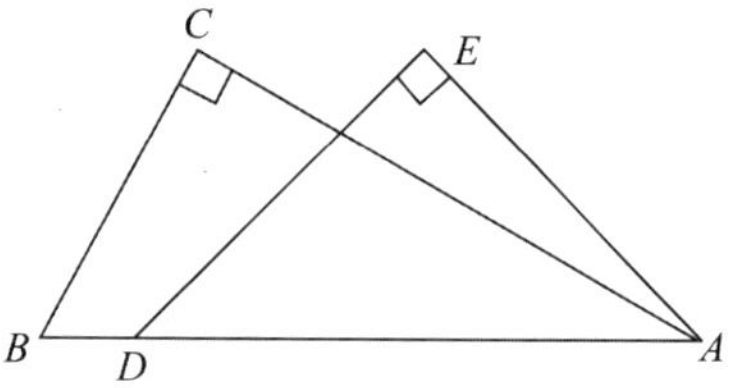

图 6-3-7

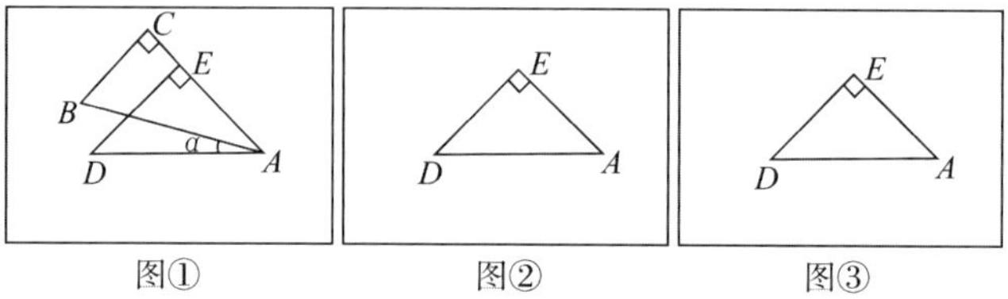

图① 图② 图③

图 6-3-8

【点评】本题以叠放一副三角板为背景,巧妙地将求角度、平行线的判定、旋转等知识融合在一起,体现了重视考查学生的基础知识和动手操作的能力,注重使学生经历观察、操作、推理、想象等探索过程,注重利用所学内容解决问题.

三、注重探究实践,发展数学素养

实施"关联数学"教学评价重视在新情境下考查学生的数学能力素养.尽量避免陈旧题,使解答过程不单纯是学生的解题经验、习惯的反映,能真正考查学生是否能运用已学的知识、技能,独立思考,自主分析,解决问题.注重对学生数学思考能力、解决问题能力和数学素养的发展性评价,重视反映数学思想方法、数学探究活动的过程性评价,注重对学生的应用意识和创新意识的考查.

例 7 定义:只有一组对角是直角的四边形叫作损矩形,连接它的两个非直角顶点的线段叫作这个损矩形的直径.

(1)识图:如图 6-3-9 (a),损矩形 $ABCD$,$\angle ABC$

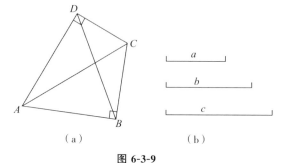

(a) (b)

图 6-3-9

$=\angle ADC=90°$,则该损矩形的直径线段为____.

（2）探究：在上述损矩形 $ABCD$ 内，是否存在点 O，使得 A，B，C，D 四个点都在以点 O 为圆心的同一圆上？如果有，请指出点 O 的具体位置；若不存在，请说明理由.

（3）实践：如图 6-3-9（b），已知三条线段 a，b，c，求作相邻三边长顺次为 a，b，c 的损矩形 $ABCD$（尺规作图，保留作图痕迹）.

【点评】本题是新定义题，把新定义和圆的相关知识融合在一起，体现了重视考查学生的基础知识和动手操作的能力，让学生经历识图、探究、实践过程，注重考查利用已学的知识、技能，独立思考，自主分析、解决问题的能力.

第四节　体现数学思想的教学评价

数学思想作为数学文化的核心，在数学教学中无处不在.初中阶段的数学思想方法主要有抽象思想、方程思想、函数思想、数形结合思想、分类讨论思想、推理思想、化归与转化思想、类比思想、建模思想、换元法、整体代换法等.试题经常重点考查学生对函数与方程思想、数形结合思想、分类与整合思想、特殊与一般思想、化归与转化思想、统计与概率思想等数学基本思想的领悟程度.

实施"关联数学"教学在合理设计和实施书面测验中，注重思想关联，深刻认识数学思想方法的教学具有层次性特点，同一个数学思想方法可以在不同的数学知识点里起作用，不同的数学思想方法也可以在同一个数学知识点中得以体现.

一、规律探索问题，体现特殊与一般思想

由特殊到一般再由一般到特殊反复认识的过程，就是人们认识世界的基本过程之一.数学研究也不例外，这种由特殊到一般，由一般到特殊的研究数学问题的思想，就是数学研究中的特殊与一般思想.实施"关联数学"教学评价从不同知识点设计规律探索题，考查特殊与一般思想.

（一）数的规律题

例1 有 2019 个数排成一行,对于任意相邻的三个数,都有中间的数等于前后两个数的和,如果第一个数是 0,第二个数是 1,那么前 6 个数的和是_____,这 2019 个数的和是_____.

【点评】本题是数的规律题,考查特殊与一般思想.

（二）式的规律题

例2 已知一列数 $a,b,a+b,a+2b,2a+3b,3a+5b,\cdots$,按照这个规律写下去,第 9 个数是_____.

【点评】本题是式的规律探索题,考查特殊与一般思想.

（三）方程的规律题

例3 （1)解方程求出两个解 x_1,x_2,并计算两个解的和与积,填入表 6-4-1.

表 6-4-1 方程的解

方程	x_1	x_2	x_1+x_2	$x_1 \cdot x_2$
$9x^2-2=0$				
$2x^2-3x=0$				
$x^2-3x+2=0$				
关于 x 的方程 $ax^2+bx+c=0$ （a,b,c 为常数,且 $a\neq0,b^2-4ac\geqslant0$)	$\dfrac{-b+\sqrt{b^2-4ac}}{2a}$	$\dfrac{-b-\sqrt{b^2-4ac}}{2a}$		

（2)观察表格中方程两个解的和、两个解的积与原方程的系数之间的关系有什么规律? 写出你的结论.

【点评】本题考查一元二次方程的解法,体现一元二次方程根与系数的探索过程,考查特殊与一般思想.

（四）图形的规律题

例4 如图 6-4-1,每一图中有若干个大小不同的菱形,第 1 幅图中有

1 个菱形,第 2 幅图中有 3 个菱形,第 3 幅图中有 5 个菱形,如果第 n 幅图中有 2019 个菱形,则 $n=$_____.

第1幅   第2幅   第3幅   第n幅

图 6-4-1

【点评】本题是图形变化规律题,考查菱形的性质,考查特殊与一般思想.

（五）平面直角坐标系中的规律探究题

例 5   如图 6-4-2,在平面直角坐标系中,点 $A_1,A_2,A_3,\cdots,A_n$ 在 x 轴上,$B_1,B_2,B_3,\cdots,B_n$ 在直线 $y=\dfrac{\sqrt{3}}{3}x$ 上,若 A_1（1,0）,且 $\triangle A_1B_1A_2$,$\triangle A_2B_2A_3,\cdots,\triangle A_nB_nA_{n+1}$ 都是等边三角形,从左到右的小三角形（阴影部分）的面积分别记为 $S_1,S_2,S_3,\cdots,S_n$,则 S_n 可表示为（   ）.

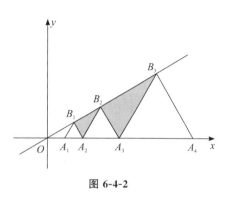

图 6-4-2

A.$2^{2n}\sqrt{3}$ B.$2^{2n-1}\sqrt{3}$ C.$2^{2n-2}\sqrt{3}$ D.$2^{2n-3}\sqrt{3}$

【点评】本题是平面直角坐标系中的规律探究题,考查点的坐标、一次函数的图象与性质,考查特殊与一般思想.

二、阅读理解问题,体现化归与转化思想

化归与转化思想是指在解决数学问题时采用某种手段将问题转化为熟悉的基本问题,进而使问题得到解决的一种解题策略.实施"关联数学"教学评价设计不同类型阅读理解题,考查化归与转化思想.

（一）新定义运用型试题

例 6   定义:$a*b=\dfrac{a}{b}$,则方程 $2*(x+3)=1*(2x)$ 的解为_____.

【点评】本题考查可化为一元一次的分式方程的解法,考查阅读理解能力,考查化归与转化思想.

（二）材料型阅读理解题

例 7

【阅读】

数学中,常对同一个量(图形的面积、点的个数、三角形内角和等)用两种不同的方法计算,从而建立相等关系,我们把这一思想称为"算两次"."算两次"也称为富比尼原理,是一种重要的数学思想.

【理解】

(1)如图 6-4-3,两个边长分别为 a,b,c 的直角三角形和一个两条直角边都是 c 的直角三角形拼成一个梯形.用两种不同的方法计算梯形的面积,并写出你发现的结论.

(2)如图 6-4-4,n 行 n 列的棋子排成一个正方形,用两种不同的方法计算棋子的个数,可得到等式:$n^2 = $ ＿＿＿＿＿＿＿＿＿＿＿＿.

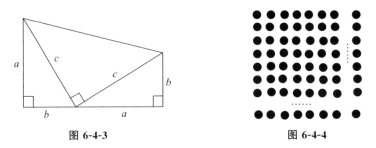

图 6-4-3   图 6-4-4

【运用】

(3)n 边形有 n 个顶点,在它的内部再画 m 个点,以 $(m+n)$ 点为顶点,把 n 边形剪成若干个三角形,设最多可以剪得 y 个这样的三角形.当 $n=3$,$m=3$ 时,如图 6-4-5,最多可以剪得 7 个这样的三角形,所以 $y=7$.

①当 $n=4$,$m=2$ 时,如图 6-4-6,$y=$＿＿＿＿;当 $n=5$,$m=$＿＿＿＿时,$y=9$.

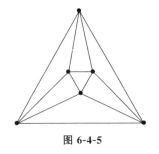 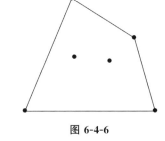

图 6-4-5   图 6-4-6

②对于一般的情形,在 n 边形内画 m 个点,通过归纳思想,可得 $y=$ _____ (用含 m,n 的代数式表示).请对同一个量用算两次的方法说明你的猜想成立.

【点评】本题是阅读理解题,让学生经历阅读、理解、运用的过程,引导学生从勾股定理的验证理解"算两次"的数学思想,逐步拓展延伸到用棋子排正方形、n 边形剪成三角形,考查阅读理解能力、规律探究能力,考查特殊与一般思想、化归与转化思想.

三、不同知识点体现数形结合思想

数形结合思想就是根据数与形之间的对应关系,通过数与形的相互转化来解决数学问题的思想,包含"以形助数"和"以数辅形"两个方面.实施"关联数学"教学评价从不同知识点设计不同类型试题,考查数形结合思想.

(一)实数

要求学生会用数轴上的点表示给定的实数,会根据数轴上的点读出所表示的实数,感受在特定的条件下数与形是可以相互转化的;借助数轴从代数意义和几何意义两方面理解相反数与绝对值的意义;借助数轴比较实数的大小.

例 8　实数 a,b 在数轴上的对应点位置如图 6-4-7 所示,把 $-a,-b,0$ 按照从小到大的顺序排列,正确的是(　　).

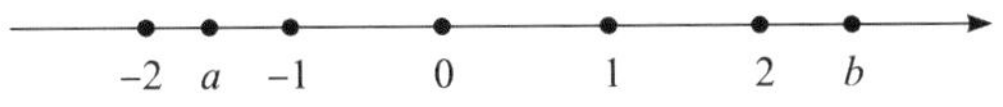

图 6-4-7

A. $-a<0<-b$　　　　B. $0<-a<-b$

C. $-b<0<-1$　　　　D. $0<-b<-a$

【点评】本题考查实数与数轴的关系、相反数的性质、实数的大小比较,考查数形结合思想.

(二)整式

乘法公式可以借助于图形的面积之间的关系进行推导,让学生从数与形两个角度理解乘法公式.

例 9　有一张边长为 a 厘米的正方形桌面,因为实际需要,需将正方形边长增加 b 厘米,木工师傅设计了如图 6-4-8 所示的三种方案:小明发现这三种方案都能验证公式 $a^2 + 2ab + b^2 = (a+b)^2$. 如方案一验证过程：$a^2 + ab + ab + b^2 = a^2 + 2ab + b^2 = (a+b)^2$. 请你根据方案二、方案三，写出公式的验证过程.

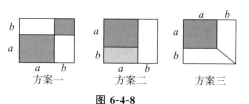

图 6-4-8

【点评】通过整式乘法的法则，推导出两个乘法公式，让学生对乘法公式有了一定的认识；通过构造几何图形，利用面积法推导出乘法公式，使学生对乘法公式有了更深层次的理解；同时，通过代数与几何两种方法的推导，让学生体会到代数与几何的关系，领悟数形结合的思想.

（三）不等式（组）

不等式（组）的求解问题可以借助于数轴得以确定.

例 10　解不等式组 $\begin{cases} 2x - 7 < 3(x-1), \\ 5 - \dfrac{1}{2}(x+4) \geqslant x, \end{cases}$ 并将其解集在数轴上表示出来.

【点评】本题考查解不等式组及利用数轴表示该不等式组的解集，考查数形结合思想.

（四）函数

各种函数性质的研究离不开图形的直观作用.

例 11　如图 6-4-9，点 P 是 x 轴上一个动点，过点 P 作 x 轴的垂线 PQ 交双曲线于点 Q，连结 OQ，当点 P 沿 x 轴正半轴方向运动时，$\mathrm{Rt}\triangle POQ$ 的面积（　　）.

A.逐渐增大　　　B.逐渐减小

C.保持不变　　　D.无法确定

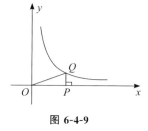

图 6-4-9

【点评】考查反比例函数的解析式中 k 的几何意义，考查数形结合思想.

（五）几何内容

几何内容有关计算常用设元列方程方法解决问题，有关面积求最值问题要用到函数与方程思想.又如勾股定理的获得利用图形面积关系进行，结论是直角三角形三边的数量关系.

例 12　利用图 6-4-10 或图6-4-11两个图形中的有关面积的等量关系都能证明数学中一个十分著名的定理,这个定理称为_____,该定理的结论的数学表达式是_____.

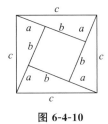

图 6-4-10

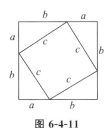

图 6-4-11

【点评】本题通过图中三角形面积、正方形面积之间的关系,是用数形结合来证明勾股定理,锻炼了同学们的数形结合的思想方法.

(六)统计与概率

统计内容让学生经历数据的收集、整理、描述、分析的过程,既要学会处理数据,又要会用图表描述数据,分析数据反映的规律.概率内容通过列表、画树状图等方法求随机事件的概率.学生在不断积累统计活动经验、加深理解统计思想方法、计算事件的概率过程中都涉及数形结合思想的渗透与深化.

例 13　某中学七、八年级各选派 10 名选手参加学校举办的"爱我中国"知识竞赛,计分采用 10 分制,选手得分均为整数,成绩达到 6 分或 6 分以上为合格,达到 9 分或 10 分为优秀.这次竞赛后,七、八年级两支代表队选手成绩分布的条形统计图和成绩统计分析表见图 6-4-12 和表 6-4-2,其中七年级代表队得 6 分、10 分的选手人数分别为 a,b.

表 6-4-2　成绩统计分析表

队别	平均分	中位数	方差	合格率	优秀率
七年级	6.7	m	3.41	90%	n
八年级	7.1	7.5	1.69	80%	10%

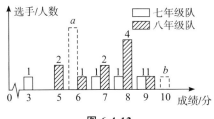

图 6-4-12

（1）请依据图表中的数据，求 a，b 的值；

（2）直接写出表中 m，n 的值；

（3）有人说七年级的合格率、优秀率均高于八年级，所以七年级代表队成绩比八年级代表队好，但也有人说八年级队成绩比七年级队好.请你给出两条支持八年级队成绩好的理由.

【点评】本题考查学生对统计图表信息的综合分析能力，通过计算得到相关数据，通过分析数据对实际问题提供设计策略和思路；考查数形结合思想、统计与概率思想.

四、不同知识点体现分类与整合思想

在解某些数学问题时，当被研究的问题包含了多种情况时，就必须抓住主导问题发展方向的主要因素，在其变化范围内，根据问题的不同发展方向，划分为若干部分分别研究；在分类解决问题之后，还必须把它们整合在一起，这种"合—分—合"的解决问题的思想，就是分类与整合思想.学习数学的过程经常会遇到分类问题，学会分类，有助于学习新的数学知识，有助于分析和解决新的数学问题.实施"关联数学"教学评价从不同知识点设计不同类型试题，考查分类与整合思想.

（一）数的分类

实数的学习要求学生会按定义和正负两个角度对实数分类，理解相反数、倒数、绝对值的意义都要注意分类与整合思想.

例 14　在 $(-\sqrt{2})^0$，$45°$，0，$\sqrt{9}$，$0.2020020002\cdots$，$\frac{22}{27}$，$\frac{\pi}{3}$ 这七个数中，无理数有（　　）.

A.1 个　　　　B.2 个　　　　C.3 个　　　　D.4 个

【点评】考查实数的分类，考查分类与整合思想.

（二）式的分类

式子中的字母代表数，要注意字母的取值范围，考虑可能的各种情况，常需要分类讨论.

例 15　若 $x^2+2(m-3)x+16$ 是关于 x 的完全平方式，则 $m=$ _____

_____.

【点评】本题考查完全平方式的概念,完全平方式必须满足"$a^2+2ab+b^2$ 或 $a^2-2ab+b^2$"结构特征,解答时容易漏解,考查分类与整合思想.

（三）方程的分类

方程的解、方程中的待定字母系数的取值问题常需要分类讨论.

例16　已知 $x=2$ 是关于 x 的方程 $kx^2+(k^2-2)x+4=0$ 的根,则 $k=$＿＿＿＿.

【点评】本题考查方程的根和解方程,解答时容易漏掉"0"这种情况,考查分类与整合思想.

（四）函数的分类

用函数模型解决实际问题时,常会遇到自变量取值范围不同,函数关系式也不一样,需要分类讨论.

例17　某网店尝试用单价随天数而变化的销售模式销售一种商品,利用 30 天的时间销售一种成本为 10 元/件的商品后,经过统计得到此商品单价在第 x 天(x 为正整数)销售的相关信息,如表 6-4-3 所示.

表 6-4-3　销售信息

销售量 n(件)	$n=50-x$
销售单价 m(元)	当 $1\leqslant x\leqslant 20$ 时, $m=20+\dfrac{1}{2}x$
	当 $21\leqslant x\leqslant 30$ 时, $m=10+\dfrac{420}{x}$

请计算第几天该商品单价为 25 元/件?

求网店销售该商品 30 天里所获利润 y(元)关于 x(天)的函数关系式;这 30 天中第几天获得的利润最大?最大利润是多少?

【点评】综合考查一次函数、反比例函数、二次函数在实际问题中的应用,要求会利用二次函数、反比例函数的性质求最值,渗透分类与整合思想.

（五）三角形的分类

等腰三角形顶角和底角不确定、腰和底边不确定时,均要分类讨论;直角三角形直角顶点不确定时,要分类讨论;全等三角形、相似三角形的对应顶点不确定时,也都要分类讨论.

例 18　等腰三角形的一个外角为 $100°$,则它的顶角为 _____.

【点评】考查等腰三角形的内角与外角,考查分类与整合思想.

（六）四边形的分类

图形不确定,画图时要考虑可能出现的各种情况,涉及分类与整合思想.

例 19　已知 $\square ABCD$ 中,DE 是 $\angle ADC$ 的角平分线,DE 把 BC 分成长为 2 厘米和 3 厘米的两部分,则 $\square ABCD$ 的周长是 _____.

【点评】本题考查角平分线的性质、等腰三角形的性质、平行四边形的性质,考查推理能力,考查转化与化归思想、分类与整合思想.

（七）圆的分类

圆既是轴对称图形,又是中心对称图形;圆具有旋转不变性.因此,解决有关圆的问题常需要分类讨论.

例 20　在 $\odot O$ 中,$\angle AOB = 84°$,则弦 AB 所对的圆周角是（　　）.

A.$42°$　　　　　B.$138°$　　　　　C.$84°$　　　　　D.$42°$ 或 $138°$

【点评】一条弦所对的圆周角有两种情况,需要分类讨论.本题考查圆周角定理、分类与整合思想.

五、一题体现多种数学思想

数学基本思想着重考查学生对函数与方程思想、数形结合思想、分类与整合思想、特殊与一般思想、化归与转化思想、统计与概率思想等的领悟程度.试题设计可以是一题考查一种思想,也可以是一题考查多种思想.

例 21　某校为了解全校学生到校上学的方式,在全校随机抽取了若干名学生进行问卷调查,问卷给出了四种上学方式供学生选择,每人只能选一项,且不能不选,将调查得到的结果绘制成如图 6-4-13 所示的扇形统计图和条形统计图(均不完整).

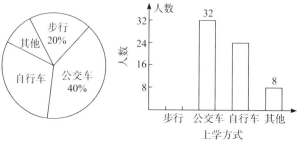

图 6-4-13

根据以上信息,解答下列问题:

(1)在这次调查中,一共抽取了_____名学生;

(2)补全条形统计图;

(3)如果全校有 1200 名学生,学校准备的 400 个自行车停车位是否够用?

【点评】此题既考查了条形统计图的画法,又考查了扇形统计图的问题,同时还考查了学生从统计图中获取信息和利用统计结果进行估计预测和判断的能力,考查统计与概率思想、特殊到一般思想、数形结合思想、分类与整合思想.

第五节 体现数学应用的教学评价

随着社会科学技术的飞速发展,数学已经渗透到各个领域,与之相关的问题涉及我们生活的方方面面.通过建立数学模型,解答这些与我们生活有关的问题,是未来学生必备的一种素质.实施"关联数学"教学在合理设计和实施书面测验中,注重应用关联,重视引导学生用数学知识解决实际问题,让学生接受"数学来源于生活,又服务于生活"的教育.学生在建立数学模型解答实际生活问题时,除必须全面掌握数学知识外,还要具有丰富的生活常识和较强的阅读理解能力以及将实际问题转化为数学问题的数学建模能力,这样的问题具有把学习知识、应用知识、探索发现、培养良好的科学态度与思维品质等很好地结合起来的"效能",能"诱发"学生创新意识的形成.

解答实际问题的根本思路就是利用数学化的方法:把实际问题抽象转化为数学模型,然后通过解答数学模型,从而达到解决实际问题的目的.我们可以用图 6-5-1 来表示这个过程.

一、方程(组)型应用题

方程是应用广泛的数学模型,在初中数学课程中占有重要地位.方程(组)的应用问题主要考查根据具体问题中的数量关系列出方程(组),考查

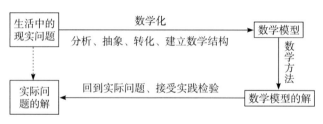

图 6-5-1

学生的应用能力,题型内容贴近生活实际,考查学生的分析问题和解决问题的能力.

例1 某快递公司的分拣工小王和小李,在分拣同一类物件时,小王分拣 60 个物件所用的时间与小李分拣 45 个物件所用的时间相同.已知小王每小时比小李多分拣 8 个物件,设小李每小时分拣 x 个物件,根据题意列方程＿＿＿＿＿＿＿＿＿.

【点评】本题以快递公司的分拣工作为背景,考查分式方程的应用.

二、不等式型应用题

现实世界和日常生活中存在大量涉及不等关系的问题.不等式的应用问题主要考查根据具体问题中的数量关系列出不等式,考查学生的应用能力,考查学生的分析问题和解决问题的能力.

例2 把一些书分给几名同学,若＿＿＿＿＿＿;若每人分 11 本则不够.依题意,设有 x 名同学,可列不等式 $9x+7<11x$,则横线上的信息可以是（ ）.

A.每人分 7 本,则可多分 9 个人

B.每人分 7 本,则剩余 9 本

C.每人分 9 本,则剩余 7 本

D.其中一个人分 7 本,则其他同学每人可分 9 本

【点评】本题以分书为背景,考查一元一次不等式的应用;根据不等式补充信息,考查学生的逆向思维、推理能力.

三、函数型应用问题

函数是描述现实世界中变化规律的数学模型,用适当的函数可以表示

某些问题中变量之间的关系,会用一次函数或二次函数或反比例函数解决实际问题.

(一)一次函数应用

例 3　某市为了鼓励居民节约用电,采用分段计费的方法按月计算每户家庭的电费.月用电量不超过 200 度时,按 0.55 元/度计费;月用电量超过 200 度时,其中的 200 度仍按 0.55 元/度计费,超过部分按 0.70 元/度计费.设每户家庭月用电量为 x 度时,应交电费 y 元.

(1)分别求出当 $0 \leqslant x \leqslant 200$ 和 $x > 200$ 时,y 与 x 的函数表达式;

(2)小明家 5 月份交纳电费 117 元,小明家这个月用电多少度?

【点评】本题从家庭生活实际问题(电费交纳)出发,考查用一次函数的知识解答实际问题的能力.首先要求学生对实际问题进行抽象概括,建立一次函数模型,然后利用一次函数的性质进行解答,体现"问题情境—数学模型—求解验证"模式.考查学生遇到实际问题时,要学会用数学的知识进行科学分析,提高了学生对"数学即生活"的认识.本题背景体现了国家有关用电的政策,有利于学生节约用电意识的形成.教学导向:注意结合具体的学习内容,综合利用有关的教育资源,多角度、多层次运用所学的数学知识和方法解决生产、生活中所遇到的实际问题,培养学生的应用意识.

(二)二次函数应用

例 4　北中环桥是省城太原的一座跨汾河大桥(如图 6-5-2),它由五个高度不同、跨径也不同的抛物线形钢拱通过吊杆、拉索与主梁相连.最高的钢拱如图 6-5-3 所示,此钢拱(近似看成二次函数的图象——抛物线)在同一竖直平面内,与拱脚所在的水平面相交于 A , B 两点,拱高为 78 米(即最高点 O 到 AB 的距离为 78 米),跨径为 90 米(即 $AB = 90$ 米),以最高点 O 为坐标原点,以平行于 AB 的直线为 x 轴建立平面直角坐标系,则次抛物线形钢拱的函数表达式为(　　).

A. $y = \dfrac{26}{675} x^2$　　　　　　　B. $y = -\dfrac{26}{675} x^2$

C. $y = \dfrac{13}{1350} x^2$　　　　　　　D. $y = -\dfrac{13}{1350} x^2$

图 6-5-2

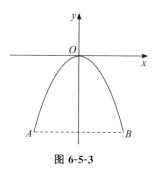

图 6-5-3

【点评】本题以生活中的抛物线形钢拱为背景,考查二次函数的应用,将实际问题转化为数学问题的数学建模能力.

(三)反比例函数应用

例 5　验光师测得一组关于近视眼镜的度数 y(度)与镜片焦距 x(米)的对应数据见表 6-5-1.根据表中数据,可得 y 关于 x 的函数表达式为(　　).

表 6-5-1　眼镜度数与镜片焦距的对应数据

近视眼镜的度数 y(度)	200	250	400	500	1000
镜片焦距 x(米)	0.50	0.40	0.25	0.20	0.10

A. $y = \dfrac{100}{x}$　　　B. $y = \dfrac{x}{100}$　　　C. $y = \dfrac{400}{x}$　　　D. $y = \dfrac{x}{400}$

【点评】本题以近视眼镜的度数 y(度)与镜片焦距 x(米)的对应数据为研究背景,考查反比例函数的应用,将实际问题转化为数学问题的数学建模能力.

(四)函数综合应用

例 6　某商店销售一种商品,童威经市场调查发现:该商品的周销售量 y(件)是售价 x(元/件)的一次函数,其售价、周销售量、周销售利润 w(元)的三组对应值见表 6-5-2.

表 6-5-2　商品销售信息

售价 x(元/件)	50	60	80
周销售量 y(件)	100	80	40
周销售利润 w(元)	1000	1600	1600

注:周销售利润＝周销售量×(售价－进价)

(1)①求 y 关于 x 的函数解析式(不要求写出自变量的取值范围);

②该商品进价是_____元/件;当售价是_____元/件时,周销售利润最大,最大利润是_____元.

(2)由于某种原因,该商品进价提高了 m 元/件($m>0$),物价部门规定该商品售价不得超过 65 元/件,该商店在今后的销售中,周销售量与售价仍然满足(1)中的函数关系.若周销售最大利润是 1400 元,求 m 的值.

【点评】这是一道一次函数与二次函数的综合题,解这类问题既要根据表格信息理解其实际意义,又要根据实际问题想象出其图象的特点,构建一次函数与二次函数模型解决实际问题,考查一次函数与二次函数的综合应用,将实际问题转化为数学问题的数学建模能力.

四、统计与概率型应用问题

在当今信息社会里,数据是一种重要的信息载体,统计所提供的"运用数据进行推断"的思考方法以及从随机性中寻找规律性的归纳思想是现代社会一种普遍使用并且强有力的思维方式.重视数据的使用和能够对数据进行适当处理,已成为信息时代每一位公民必备的素质.

(一)统计应用问题

注重对学生进行"学以致用"的考查,要让学生通过对各种统计图表和统计量进行分析、比较,综合运用统计图中蕴含的信息和规律进行科学判断和合理的推测,促进学生形成良好的决策推断能力.

例 7　某学校举行演讲比赛,选出了 10 名同学担任评委,并事先拟定从如下 4 个方案中选择合理的方案来确定每个演讲者的最后得分(满分为10 分):

方案 1　所有评委所给分的平均数.

方案 2　在所有评委所给分中,去掉一个最高分和一个最低分,然后再计算其余给分的平均数.

方案 3　所有评委所给分的中位数.

方案 4　所有评委所给分的众数.

为了探究上述方案的合理性,先对某个同学的演讲成绩进行了统计实验.下面是这个同学的得分统计图(图 6-5-4).

(1)分别按上述 4 个方案计算这个同学演讲的最后得分;

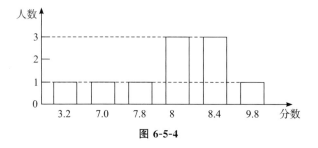

图 6-5-4

(2)根据(1)中的结果,请用统计的知识说明哪些方案不适合作为这个同学演讲的最后得分.

【点评】本题的问题原型是方案决策问题.在本质上是根据具有随机不确定性的统计思想做出决策.本题的设计较好地保留了这个问题原型所具有的统计方面的随机不确定性,体现了问题原型对考查统计相关概念的现实意义、反思意识及运用数学解决问题能力方面的价值.

(二)概率应用问题

概率内容与现实生活紧密相连,了解随机现象,学会通过实验计算简单随机事件发生的可能性和从频率的角度理解概率,进而决策判断.

例8 2019年中国北京世界园艺博览会(以下简称"世园会")于4月29日至10月7日在北京延庆区举行.世园会为满足大家的游览需求,倾情打造了4条各具特色的趣玩路线,分别是:A."解密世园会",B."爱我家,爱园艺",C."园艺小清新之旅"和D."快速车览之旅".李欣和张帆都计划暑假去世园会,他们各自在这4条线路中任意选择一条路线游览,每条路线被选择的可能性相同.

(1)李欣选择路线C."园艺小清新之旅"的概率是多少?

(2)用画树状图或列表的方法,求李欣和张帆恰好选择同一路线游览的概率.

【点评】本题以2019年中国北京世界园艺博览会为背景,利用概率知识选择游览线路,引导学生关注生活中的数学,主要考查概率公式,会画树状图或用列表的方法计算概率,考查数据分析和建模思想、运算能力、推理能力、应用意识、概率思想.

(三)统计与概率综合问题

例9 甲、乙两家快递公司揽件员(揽收快件的员工)的日工资方案如下:

甲公司为"基本工资＋揽件提成",其中基本工资为 70 元/日,每揽收一件提成 2 元.

乙公司无基本工资,仅以揽件提成计算工资.若当日揽件数不超过 40,每件提成 4 元;若当日揽件数超过 40,超过部分每件多提成 2 元.

图 6-5-5 是今年四月份甲公司揽件员人均揽件数和乙公司揽件员人均揽件数的条形统计图:

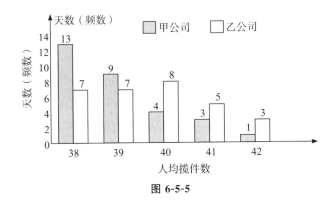

图 6-5-5

(1)现从今年四月份的 30 天中随机抽取 1 天,求这一天甲公司揽件员人均揽件数超过 40(不含 40)的概率.

(2)根据以上信息,以今年四月份的数据为依据,并将各公司揽件员的人均揽件数视为该公司各揽件员的揽件数,解决以下问题:

①估计甲公司各揽件员的日平均件数;

②小明拟到甲、乙两家公司中的一家应聘揽件员,如果仅从工资收入的角度考虑,请利用所学的统计知识帮他选择,并说明理由.

【点评】本题考查了概率、加权平均数、条形统计图等基础知识,试题以学生熟悉的快递公司揽件员日工资方案为背景,考查学生数据分析和建模思想,突出考查学生运算能力、推理能力、应用意识、数据决策、统计与概率思想.教学导向:教学中要对学生加强文本图表的阅读训练,教会学生文本图表信息提取的方法,注重提升科学决策、合理有序表述、数学建模的能力.

五、几何型应用问题

现实生活中蕴含着大量与图形有关的问题可以抽象成数学问题,利用数学的概念、原理和方法解释现实世界中的现象,解决现实世界中的问题.

（一）方案设计问题

例 10 某住宅小区,为美化环境,提高居民生活质量,要建一个八边形居民广场(平面图如图 6-5-6 所示),其中正方形 $MNPQ$ 与四个相同矩形(图中阴影部分)的面积之和为 800 平方米.

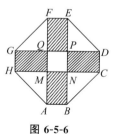

图 6-5-6

(1)设矩形的边长 $AB = x$ 米, $AM = y$ 米,用含 x 的代数式表示 y 为:_____.

(2)现计划在正方形区域上建雕塑和花坛,平均每平方米造价为 2 100 元;在四个相同的矩形区域上铺设花岗岩地坪,平均每平方米造价为 105 元;在四个三角形区域上铺设草坪,平均每平方米造价为 40 元.

①若该工程的总造价为 S(元),求 S 与 x 的函数关系式.

②若该工程的银行贷款为 235 000 元,问仅靠银行贷款能否完成该工程的建设任务? 若能,请列出设计方案;若不能,请说明理由.

③若该工程在银行贷款的基础上,又增加资金 73 000 元,问能否完成该工程的建设任务? 若能,请列出所有可能的设计方案;若不能,请说明理由.

【点评】本题是一道四边形、函数和一元二次方程综合性开放设计题,题目的呈现方式开放、活泼、新颖,其设计理念与课程改革的新理念相吻合,既考查了基础知识,又考查了综合应用知识的能力、开放设计能力和实际创新能力.

（二）长度问题

例 11 图 6-5-7 所示为小明在健身器材上进行仰卧起坐锻炼时的情景.图 6-5-8 是小明锻炼时上半身由 EM 位置运动到与地面垂直的 EN 位置时的示意图.

图 6-5-7

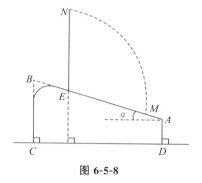

图 6-5-8

已知 $BC=0.64$ 米，$AD=0.24$ 米，$AB=130$ 米.

(1)求 AB 的倾斜角 α 的度数(精确到 $1°$)；

(2)若测得 $EN=0.85$ 米，试计算小明头顶由 M 点运动到 N 点的路径 $\overparen{MN}$ 的长度(精确到 0.01 米)

【点评】本题的问题原型为"在健身器材上进行仰卧起坐锻炼时情境"，将"学生生活情境示意图"类型的问题原型转化为"数学情境示意图".这样的设计不仅较好地体现出数学问题来源于现实世界、来源于人们的现实生活，也使得数学试题创新具有永不枯竭的源泉.本题的设计较好地利用了问题原型中所蕴含的数量关系和图形位置关系，较为充分地发挥了应用题的功能，在一定程度上能有效地考查学生根据情境描述知道或寻找存在的几何元素的关系，借助几何图形及相关知识解决简单实际问题.

(三)材料估算问题

例 12　某校为了解决学生停车难的问题，打算新建一个自行车车棚，图 6-5-9 是车棚的示意图(尺寸如图所示)，车棚顶部是圆柱侧面的一部分，其展开图是矩形.图 6-5-10 是车棚顶部的截面示意图，弧 AB 所在圆的圆心为 O，半径 OA 为 3 米.

(1)求 $\angle AOB$ 的度数(结果精确到 $1°$)；

(2)学校准备用某种材料制作车棚顶部，请你算一算，需该种材料多少平方米？(不考虑接缝等因素，结果精确到 1 平方米)

(参考数据：$\sin 53.1°\approx 0.80$，$\cos 53.1°\approx 0.60$，π 取 3.14)

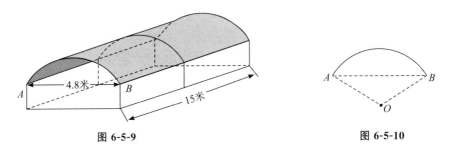

图 6-5-9　　　　　　　　　　　　　　图 6-5-10

【点评】"车棚"是本题的问题原型.由于"车棚"的形状更为数学化(即与数学图形更为接近，像数学图形)，这样的问题原型可以降低学生在二维(平面)空间和三维(立体)空间之间进行转化的难度.本题的设计较为充分地利用了问题原型的这个优势(图 6-5-9 与图 6-5-10 相互补充，相得益彰),针对一个三维空间上的情境,第(1)问有针对性地要求学生在平面图形上处理,第(2)问要求学生有效利用(1)平面上的结果运用到三维空间图形中.这样的设计有利于学生展现解决问题的整个过程,考查学生综合运用所学知识解决实际问题的能力.

（四）测量问题

例 13　周末,小华和小亮想用所学的数学知识测量家门前小河的宽.测量时,他们选择了河对岸岸边的一棵大树,将其底部作为点 A,在他们所在的岸边选择了点 B,使得 AB 与河岸垂直,并在 B 点竖起标杆 BC,再在 AB 的延长线上选择点 D,竖起标杆 DE,使得点 E 与点 C,A 共线.已知:$CB \perp AD$,$ED \perp AD$,测得 $BC = 1$ 米,$DE = 1.5$ 米,$BD = 8.5$ 米.测量示意图如图 6-5-11 所示.请根据相关测量信息,求河宽 AB.

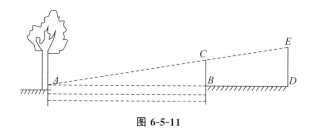

图 6-5-11

【点评】本题测量小河的宽,考查相似三角形的应用、平行线的性质等知识,解题的关键是灵活运用所学知识解决问题.

第六节　展示数学文化的教学评价

数学是人类文化的重要组成部分.长期以来,在人们认识世界和改造世界的过程中,数学作为一种精确的语言和一个有力的工具,一直发挥着举足轻重的作用.实施"关联数学"教学在合理设计和实施书面测验中,关注数学与数学文化的关联,重视将数学文化融入教学中,并贯穿于整个教学过程.数学史、数学的理性精神、数学的应用、数学的美等都是考查数学文化方面的素材,试题通过合理创设问题情境,借助这些素材弘扬传统文化和科技文化,激发学生热爱数学,增强民族自信,促使学生树立远大理想,自觉践行社会主义核心价值观.数学文化背景的试题必须具有内蕴价值,问题要能深入到数学文化的核心层,展示数学内在的精神、方法、魅力,这样的问题可使考生领略数学文化的美妙、意趣,理想的命题应是融知识与文化于一体的,体现出对数学前进方向预测和对数学思想方法的凝练,而不仅仅是事实的陈述与历史的再现.

一、以我国古代数学名著中的问题为背景的试题

中国古代的许多数学家曾经写下了不少著名的数学著作.许多具有世界意义的成就正是因为有了这些古算书而得以流传下来.这些中国古代数学名著是了解古代数学成就的丰富宝库.试题素材取材于古代数学名著,弘扬传统文化,展现中国古代数学优秀成果.

例1 《九章算术》是中国古代重要的数学著作,其中"盈不足术"记载:今有共买鸡,人出九,盈十一;人出六,不足十六.问人数鸡价各几何? 译文:今有人合伙买鸡,每人出九钱,会多出 11 钱;每人出 6 钱,又差 16 钱.问人数、买鸡的钱数各是多少? 设人数为 x,买鸡的钱数为 y,可列方程组为( ).

A. $\begin{cases} 9x+11=y \\ 6x+16=y \end{cases}$ B. $\begin{cases} 9x-11=y \\ 6x-16=y \end{cases}$

C. $\begin{cases} 9x+11=y \\ 6x-16=y \end{cases}$ D. $\begin{cases} 9x-11=y \\ 6x+16=y \end{cases}$

【点评】本题以我国古代重要的数学著作《九章算术》为载体,在阅读理解的基础上考查学生从实际问题中建立二元一次方程组模型的能力,体现数学名著与二元一次方程组关联.

二、以数学文化名人的成就为背景的试题

中国的数学文化源远流长,它产生于生产,又对推动生产的发展起了重大的作用.其中,我们的数学家为我国的数学发展做出了巨大贡献,通过对他们的探索,学习他们孜孜以求、刻苦钻研的精神,提高我们的自我修养.

例2 我国魏晋时期数学家刘徽首创"割圆术"计算圆周率.随着时代发展,现在人们依据频率估计概率这一原理,常用随机模拟的方法对圆周率 π 进行估计.用计算机随机产生 m 个有序数对 (x,y)(x,y 是实数,且 0

$\leqslant x \leqslant 1, 0 \leqslant y \leqslant 1)$，它们对应的点在平面直角坐标系中全部在某一个正方形的边界及其内部.如果统计出这些点中到原点的距离小于或等于 1 的点有 n 个,则据此可估计 π 的值为_____.(用含 m, n 的式子表示)

【点评】本题展示数学家刘徽的研究成果:"割圆术"计算圆周率,考查学生应用意识,体现数学名人与正方形、圆、概率、无理数关联.

三、以我国古代生活文化的问题为背景的试题

生活与文化有着不解之缘.生活文化化,文化生活化,是中华民族的优良传统.

例 3 "漏壶"是一种古代计时器,在它内部盛一定量的水,不考虑水量变化对压力的影响,水从壶底小孔均匀漏出,壶内壁有刻度.人们根据壶中水面的位置计算时间,用 t 表示漏水时间,y 表示壶底到水面的高度,如图 6-6-1 中的图象适合表示 y 与 x 的对应关系的是(　　).

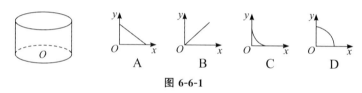

图 6-6-1

【点评】本题以古代计时器"漏壶"为背景,考查学生应用意识,体现古代文化与函数关联.

四、体现数学美育价值的试题

数学作为一种文化,在人类历史上对自然科学、社会科学和人文艺术的影响非常深远.科学求真,人文至善,艺术臻美.数学应为自然科学加人文科学,又是科学和艺术的合体.纯数学是一门科学,同时也是一门艺术.数学具有一般语言文字与艺术所共有的美学特点,在内容结构和方法上都具有自身的数学美.一般来说,简洁性、统一性、对称性、整齐性、奇异性、思辨性等是数学美的主要特征.由于西方文化中数学与哲学的关系、哲学与美学的关系,所以数学美学得到了高度的重视.

例 4 美是一种感觉,当人体下半身长与身高的比值越接近 0.618 时,越给人一种美感.某女模特身高 165 cm,下半身长 x(cm)与身高 l(cm)的比

值是 0.60.为尽可能达到好的效果,她应穿的高跟鞋的高度大约为_____.

【点评】本题考查黄金分割在实际生活中的应用,根据黄金分割比例解决问题,体现数学美育与生活关联.黄金分割比(0.618)在造型艺术中具有美学价值,在工艺美术和日用品的长宽设计中,采用这一比值能够引起人们的美感,在实际生活中的应用也非常广泛.

参考文献

[1]中华人民共和国教育部制定.义务教育数学课程标准(2011年版)[S].北京:北京师范大学出版社,2012.

[2]马立平.小学数学的掌握和教学[M].李士锜,吴颖康,等译.上海:华东师范大学出版社,2011:116.

[3]刘东升.关联性:一个值得重视的研究领域[J].中学数学(初中版),2013.12.

[4]伍鸿熙,赵洁.凤凰涅槃:让核心数学标准焕发生机[J].数学通报,2012(4):10.

[5]张奠宙,方均斌.关于数学思想方法的教学[J].中学数学月刊,2012(6):1-3.

[6]章建跃.发挥数学的内在力量,为学生谋取长期利益[J].数学通报.2013(7):3-8.

[7]丘成桐,杨乐,季理真.传奇数学家华罗庚[M].北京:高等教育出版社,2010.

[8]菲利克斯·克莱因.高观点下的初等数学:第一卷[M].舒湘芹,陈义章,杨钦樑,译,齐民友,审.上海:复旦大学出版社,2008.9.

[9]约翰·杜威.我们如何思维[M].伍中友,译.北京:新华出版社,2020.

[10]龙启锦.关于在数学课堂教学中创设问题情境的思考[J].教育与职业2006(24):175-176.

[11]米山国藏.数学的精神、思想和方法[M].毛正中,吴素华,译.成都:四川教育出版社,1986:2.

[12]史宁中.数学思想概论:第一辑[M].长春:东北师范大学出版社,2008.

[13]何丹.陶行知的教育思想[M].吉林:吉林文史出版社,2014.

[14]郑毓信.数学教育视角下的"核心素养"[J].数学教育学报,2016(6):1-5.

[15]苏霍姆林斯基.给教师的一百条建议[M].杜殿坤,译.北京:北京教育科学出版社,2000.

[16]中华人民共和国教育部.普通高中数学课程标准(2017年版)[S].北京:人民教育出版社,2018.

[17]章建跃.数学教育随想录:上卷[M].杭州:浙江教育出版社,2017.

[18]章建跃.数学教育随想录:下卷[M].杭州:浙江教育出版社,2017.

[19]马复,晓牧.新版课程标准解析与教学指导初中数学[M].北京:北京师范大学出版社,2012.

[20]李长宾.换一种教法:单元整体课程实施与评价(初中数学)[M].济南:山东文艺出版社,2013.

[21]义务教育教科书教师教学用书(数学.七年级上册)[M].北京:人民教育出版社,2012.

[22]义务教育教科书教师教学用书(数学.七年级下册)[M].北京:人民教育出版社,2012.

[23]义务教育教科书教师教学用书(数学.八年级下册)[M].北京:人民教育出版社,2013.

[24]汪晓勤,韩祥临.中学数学中的数学史[M]北京:科学出版社,2002.

[25]余文森.核心素养导向的课堂教学[M].上海:上海教育出版社,2017.

[26]孙维刚.孙维刚初中数学[M].北京:北京大学出版社,2005.

[27]缴志清.初中数学教学关键问题指导[M].北京:高等教育出版社,2016.

[28]朱成杰.数学思想方法教学研究导论[M].上海:文汇出版社,1998.

[29]钱佩玲.邵光华.数学思想方法与中学数学[M].北京:北京师范大学出版社,1999.

[30]徐树道.数学方法论[M].桂林:广西师范大学出版社,2001.

[31]曹一鸣.为改进数学教育而共同努力:第12届国际数学教育大会综述[J].人民教育,2012(17):40-42.

[32]邓秀荫.单元整体教学中渗透数学思想方法的研究[J].中学数学

研究,2015(10):2,14.

[33]邓秀荫.教材处理之我见[J].中学数学研究,2015(1):14,24.

[34]史宁中.高中数学课程标准修订中的关键问题[J].数学教育学报,2018,27(1):8-10.

[35]涂荣豹.数学解题的有意义学习[J].数学教育学报,2001(11):15-20.

[36]郭峰,史宁中.初中学生数学基本活动经验的量化研究[J].课程·教材·教法,2013(11):48-54.

[37]杨梅.从分式方程检验的教学说起[J].中学数学教学参考,2016(12):10-12.

[38]邓秀荫,邱声忠.从中考试题谈逻辑推理素养的培养[J].数学大世界,2019(9):39.

[39]李树臣.培养数学建模能力的基本途径[J].中国数学教育(初中版),2011(10):8-12.

[40]邓秀荫.初中数学单元整体教学[J].中国教师,2020(2):109-110.

[41]杨慧,张维忠.呼唤"求真"的数学教学情境[J].中小学数学(中学版),2008(Z2):14-15.

[42]张奠宙,赵小平.当心"去数学化"[J].数学教学,2005(6):50.

[43]金妹奇.浅谈初中数学教学中问题情景的创设策略和方法[J].中学教研:数学版,2004(7):7-9.

[44]张伟平.数学问题的情境创设的有效性[J].中学数学月刊,2005(11):7-9.

[45]赵镇.类比教学到底教什么[J].中小学数学:初中版,2016(12):57-58

[46]王成熙.类比学习探析[J].桂林师范高等专科学校学报,2002(2):79-80.

[47]胡乐丹.试论数学类比推理方法的"源"与"流"[J].数学教学通讯,2008(2):35-38.

[48]章建跃.中学数学课改的十大论题[J].中学数学教学参考:上旬,2010(3):2-5,11.

[49]李海东.积极体现课标理念 彰显教科书育人价值[J].课程.教材.教法,2013(5):75-78.

[50]李海东.深入理解课标教材 努力提高教学质量[J].中国数学教育,2008(9):7-10.

[51]邓秀荫.找准学生最近发展区　提高课堂教学实效性[J].中学数学杂志,2012(6):25-26.

[52]郑毓信."双基"与"双基教学":认知的观点[J].中学数学教学参考,2004(6):1-5.

[53]邓秀荫.渗透单元整体教学理念,致力发展学生数学素养[J].福建基础教育研究,2018(1):84-86.

[54]章建跃.构建逻辑连贯的学习过程使学生学会思考[J].数学通报,2013(6):5-8.

[55]章建跃.从数学整体观看"同底数幂的乘法"的教学[J].中国数学教育,2013(7):14-16.

[56]邓秀荫.注重数学整体性的思考与学法指导[J].教育,2017(4):35.

[57]邓秀荫.基于逻辑推理素养的关键教学点设计与思考[J].数学学习与研究,2020(15):129-130.

[58]黄翔,吕世虎,王尚志,等.高中数学课程目标的新发展[J].数学教育学报,2018(1):27-30.

[59]黄翔,童莉,李明振,等.从"四基""四能"到"三会":一条培养学生数学核心素养的主线[J].数学教育学报,2019(5):37-40.

[60]吴增生.整体建构核心素养导向下的总复习教学策略体系[J].初中数学教与学,2020(1):8-14.

[61]史宁中.高中数学课程标准修订中的关键问题[J].数学教育学报,2018(1):8-10.

[62]陈锋,钟鸣.核心素养导向的中考数学试题评析[J].中学数学,2019(8):54-57,77.

[63]邓秀荫.课本探究题与中考题研究[J].中学数学,2012(9):85-86.

[64]李树臣.与实际生活相联系的中考试题[J].中国数学教育(初中版),2012(9):37-40.

[65]李树臣.数学教学过程化的4个常用策略[J].课程教材教学研究:中教研究,2011(Z3):94.

[66]邓秀荫.加强数学教学设计研究　提高课堂教学有效性[J].素质教育,2012(1):109.

[67]李文旺,邓秀荫,林彬,等.如何捕捉学生思维的闪光点[J].福建教育,2013(Z6):91-93.

[68]邓秀荫.非智力因素对数学后进生的影响[J].中学数学研究,2014(7):

3-5.

[69]李锦旭.如何在数学课堂教学中落实核心素养培养[J].中国教师,2017(2):48-52.

[70]邓秀荫."问题自主解决"课堂教学模式探索[G].漳平教育选刊,2004.

[71]邓秀荫.数学课堂教学中的"四化"[G].闽西教育,2009.

[72]邓秀荫.《初中数学单元整体教学的研究与实践》成果报告[G].闽西教育,2018.

后　记

　　本书是我作为福建省"十三五"中学名师培养对象教学主张的思考与呈现,也是福建省中青年教师教育科研项目(基础教育研究专项)课题"基于数学核心素养的课堂教学研究与实践"(项目编号:JZ170404)和福建省基础教育课程教学研究课题"基于逻辑推理素养的关键教学点实践研究"(课题编号:MJYKT2018-050)的研究成果之一,浓缩了作者长期研究、实践、反思的成果.

　　本书在撰写过程中,吸收和借鉴的研究成果,大部分已在参考文献中列出,在此表示衷心的感谢,未注明的敬请谅解并致以诚挚的谢意!

　　福建省中学数学特级教师、龙岩市教育学会会长、龙岩市教育科学研究院原院长罗养贤从百忙中抽出时间,审阅了本书的初稿,提出许多建设性意见,并为本书作序;本书的撰写,离不开福建教育学院福建省"十三五"中学名师培养团队的悉心培养和我的工作单位龙岩一中锦山学校的大力支持,特别是首席专家林藩教授、导师陈柳娟教授、王钦敏特级教师的热情鼓励和关心支持.在此一并表示衷心的感谢! 本书的顺利出版还要衷心感谢:教导我的恩师,我教过的学生,所有对我工作给予关心、支持、帮助的领导、同事、朋友和亲人!

　　达完美而难得,臻至善为吾求.对于本书的撰写,由于时间仓促,作者水平有限,书中难免有疏漏和不足之处,恳请同仁不吝赐教,以便今后改进提高.

邓秀荫

2021 年 1 月